司法文明论坛

SIFA WENMING LUNTAN 2018

（2018年卷）

江国华——主编

中国政法大学出版社

2020·北京

声　明　　1. 版权所有，侵权必究。

　　　　　2. 如有缺页、倒装问题，由出版社负责退换。

图书在版编目（CIP）数据

司法文明论坛.2018年卷/江国华著.—北京：中国政法大学出版社，2020.6
ISBN 978-7-5620-6620-0

Ⅰ.①司… Ⅱ.①江… Ⅲ.①司法制度－中国－文集 Ⅳ.①D926-53

中国版本图书馆CIP数据核字(2020)第087567号

出　版　者	中国政法大学出版社
地　　　址	北京市海淀区西土城路25号
邮寄地址	北京100088 信箱8034分箱　邮编100088
网　　　址	http://www.cuplpress.com（网络实名：中国政法大学出版社）
电　　　话	010-58908586（编辑部）58908334（邮购部）
编辑邮箱	zhengfadch@126.com
承　　　印	保定市中画美凯印刷有限公司
开　　　本	720mm×960mm　1/16
印　　　张	16
字　　　数	265千字
版　　　次	2020年6月第1版
印　　　次	2020年6月第1次印刷
定　　　价	56.00元

主办单位
国家"2011计划"司法文明协同创新中心
武汉大学法学院

承办单位
武汉大学司法研究中心

司法文明论坛
编委会

主　　编：江国华
执行主编：孙中原　罗　航　符　迪　苏怡
编　　辑：陈　帆　俞　飚　吴筱澂

卷首语
Inaugural Statement

周叶中
武汉大学副校长

理想·国情·建设

  法学乃公平正义之学，亦经国济世之道。法科研习者，非但要皓首穷经，探究法学之原理、源流、范畴与技术，亦当苦心孤诣，涵养公平正义之气质、经国济世之情怀。法科研习之大义者，正在于：蓄经纶之才学，养浩然之正气，胸怀韬略，足踏实地，以建设性的心态审视现实，以建设者的角色构建未来。故值此《司法文明论坛》创刊之际，我提"理想·国情·建设"六个字，与大家共勉。

  法学的意义不特在于法律规则之阐释，亦在于理想生活之导向。通过阐释规则来阐释世界，乃法学之皮囊；通过建构规则来构筑理想，则法学之骨髓。习法者，不可以满足于法律规则之阐释，更应着眼于理想生活之导向。因历史多有惯性，生活常存惰性；用法律来导航历史，以规则来引导生活，实为法学之使命，亦法学者之使命。而法律之所以能够导航生活，与其归结于法之强制，毋宁出自法之正义。强制助产畏惧和怨愤，正义酿生公信与权威。强制的效力缘非暴力，实出正义；正如同正义的力量源非强制，实出自社会对于正义的共同体认和信念。法之强制再强大亦不足以威逼社会唯法是从，法之正义虽无形却是导航社会之真正动力。是故，我之所谓理想，实则包含双重含义。一则主张法科研习者当志向远大，着眼未来；二则期望法科研习者能够形成大致共同的正义观念，树立用良善之法构筑善风良序、导航法治国家之信念。其中前者是动力，后者是目标。

  理想是对现实的超越，但须以现实为根据。法治建设有其必须遵循的普遍规律，但也须尊重特定的历史条件和社会环境。中国之法治建设既要放眼世界，更须立足国情。法科研习者既要探究法治的一般规律，亦当研究中国的基本国情。长久以来，中国社会存在着两种倾向：一是法治浪漫主义，以为将西方法治理论与模式移植中国，即可以实现法治中国，故主张用西方法治主义的标准来度量中国的法治实践，全然不顾中国的基本国情，对其法治进程中的成就熟视无睹，对其中的问题却夸饰有余。二是以中国特殊的国情为借口，否认在中国建设法治国家之可行性，故拒绝法治改革，迷信道德教化与政治动员在社会改良中的作用。对于中国的法治建设而言，这两种倾向都是有害的。唯有将法治的普遍原理与中国的具体国情结合起来，才能够真正推动中国法治建设之进程。是故，我主张欲兴法学教育，必先兴国情教育；欲深入研习法律，必先行深入研习国情。一个优秀的法学研习者，必同时亦是优秀的国情专业人。

国情乃法学研究立足之点，但研究国情绝非法学之真正目的；国情研究，实为法治建设服务。因为法学之精义在于建设。法学研习者当体悟法学之精义，树立建设者之使命感和责任感，养成建设性的心态和心理，直面法治建设过程中的种种问题，积极探寻解决问题的途径与方略。概言之，即所谓经世致用。国人皆知，自先秦以来，经世致用即成中国知识者之传统，学人以"道"诱"势"，以文化改造社会，其情其志，勃然如生。今日之法科研习者，当秉承"经世"之传统，弘扬"致用"之学风。是故，我之所谓"建设"者，用意有二。一是主张学行结合。"学"无定理，"行"有真知。此即古人之所谓"披五岳之图以为知山，不如樵夫之一足；谈沧溟之广以为知海，不如估客之一瞥；疏八珍之谱以为知味，不如庖丁之一啜"。二是主张破立有道。世间万物皆有其道，破之者易，立之者难。市井百态皆有其因，做批评者易，做建设者难。今日之青年学子，不仅要有"破"之勇气，更要有"立"之责任；既要有批判精神，更应具建设性心态。

中国的未来属于青年，属于所有的中国人；建设更加美好的法治中国，有赖于每一个青年人的努力，也有赖于所有中国人的共同努力。让我们每一个法律研习者都认识到自身的历史责任和时代使命，让我们所有的人都行动起来，从点滴做起，为法治中国建设贡献一份智慧和力量。

目 录 Contents

卷首语 …………………………………………………………… 001

司法改革评论

互联网法院对诉讼制度革新的评价与展望 ………………… 陈　帆　003
论法院审判工作中法律效果与社会效果的统一
　——兼评最高人民法院第17批指导性案例 ………………… 苏　怡　013
有专门知识的人参与检察办案的身份定位 ………………… 崔　鹏　027
裁判文书释法说理改革：逻辑与进路 ……………………… 罗　航　038

行政法前沿

论我国开发区管理机构的行政主体地位
　——以宁波开发区行政强制纠纷案为例 …………………… 卢宇博　053
《道路交通安全法》第93条的理解与适用考察
　——以行政过程论为视角 …………………………………… 胡隆威　065

要案检视

辽源王某忠涉嫌枉法裁判案的司法困惑与思考 …………… 符　迪　079
重复起诉的认定
　——以"侯某两诉海门市住建局案"为例 ………………… 张　雷　092

立法解读

论虚假诉讼罪的规制 …………………………………… 王雨亭 109

刑事缺席审判制度的设立动机、性质及其救济制度 ………… 何敏菊 119

专题研讨

法经济学视域下的正当劝阻行为展开 …………………… 杨 磊 135

正当防卫在我国的适用现状及反思 ……………………… 徐梦丹 146

学理争鸣

国家监察体制改革背景下的检察机关侦查权研究 ………… 何宗鹏 161

论比例原则在社会危害性评估中的适用 …………………… 刘文健 171

行政规范性文件附带审查的实证分析

——以947份裁判文书为样本 …………………… 易清清 182

论我国合法性审核机制

——规范性文件审查体系的一种完善路径 ………… 孙中原 225

司法改革评论

互联网法院对诉讼制度革新的评价与展望

陈 帆

内容提要：科学合理的诉讼制度是互联网法院公正且高效运行的关键，互联网法院的设立和相关司法解释及规范性文件的出台，为互联网法院在案件管辖、审理模式、裁判执行等方面提供了可贵的改革探索和方向指引，在司法实践中也发挥着积极的作用。但在互联网法院的法律地位、庭审模式的合法化论证和证据审查的专业化等方面仍然需要进行大量的研究，以充实互联网法院诉讼模式的理论基础，为互联网法院的未来革新提供解决方案和完善路径。

关键词：互联网法院 诉讼制度 管辖权

前 言

中国法院的信息化伴随着信息科学技术的进步得到了长足的发展。从信息科技的吸收和运用上来看，法院通过电脑记录文书、磁盘存储案件材料、多媒体设备引入庭审，丰富了庭审的形式；从法院的总体构架来看，最初的远程视频审判、科技法庭到智慧法院，再到设立互联网法院[1]，使庭审变得更加智能化和专业化。互联网法院作为全面深化改革背景下和新一轮司法改革进程中的新生事物，是司法制度迎接和适应全面信息化时代，贯彻依法治国精神，从而推动司法公正和效率的新举措。

互联网法院作为一种新型的法院组织形式，专门受理涉及互联网的特定

---

[1] 于志刚、李怀胜："杭州互联网法院的历史意义、司法责任与时代使命"，载《比较法研究》2018年第3期。

类型案件,通过互联网将诉讼流程从线下的现实法庭转移到线上的虚拟空间。互联网法院的设立必然是对传统诉讼模式的一种突破甚至颠覆,其设立的合法性和合理性都需要进行研究论证。传统的诉讼模式产生于农业社会,成熟、完备于工业社会,在日新月异的信息化时代,如何应对信息技术带来的挑战,将信息技术应用到司法审判实践中,给司法理论界和实务界带来了一个不小的难题。互联网法院诉讼的虚拟性、无纸化、无边界性是其与普通传统法院现实面对面审理、有纸化审理的最大区别。其审理流程在适用民事诉讼法和行政诉讼法时可能会面临无法可依的情形,比如公开审判原则、违反庭审秩序纪律处理、举证质证的对抗性等。即便部分诉讼流程有法律可以依据,也需要最高人民法院对法律条文在审判中的具体适用进行明确的解释,由此才能合理、准确地适用诉讼法律,否则就会在法律与实务之间发生龃龉,使司法改革本末倒置,越改越繁。本文将结合新出台的《最高人民法院关于互联网法院审理案件若干问题的规定》[1](法释〔2018〕16号,以下简称《规定》),浅论我国互联网法院诉讼制度的现状、问题以及发展前景。

一、我国互联网法院诉讼制度的现状

互联网法院作为司法制度改革中的一项重大制度创新,从中共中央全面深化改革领导小组(以下简称"中央深改小组")第三十六次会议做出设立杭州互联网法院的试点决定开始,就对新型的法院互联网信息化发展的趋势提出了高要求、高标准,并制定了主要目标和主要任务。但是,中央深改小组未对其他诉讼制度的改革方案提出具体的建议,详细的诉讼制度的改革须全国人大及其常委会和"两高"进行法律制定或解释,这也为司法改革留下了足够的施展空间。最高人民法院对于审判过程中需要具体应用的解释是互联网法院制度改革的主要形式,这为互联网法院的诉讼制度提供了较为细致的规范。一方面,互联网法院承担着分流民事和行政案件,专业化审理涉互联网案件的使命;另一方面,它还肩负着司法体制改革和信息化探索的任务,

---

[1] 中华人民共和国最高人民法院:http://www.court.gov.cn/zixun-xiangqing-116981.html,访问时间:2018年9月9日。

故有学者称之为互联网法院的"二元"论[1]。因此，出台一个规范性文件或司法解释需要考虑到互联网法院的性质和使命。为统一规范杭州[2]、北京、广州[3]三家互联网法院的诉讼活动，明确法律适用问题，最高人民法院发布实施的《规定》，对互联网法院的管辖范围、上诉机制和诉讼平台建设，以及在线诉讼的身份认证、立案、应诉、举证、庭审、送达、签名、归档等诉讼规则作出了一系列规范。重点规则如下：

（一）全程在线审理原则

集中审理原则和直接言辞原则作为民事诉讼法的两个重要原则，要求法官以不中断庭审的方式直接听取原被告的陈述和辩论。互联网法院在进行民事诉讼审理时，也必须遵循该基本原则。《规定》第1条要求互联网法院审理案件应当以全程在线为基本原则，切实践行"网上纠纷网上审理"。案件在开始受理，送达文书，邀请当事人参与调解、庭前准备、庭审、宣判等环节都要尽可能地做到线上审理，用互联网在线的方式代替现实中于法庭开庭审理的方式。在现实中，法官坐在法庭上进行法庭调查、听取原被告的法庭辩论，而在互联网上，法官也要全程听取原被告的法庭辩论，不同的只是法官此时是通过电子屏幕听取原被告通过多媒体设备和互联网传输来的陈述和辩论。全面在线审理原则，从主体的角度看，当事人的诉讼行为通过互联网在线实施注册账号、申请立案、提交书状等程序，法院的法官在线审理受理的案件。如果法官在线审理，而原被告却要线下进行提交材料等程序，这样只是智慧法院的一个变种，不能算真正意义上的互联网法院。从诉讼流程来看，主要诉讼环节均应通过互联网在线上完成，实现"能够在线，尽量在线"，立案、文书的传达、调查、辩论乃至审判结果的宣判都要尽可能地在线上实现和完

---

[1] 《最高人民法院关于加快建设智慧法院的意见》（法发［2017］12号）指出："智慧法院是人民法院充分利用先进信息化系统，支持全业务网上办理、全流程依法公开、全方位智能服务，实现公正司法、司法为民的组织、建设和运行形态。"智慧法院与互联网法院既有密切联系又有应当明确的区别：互联网法院属于智慧法院的范畴，既是智慧法院应对网络法治需求的一种具体表现，也是智慧法院之网络化的一种方式，亦是智慧法院的专门法院。参见邓恒："如何理解智慧法院与互联网法院"，载《人民法院报》2017年7月25日。基于此，互联网法院的目标定位具有二元性。

[2] 2017年6月26日，中央深改小组第三十六次会议审议通过《关于设立杭州互联网法院的方案》，2017年8月18日，杭州互联网法院挂牌运行。

[3] 2018年7月6日，中央全面深化改革委员会（以下简称"中央深改委"）第三次会议审议通过《关于增设北京互联网法院、广州互联网法院的方案》，决定在北京、广州两地增设互联网法院，进一步深化互联网法院试点探索，健全完善互联网案件审判格局。

成;从诉讼平台上看,将现实的法庭转变为虚拟的法庭,全部诉讼过程通过互联网实现,杭州、北京和广州的法院已经建设好或者正在建设诉讼平台,用现代科技手段确保软件和硬件服务好互联网法院。从主体、诉讼流程、诉讼平台等方面可以看出,法官以互联网为媒介,以不中断庭审的方式直接听取原被告的陈述和意见在形式上和实质上是符合集中审理原则和直接言辞原则的。集中审理原则和直接言辞原则是为了保障当事人的诉求可以得到公正的审理,从目的上来看,互联网法院的全面审理原则也是不违背集中审理原则和直接言辞原则的。《规定》第 1 条同时明确了线下调查的情形,只有当事人申请或者案件审理需要,互联网法院才可以决定在线下完成部分诉讼环节。由于网络虚拟性的特点,实践中存在需要现场查验身份、核对原件、查验实物等情形,但即便部分环节在线下完成,其余诉讼环节仍应当在线进行。所以,互联网法院的审理模式应当是以线上审理为原则,以线下调查为例外。线下调查是为了服务线上的审理,这与全程在线审理原则并不矛盾。但是要避免线下审理的占比过多,否则会稀释互联网法院的线上特点,线上和线下的切换反而会降低司法效率。

(二) 案件管辖范围

在《规定》出台前,互联网法院的案件管辖范围一直是一个热点问题。互联网已经进入到人们日常的生活中,深刻影响着现代经济社会生活的方方面面。如果规定与互联网沾边的案件就归互联网法院管辖,那么就会引起案件受理和起诉的泛滥。现实中,由于移动支付的普及,每一起商事纠纷都可能由于移动支付而与互联网产生关联,如果这些案件全部要归互联网法院审理,新设立的互联网法院可能要超负荷运行,这会极大地制约司法效率的提升。故互联网法院应当集中受理互联网特性突出、适宜在线审理的纠纷。[1]纠纷的连接点是因互联网行为而产生,并且与互联网具有紧密的关系。这类纠纷主要依托互联网发生,证据也主要产生和储存于互联网,适合在线审理。基于上述考虑,《规定》将互联网购物等[2]类型的案件交由互联网法院管辖。

---

[1] 胡仕浩:"互联网法院审理案件司法解释的理解与适用",载最高人民法院微信公众号 2018 年 9 月 7 日。

[2] 《规定》明确的案件管辖类型主要包括:互联网购物、服务合同纠纷;互联网金融借款、小额借款合同纠纷;互联网著作权权属及侵权纠纷;互联网域名纠纷;互联网侵权责任纠纷;互联网购物产品责任纠纷;检察机关提起的互联网公益诉讼案件;因对互联网进行行政管理引发的行政纠纷;上级人民法院指定管辖的其他互联网民事、行政案件等案件。

(三) 协议管辖机制

《民事诉讼法》第34条[1]对协议管辖进行了较为具体的规定。协议管辖具有尊重当事人意思自治，发生纠纷能够快速、明确指向具体法院进行诉讼的优势。为便利当事人诉讼，《规定》第3条明确了当事人的协议管辖机制。合理地运用协议管辖制度，能够便利当事人起诉和应诉，也能最大限度地发挥互联网法院的审判职能，协议管辖的法院应当符合民事诉讼法的"实际联系地点原则"。但是，电子商务经营者和网络服务提供者相对于普通消费者，在交易的过程中处于优势地位。在合同条款的制定上，普通消费者没有协商的余地，在大多数情况下只能被动地接受条款才能享受服务。为防止电子商务经营者、网络服务提供商利用格式条款订立管辖协议，侵犯消费者或网络用户的诉讼权利，《规定》第3条第2款明确了协议管辖适用格式条款的规则。优势方滥用优势地位，互联网法院应当认定协议管辖无效，以达到更好地保护普通消费者合法权益的效果。

(四) 案件上诉规则

《规定》第4条明确了上诉法院的选择。北京和广州是设立知识产权法院的城市，且知识产权法院的级别相当于中级人民法院，因此与知识产权相关的互联网案件交由相应的知识产权法院处理更为专业和稳妥。而杭州没有设立知识产权法院，由杭州互联网法院审理的案件应直接向杭州市中级人民法院上诉，按照一般理解，该类案件由杭州市中级人民法院的知识产权法庭进行审理。从《规定》中可以看出，互联网法院的定位是基层法院，没有对涉案金额和案件性质等进行其他的规定，所有标的额的案件是否全部由互联网法院管辖还需要最高人民法院的进一步司法解释。笔者认为，从审慎的角度出发，对于标的额过大的互联网案件，还是应当由更高层级的法院进行审理，这样能够更客观地维护好当事人的合法权益。根据《规定》第22条的规定，上诉后的二审法院原则上也应当采取线上审理的方式。这也对杭州市中级人民法院、北京和广州的知识产权法院配套实施互联网线上庭审提出了相应的要求。从互联网法院广义的定义角度来看，这些中级人民法院也应当被纳入

---

[1]《民事诉讼法》第34条规定："合同或者其他财产权益纠纷的当事人可以书面协议选择被告住所地、合同履行地、合同签订地、原告住所地、标的物所在地等与争议有实际联系的地点的人民法院管辖，但不得违反本法对级别管辖和专属管辖的规定。"

《规定》的调整范围。

（五）涉案数据接入机制

普通的诉讼过程通常以诉讼法规定的证据类型的形式，或书面或影像资料等形式予以保存和认定，不需要有涉案数据接入机制。但是，互联网法院实现了完全的虚拟审判，有必要对涉案数据的接入进行明文的规定。所以，《规定》对此新创立的机制进行了明文规定。《规定》第5条明确互联网法院应当建设互联网诉讼平台，作为当事人开展在线诉讼活动和法官在线办理案件的专用平台。根据法院的要求，法院在向企业、组织调取证据时，企业、组织应当予以配合，并且有序地接入诉讼平台，互联网法院对此在线核实证据的真实性，并且及时固定、保存证据。诉讼的胜败取决于证据的采信与否，缺乏完善的涉案数据接入机制，互联网法院就难以发挥虚拟形式审判的作用。

（六）在线诉讼具体规则

《规定》的其他条文还对在线诉讼的具体规则进行了明确，包括身份认证规则，在线举证规则，电子数据真实性的认定规则，在线庭审规则，电子送达规则，本文在此不做过多赘述，详细的可以参见《规定》第6条。

二、互联网法院诉讼制度存在的问题

互联网法院作为新生事物，首先要明确其性质和法律地位。互联网法院的设立和诉讼流程与现有的法律可能存在抵触，在实际运作中，互联网法院缺乏规范流程和可行的具体方案，突出表现为电子证据的审核认定等问题。

（一）互联网法院的法律地位

《人民法院组织法》第15条规定了专门人民法院，结合其他关于最高人民法院、高院和中级人民法院的规定可以分析出互联网法院应当属于与军事法院、海事法院、知识产权法院和金融法院同等的专门法院，这也表现在《人民法院组织法》在该条规定的兜底"等"字上。互联网法院作为专门人民法院的一种，最高人民法院是否有权利设置专门法院是一个值得探讨的问题。《立法法》第8条规定了法律保留的事项，对于诉讼和仲裁制度需要由全国人大及其常委会制定法律。而《立法法》第104条规定了最高人民法院应当针对主要法律条文，作出的属于审判工作中具体应用法律的解释，并符合立法的目的、原则和原意。遇有该法第45条第2款规定情况的，即法律制定后出现新的情况，需要明确适用法律依据的，应当向全国人民代表大会常务委员会提出法律解释的要求或者提出制定、修改有关法律的议案。互联网法院的设立不同于知识产权法院和金融法院，后两者是案件类型的单独划分，互联网法院不仅是案件类型的单独划分，还是对诉讼流程的修改或解释。《规定》作为规范性文件和司法解释，对互联网法院管辖制度、诉讼规则在施行民事诉讼法和行政诉讼法上进行了尝试解释和变通，这是法院多元解纷和繁简分流机制改革的一种体现。但是，我们要清晰地认识到，互联网法院在公开审判等方面的逻辑不能自洽时，就需要向立法机关申请对此作出明确规定，才能在法律规范的框架内实施法律，达到法治的良好效果。

（二）互联网法院的仪式性与中立性

法学家伯尔曼在《法律与宗教》中曾说："法律像宗教一样起源于公开仪式，这种仪式一旦终止，法律便丧失其生命力。"司法是严肃的，庭审也需要仪式感。有的学者认为，互联网法院的设立将公开的法庭转移到较为私密的线上，庭审的宣誓和教育功能的发挥会有所减损，进而可能会对行政诉讼的监督和制衡效果产生不利的影响。但实际上，现实的法庭局限了旁听人员的数量，线上的庭审则无限降低了旁听的成本和难度，可能会便利更多的人去观看庭审的录像和直播，从本质上对于诉讼的监督反而是加强的。而且，互联网法院诉讼制度对法律的仪式感并没有造成太大的破坏，一般认为，刑事诉讼的严肃性超过行政诉讼，而行政诉讼的严肃性超过民事诉讼。司法仪式感的主要作用就是增强参与者的司法认同感，越是强调人权保障的地方才越需要司法仪式感，因而司法仪式感更多地体现在刑事诉讼中，而对于民事诉讼，仪式感则显得并不是特别重要。法律的权威不依赖于其仪式感，而在于其公正性，所以公正的审判才是法院的第一要旨。

另一方面，作为掌握司法权的法院，依托互联网之后该如何保持其中立性也是一个值得探讨的问题。互联网法院诉讼制度很难确保证据的真实、客观，确保证据不被篡改所需要的成本很高。杭州互联网法院诉讼制度依托于国家信息化建设，也借助了部分企业的硬件和软件等支持。互联网法院的受案范围中又有很多是与互联网有关的案件，许多案件甚至是涉及相关互联网企业的。司法的独立性和公正性该如何去维持，如何有效地监督互联网法院的审判，不仅需要法律共同体的自律，也需要其他配套制度的构建。

（三）电子证据的问题

刑事诉讼法、民事诉讼法和行政诉讼法都规定了电子数据和视听资料等电子证据是法定的证据类型，证据的审查主要从真实性、合法性和关联性三个方面入手。网上证据的认定，首先要保证平台的中立性。平台一旦偏颇，将会像污染了水源那样影响到司法的公正。平台不遵守中立的规则，提交的证据就无法展示和发挥出自己真实的作用和价值。其次，法官在审查证据的过程中，对于真实性的审查要求要比线下庭审更加严格。电子证据容易被篡改和伪造，加上通过电脑等媒体转化使证据呈现虚拟性、不可触摸性，如何准确地判断一个证据是否真实将是极其困难的。物证、书证等传统证据在电子化后如何鉴别真伪也是一个难题。如果不能找到很好鉴别的办法，便需要法官经常亲自审查实物证据，那么互联网法院及其制度就会形同虚设，重复进行线上线下庭审的切换，会浪费更多的司法资源。在合法性方面，电子证据收集领域还存在立法空白，缺乏相关的详细规定。电子证据收集在缺乏专业复合型人才的同时，综合素质提高，如何去排除非法的电子证据也无法可依。在关联性方面，只有对案件事实的证明产生实质性影响的电子证据才被允许用于司法证明。电子数据的特性导致法庭必须对其内容和载体的关联性作出双重评价。从采信标准而言，证据法强调"证据相互印证，形成完整的证据锁链"，"证据之间排除矛盾或证据矛盾得到合理解释"。由于电子证据的专业性和证据采信的原则性之间存在深层次矛盾，因此司法人员也难以对此进行说理解释。[1]

三、互联网法院的未来革新

（一）完善相关法律配套

互联网法院能否稳健地实行下去，不仅关乎互联网法院的存废问题，还关乎基本法律的修订和解释问题。从杭州开始试点互联网法院以来，各界对互联网法院的关注度不断提升。要承认工业时代制定的法律确实不能完全适应信息化时代的需求，在诉讼制度上突出表现出了法律滞后性的弊端。法律修改作为一个复杂的过程，在此之前，需要加强法律的解释工作。如果法律能够通过合理的解释，让规则落入解释的射程内，那么就可以较为灵活地应对快速变化的社会现实。法律修改是需要专门出台一部适应互联网法院的法律，还是纳入诉讼法的修改中，需要继续关注互联网法院的发展情况。法院

---

〔1〕 郑旭江："互联网法院建设对民事诉讼制度的挑战及应对"，载《法律适用》2018年第3期。

人员的组成也要有相应的调整，杭州互联网法院以铁路法院为基础设立，实现了平稳的交接和人员的过渡。北京互联网法院和广州互联网法院都是新设立的法院，同样需要相应的保障，以确保互联网法院的审判工作。

（二）扩大试点单位，建设更多的互联网法院

中国目前建立的三家互联网法院集中在互联网经济最发达的京津冀、长三角和珠三角地区。中国经济自身体量巨大，人口众多，信息化发展和互联网经济仍然处于一个高速增长的时期。可以预见，在不远的未来，涉及互联网的案件将会倍增，民众对于互联网的使用会更加普遍和频繁。其他区域的互联网经济也会更加发达和繁荣，比如武汉、重庆、成都等中西部大城市。如果互联网法院的试点取得了较大成绩，可以考虑在上述已经设立互联网法院的城市设立多个基层法院，乃至中级互联网法院，未设立的城市尝试设立，并且可以试点跨行政区域涉网案件的审理。其他类型的法院也可以吸收互联网法院的审判形式，采取线上审理，但是这些都必须要在法律的框架内实施。

（三）引入新技术，发展电子证据的认证规则

目前，我国电子证据领域存在立法缺位的现象[1]，因此我们应在现有基础上发展电子证据的规则体系。《规定》已经不完全地列举了新的电子证据认证规则，电子签名、可信时间戳、哈希值校验、区块链等能够证明证据真实性的，互联网法院应当确认。新技术也在不断发展，如果出现新的技术，能够准确地运用在司法实践中，法院就应当积极地将该类技术纳入实际的审证审查的范畴。新型技术的运用将有利于推动电子证据司法认定的发展，使互联网法院成为更高效、更受信任的司法机关。

结　语

互联网作为一个新生事物，在诉讼制度的探索上勇敢地走出了关键的一步。在法律的框架内，为互联网法院寻找一个定位，发挥信息科技的作用，是传统的诉讼制度从近代化模式走向更加成熟现代化的发展出路。最高人民法院第五个五年改革纲要提出要深化互联网法院改革，在未来五年内，互联

---

[1] 除了前文所述的三大诉讼法规定外，只有《电子签名法》《合同法》第11条、《最高人民法院关于民事诉讼证据的若干规定》第22条、《最高人民检察院关于办理死刑案件审查判断证据若干问题的规定》第29条以及《最高人民检察院关于检察机关侦查工作贯彻刑诉法若干问题的意见》第3部分等少量条文涉及该问题。

网法院必然也会将加强制度支撑和机构保障,为法治化贡献更大的力量。

点　评

　　第一,互联网法院诉讼制度呈现出了法律专门化的趋势,即通过设立专门机构、运用专业技术来解决互联网相关问题,这体现了法律专门化的内在逻辑,但除此之外,法律还有规范性、结构性以及整体性等特点。第二,互联网法院是司法主动适应互联网发展的一种制度创新,但互联网法治不仅是将法治引入互联网,更重要的是要解决法律与科技之间存在的诸多问题。第三,互联网法院是解决与互联网相关案件的法院,因而首先要考虑的是互联网法院在审理这类特殊案件时的特殊性。其次,互联网法院仍然是法院,应当具备法院的基本属性,因而还具有普遍性。最后,当特殊性与普遍性相结合,就需要考虑互联网法院的规范性以及正当性问题。

(点评人:武汉大学法学院博士后研究人员　高冠宇)

论法院审判工作中法律效果与社会效果的统一

——兼评最高人民法院第 17 批指导性案例

苏 怡*

内容提要：2017 年 11 月 15 日最高人民法院发布第 17 批共 5 个指导性案例，其中 4 个行政案例在裁判过程中均涉及了对裁判将引起的社会效果的衡量。最高人民法院于 2015 年发布的《〈最高人民法院关于案例指导工作的规定〉实施细则》明确提到，指导性案例应当实现法律效果和社会效果的统一，这不仅是对指导性案例的特定要求，也是对全体法官在履行审判职权时的总体要求。要实现法院审判工作中法律效果与社会效果的统一，就必须认识到二者之间的辩证关系，同时及时转变工作思路，以求真正实现"公平正义"。

关键词：指导性案例　社会效果　公共利益

自 2011 年 12 月发布第 1 批指导性案例至今，最高人民法院发布了 17 批共 92 个指导性案例，其中包括民事案例、刑事案例、行政案例等多种类型，每一批案例都是针对当时审判工作中出现的具有普遍性、新颖性、紧迫性的问题，由各级法院将相关案例向上推荐，由最高人民法院案例指导工作办公室编选、报经最高人民法院审判委员会讨论决定后公开发布的案例。2017 年 11 月 15 日，经最高人民法院审判委员会讨论通过，发布第 17 批共 5 个案例（指导案例 88 号~92 号），包括 4 个行政案例与一个知识产权案例。

---

* 苏怡，武汉大学法学院 2017 级宪法学与行政法学硕士研究生。

一、最高人民法院第 17 批指导性案例简析

（一）指导案例 88 号："张某文、陶某等诉四川省简阳市人民政府侵犯客运人力三轮车经营权案"

1994 年 12 月 12 日，四川省简阳市人民政府（以下简称"简阳市政府"）以通告的形式，对本市区范围内客运人力三轮车实行限额管理。1996 年下半年，简阳市政府分两批对本市区范围内客运人力三轮车收取有偿使用费，之后开始实行经营权的有偿使用（为期 2 年）。1999 年 7 月，简阳市政府针对有偿使用期限已届满 2 年的客运人力三轮车，发布文件要求经营者重新登记并缴费。原告因此认为此次文件存在重复收费问题，侵犯其合法经营权，要求撤销该文件。最终，最高人民法院再审判决，撤销原判，确认简阳市政府发布文件的行为违法。[1]

该指导案例主要是为了明确三个问题：首先，行政机关在作出具体行政行为时应当遵循正当程序原则，及时告知行政相对人行政许可的法定期限，以保障行政相对人的知情权。其次，行政相对人虽未被告知行政许可期限，但不得以此为由主张行政许可没有期限限制。最后，行政机关在履行行政职权过程中未及时告知行政许可期限的，属于行政程序违法，人民法院应当依法判决撤销被诉行政行为，但如果判决撤销被诉行政行为，将会给社会公共利益和行政管理秩序带来明显不利影响的，人民法院应当判决确认被诉行政行为违法。[2]

其中，对于第三个问题，最高人民法院在判决书中对在何种情形下对行政行为判决确认违法而不是撤销作出了详细的阐述。本案中，简阳市政府之所以出台文件对客运人力三轮车经营车进行管理，是为了解决当地原先存在的道路严重超负荷、空气和噪声污染严重、"脏、乱、差"和"挤、堵、窄"等问题，这些问题的存在确实会影响城市交通秩序的运行和公共秩序的维护，因此政府的意图具有正当性。并且，在文件实施之后，市政府也对相关人员进行了合理安置，保证了社会秩序的稳定，虽然其行政行为存在瑕疵，但从

---

[1] 参见中华人民共和国最高人民法院行政判决书［2016］最高法行再 81 号，2017 年 5 月 3 日审理终结。

[2] "最高人民法院发布第十七批指导性案例"，载中华人民共和国最高人民法院官网：http://www.court.gov.cn/zixun-xiangqing-70232.html，访问时间：2017 年 12 月 25 日。

整体来看，政府的行为对当地的行政管理工作大有裨益，如果因其瑕疵而停止市容市貌整改行动，则可能会因小失大，使之前的良好秩序不复存在。因此，在公共利益优先原则指导之下，应当确认该行政行为违法，责令市政府及时补救并多加注意，但不应撤销该行政行为。

（二）指导案例89号："'北雁云依'诉济南市公安局历下区分局燕山派出所公安行政登记案"

原告"北雁云依"出生于2009年1月25日，其父亲名为吕某峰，母亲名为张某峥。因酷爱诗词歌赋和中国传统文化，吕某峰、张某峥夫妇二人决定给爱女起名为"北雁云依"，并以"北雁云依"为名办理了新生儿出生证明和计划生育服务手册新生儿落户备查登记。2009年2月，吕某峰前往燕山派出所为女儿申请办理户口登记，被民警告知拟被登记人员的姓氏应当随父姓或者母姓，即姓"吕"或者"张"，否则不符合办理出生登记的条件，拒绝登记。吕某峰遂起诉燕山派出所，一审法院判决原告败诉。[1]

根据我国于2014年11月1日通过的《全国人民代表大会常务委员会关于〈中华人民共和国民法通则〉第九十九条第一款、〈中华人民共和国婚姻法〉第二十二条的解释》（以下简称《解释》）的规定，我国公民的姓氏原则上应当来自于父亲或者母亲，而可以选取其他姓氏的例外情形则包括："（一）选取其他直系长辈血亲的姓氏；（二）因由法定抚养人以外的人抚养而选取抚养人姓氏；（三）有不违反公序良俗的其他正当理由。"历下区人民法院认为本案争议焦点在于原告的姓名是否符合"有不违反公序良俗的其他正当理由"。对于这一法条的适用，历下区人民法院从社会的管理和发展、公序良俗以及公共利益维护三方面出发，论述了公民行使姓名权的界限。在本案中，法院的判决虽是从法条出发，但其实最终落脚于社会，从社会效果角度对原告的诉讼请求予以回应。

（三）指导案例90号："贝某丰诉海宁市公安局交通警察大队道路交通管理行政处罚案"

2015年1月31日，贝某丰驾驶汽车行驶时遇行人正在通过人行横道，因未停车让行受到海宁交警大队的行政处罚。贝某丰对该行政处罚申请行政复

---

[1] 参见山东省济南市历下区人民法院判决书［2015］历行初字第4号行政判决书，2015年4月25日审理终结。

议，复议机关经审理决定维持原行政处罚，贝某丰遂向原审法院提起诉讼，原审法院判决驳回其诉讼请求，贝某丰向浙江省嘉兴市中级人民法院提起上诉，嘉兴市中级人民法院判决驳回上诉，维持原判。[1]

本案虽然案情较为简单，但却是全国首例机动车驾驶人不服因在人行横道前未礼让行人被罚款记分而提起行政诉讼的案件，曾被最高人民法院评为"2015年度推动法治进程十大案件"，并被写入了2015年度最高人民法院工作报告。该案例明确的裁判规则弥补了《道路交通安全法》第47条第1款规定比较原则的不足，进一步明确了机动车"礼让斑马线"的义务和"行人优先、生命至上"的文明安全驾驶准则，为广大机动车驾驶人确立了行为规范，引导了文明礼让的社会风尚，很好地实现了法律效果和社会效果的统一。[2]

(四) 指导案例91号："沙某保等诉马鞍山市花山区人民政府房屋强制拆除行政赔偿案"

2011年12月，安徽省马鞍山市花山区着手征收本区某农民集体建设用地用于城市建设，并于2012年年初组织相关部门将原告房屋及地上附着物拆除。原告沙某保等四人认为马鞍山市花山区人民政府未经通知即非法将上述房屋拆除，并且未对其房内相关财物进行登记，侵犯了其合法财产权，故提起诉讼，请求人民法院判令马鞍山市花山区人民政府赔偿各项损失，其中对于屋内相关财物损失的赔偿数额为市场估价。安徽省高级人民法院二审判决马鞍山市花山区人民政府赔偿原告损失8万元。[3]

本案的关键点在于明确因房屋强制拆除引起的行政赔偿案件中，原被告双方举证责任以及赔偿数额的认定问题。尤其是本案对于最终赔偿数额的认定，8万元分为两部分：一部分为衣物、家电、手机等，被告不能证明其不存在，并且房屋中存这些物品符合社会常识；另一部分则为原告主张的实木雕花木床，对其价值的认定，法院遵循的是保护被侵权人合法权益的价值理念和"就高不就低"的赔偿原则，认定实木雕花床的赔偿数额应当参照市

---

[1] 参见浙江省嘉兴市中级人民法院［2015］浙嘉行终字第52号判决书，2015年9月10日审理终结。

[2] 参见最高人民法院微信公众号文章："最高人民法院发布第十七批指导性案例"，载 https://mp.weixin.qq.com/s/bJxn6Xi_eZDpiePqfZpUtA，访问时间：2017年12月25日。

[3] 参见安徽省高级人民法院行政赔偿裁定书［2017］皖行赔终第54号裁定书，2017条11月3日审理终结。

合理价值3万元。

本案的判决不仅明确了《行政诉讼法》第38条第2款的规定，对于人民法院在审理涉及行政强制拆除造成被拆迁人财产损失如何确定的举证责任分配和赔偿数额认定等方面具有较强的指导意义，而且还通过法院的裁量，合法、合理地维护了当事人的合法权益，有利于引导当事人诉讼请求的合理化、理性化，减少不必要的诉讼、缠讼，甚至信访事件的发生。

（五）指导案例92号："莱州市金海种业有限公司诉张掖市富凯农业科技有限责任公司侵犯植物新品种权纠纷案"

本案为知识产权案例，主要明确的是两个植物品种之间的相似性的鉴定方法与认定方式。依据中华人民共和国农业行业标准《玉米品种鉴定DNA指纹方法》NY/T1432-2007检测及判定标准的规定，品种间差异位点数等于1，判定为近似品种；品种间差异位点数大于等于2，判定为不同品种。品种间差异位点数等于1，不足以认定不是同一品种。对差异位点数在2以下的，应当综合其他因素判定是否为不同品种，如可采取扩大检测位点进行加测，以及提交审定样品进行测定等，举证责任由被诉侵权一方承担，但被告遂提出采取其他检测方式，但不能解决该案争议问题，因此，最终判决原告胜诉。[1]

根据最高人民法院于2015年颁布的《〈最高人民法院关于案例指导工作的规定〉实施细则》（以下简称为《实施细则》）第2条的规定："指导性案例应当是裁判已经发生法律效力，认定事实清楚，适用法律正确，裁判说理充分，法律效果和社会效果良好，对审理类似案件具有普遍指导意义的案例。"指导性案例在注重依法裁判、实现法律效果的同时，也应当注重判决对整个社会价值取向的影响，注重其社会效果。

正如习近平总书记在首都各界纪念现行宪法公布施行30周年大会上的讲话所指出的，我们要依法公正对待人民群众的诉求，努力让人民群众在每一个司法案件中都能感受到公平正义，绝不能让不公正的审判伤害人民群众感情、损害人民群众权益。"让人民群众在每一个司法案件中都能感受到公平正义"已经成为我国当前司法体制改革的重要口号，而要切实实现这一目标，不仅需要在审判工作中严格遵循法律，也需要关注民众需求。当今的"公平

---

〔1〕 参见甘肃省张掖市中级人民法院民事判决书［2011］张中民初字第48号判决书，2011年12月23日审理终结。

正义"不再仅仅是对法条的完全遵从,而是在保证合法性的基础上再加以合理考量,从而实现依法裁判与社会需求的"双赢",从而真正树立司法的权威。

二、法院审判工作必须保证实现法律效果

(一)依法裁判是法院审判工作的根本出发点

首先,法院的存在是由法律所规定的。我国的审判机构,即法院,其存在首先是由我国《宪法》规定。其次,我国《宪法》第 123 条至第 128 条规定了法院的职权、机构设置、程序以及对其进行监督的主体,成了整个法院系统运行的最高准则。最后,在该准则之下,我国设立了诸多法律、司法解释等法律规范性文件,对"法院"进行了详细、具体的规定。法院依法而产生,依法而存在,其一切行为,必须遵从法律的规定。

其次,法院的产生是为了运用法律。自古以来,法院以及其他类似的具有审判功能的机构,其存在就是为了确保有特定主体能够根据当时社会的运行规则对当事人的行为进行评价并作出一定的处理。我国《行政诉讼法》第 5 条规定:"人民法院审理行政案件,以事实为根据,以法律为准绳。"我国《民事诉讼法》第 2 条规定:"中华人民共和国民事诉讼法的任务,是保护当事人行使诉讼权利,保证人民法院查明事实,分清是非,正确适用法律,及时审理民事案件,确认民事权利义务关系,制裁民事违法行为,保护当事人的合法权益,教育公民自觉遵守法律,维护社会秩序、经济秩序,保障社会主义建设事业顺利进行。"我国《刑事诉讼法》第 2 条规定:"中华人民共和国刑事诉讼法的任务,是保证准确、及时地查明犯罪事实,正确应用法律,惩罚犯罪分子,保障无罪的人不受刑事追究,教育公民自觉遵守法律,积极同犯罪行为作斗争,维护社会主义法制,尊重和保障人权,保护公民的人身权利、财产权利、民主权利和其他权利,保障社会主义建设事业的顺利进行。"三大诉讼法的表述虽有所不同,但都明确规定了法院在审判过程中必须以法律为依据进行裁判。因此,法院要实现其对法律效果的追求,必须是通过适用法律来实现。

最后,法院必须依法行使审判权。法院在行使审判权的过程中,不仅要坚持"以事实为依据,以法律为准绳",运用法律处理案件,其行使审判权的方式也必须符合法律的规定,不可任意增加、减少或是更改审判程序。我国

三大诉讼法均要求法院必须依照诉讼法以及其他法律的有关规定，在实现实体正义的同时，程序正义也必不可少。程序正义作为更为清晰、明确的标准，在审判工作的合法性认定上起到了十分重要的作用。

（二）审判工作的法律效果是新时代司法体制改革运行的保障

最高人民法院先后发布过四个五年改革纲要。第四次发布的《人民法院第四个五年改革纲要（2014—2018）》提出司法体制改革主要集中于八个方面的内容：深化法院人事管理改革；探索建立与行政区划适当分离的司法管辖制度；健全审判权力运行机制；加大人权司法保障力度；进一步深化司法公开；明确四级法院职能定位；健全司法行政事务保障机制；推进涉法涉诉信访改革。而 2014 年《中共中央关于全面推进依法治国若干重大问题的决定》针对司法也提出了诸多制度创新和理论引导主张，包括：坚持法治的中国道路，坚持党的领导，汲取中华法律文化精华，强化道德对法治文化的支撑，引导法治队伍向正规化、专业化、职业化发展，保障司法人员依法独立行使司法权，强化司法责任制，加强司法的人权保障，强化司法监督等。这些主张为中国新一轮的司法改革进行了新的定位。[1] 但无论改革的定位如何调整，我国司法体制永远不可能背离法律前行。无论改革走向何方，都必须始终以法律为依据，而法院作为审判机关，也必须始终坚持依法裁判。

（三）最高人民法院指导性案例对法律效果的良好实现具有重要作用

相比于最高人民法院 2010 年发布的《最高人民法院关于案例指导工作的规定》（以下简称为《规定》），最高人民法院 2015 年发布的《实施细则》第 2 条明确指出指导性案例的特点为"裁判已经发生法律效力，认定事实清楚，适用法律正确，裁判说理充分，法律效果和社会效果良好，对审理类似案件具有普遍指导意义"。也就是说，首先，指导性案例本身是法院依法裁判的结果，是法院审判工作中法律效果的体现。即使第 17 批指导性案例的裁判要点强调了法院裁判对社会秩序的影响，其裁判也必须是以事实清楚、适用法律正确为前提。指导性案例经过层层筛选，从每年大量的案件中选出极具代表性的几个范例，说明这些范例在法律适用上已经得到了最高人民法院的认可，是对法律的正确适用，指导性案例也可以被看作是法律效果的极致体现。其次，《实施细则》第 9 条规定："各级人民法院正在审理的案件，在基

---

[1] 杨建军："司法改革的理论论争及其启迪"，载《法商研究》2015 年第 2 期。

本案情和法律适用方面，与最高人民法院发布的指导性案例相类似的，应当参照相关指导性案例的裁判要点作出裁判。"《实施细则》通过两个"应当"明确了指导性案例对法院审判的约束力，使指导性案例的"参照"作用在法律上得到了确定，从而使指导性案例能够帮助法院加大在审判时实现良好的法律效果的可能性。最后，指导性案例也可以成为法律的"备用素材"。《实施细则》第10条规定："各级人民法院审理类似案件参照指导性案例的，应当将指导性案例作为裁判理由引述，但不作为裁判依据引用。"这意味着虽然指导性案例不可直接作为判案依据，但其中的说理部分，仍可以对之后法院的裁判工作产生极大影响，甚至成为法院审判的主要解读思路。因此，来自于全国各级人民法院的指导性案例，往往是司法解释的重要来源和事实依据。而指导性案例一般又属于典型的、疑难的案件，是更能代表司法实践中需通过司法解释作出系统回应的样本。所以，司法解释可以将指导性案例中带有普遍性的突出问题及时加以总结、提炼，形成规范意义上的法律适用规则，具体指导全国各级人民法院的审判工作，这也是当前加强和完善我国司法解释工作的一个重要方面。[1]

三、法院审判工作中的社会效果——新时代法治中国的必然要求

（一）新时代的中国特色社会主义法治道路进程

"社会效果"是一个动态的概念，其内涵随着时代的变化而变化。在2017年10月18日召开的中国共产党第十九次全国代表大会开幕式上，习近平总书记提出"经过长期努力，中国特色社会主义进入了新时代，这是我国发展新的历史方位"。并指出我国社会的基本矛盾也发生了变化："中国特色社会主义进入新时代，我国社会主要矛盾已经转化为人民日益增长的美好生活需要和不平衡不充分的发展之间的矛盾。我国稳定解决了十几亿人的温饱问题，总体上实现小康，不久将全面建成小康社会，人民美好生活需要日益广泛，不仅对物质文化生活提出了更高要求，而且在民主、法治、公平、正义、安全、环境等方面的要求日益增长。"在新时代下，人民群众能够"感受"到的公平正义，是指一般民众能够理解的、能够信服的裁判。因此，公平正义不仅是法律文本的完全实现，还需要法律文本与社会实际需要以及社

---

[1] 胡云腾、于同志："案例指导制度若干重大疑难争议问题研究"，载《法学研究》2008年第6期。

会整体的法律、文化、道德认知水平的发展相适应，法院的审判权目的在于治理社会，既不能随波逐流，也不能曲高和寡。

（二）法院审判工作的现实需求

2016年7月28日，中共中央办公厅、国务院办公厅印发《保护司法人员依法履行法定职责规定》，明确规定对干扰阻碍司法活动，威胁、报复陷害、侮辱诽谤、暴力伤害司法人员及其近亲属的行为，要依法迅速从严惩处。2017年2月7日，最高人民法院发布《人民法院落实〈保护司法人员依法履行法定职责规定〉的实施办法》，进一步健全完善法官、审判辅助人员依法履行法定职责保护机制。2017年3月，辽宁省沈阳市皇姑区人民法院一名当事人对法官的人身安全进行恐吓，皇姑区人民法院开出了辽宁的第一张法官人身安全保护令，并对该名当事人进行了相应的处罚。

诉讼双方为其自身利益提起诉讼，即使法官在裁判中已经充分履行了自己的职责，败诉一方受自身立场影响也难免会心有怨怼，在这种利益冲突下，既可能对法官本人的合法权益造成损害，同时，这种冲击裁判效力的极端行为也会导致司法权威受损。因此，其在各个国家的司法实践中都是一个需要重视的问题，法官保护令正是我国解决这一问题的方式之一。

法官保护令作为外界的保护机制，虽然是通过国家强制力对法官进行保护，但其实具有一定的滞后性，是在当事人已经产生不满后法律所采取的补救措施。要缓解这一现象，必须采取事前预防和事后补救相结合的方式。在事前预防环节，首先需要的就是法官使当事人和整个社会真切地感受到公平正义的存在。有学者提出，在当前的审判实践中，法官应当注重发展"双赢"工作方法，即在审判工作中既要合法，也要合理，争取做到令双方满意。这一观点实际上就是重视社会效果的体现。

（三）互联网时代的社会舆论需要正确引导

古谚有云："防民之口，甚于防川。"这种思想在现代仍然具与一定的参考意义。随着互联网的飞速发展，公民获得消息、发表言论的渠道大大拓宽，尤其是在现在社会经济、文化等各方面发展不平衡的时代背景之下，公民通过网络所得到的消息良莠不齐，所产生的反应激烈程度也有所不同。在近几年的一些事件中，网络上"质疑官方"的态度趋势也越来越明显，甚至有一小部分人走向了极端化。虽然网络上的一部分群体不能代表全体人民，但我们也必须意识到，这种态度源自于公民对官方的不信任，而其不信任的态度不仅来自于当前我国在立法、行政、司法领域信息公开工作的不完善，也有一部分是由于官方在处理事件时的"一锤定音"。虽然我国目前教育普及已经取得了较好成效，但对于法律这一较为专业的领域，大多数民众只是具备基础的知识，对事件的判断主要还是基于生活常识与普遍的正义理念。如果要使民众感受和理解新时代的"公平正义"，那么法院作为裁判者就必须结合社会的实际发展情况，充分发挥自己的释法功能，对案件作出令整个社会都能满意的解读，进而引导社会了解法律规范、树立正确的公平正义观。

四、关于实现法律效果与社会效果统一的思考

（一）明确法律效果与社会效果的辩证统一关系

法律效果与社会效果之间存在着辩证统一的关系：法院在行使审判职权时必须同时注重法律效果与社会效果，但法院必须是在实现法律效果的前提下追求社会效果。

"依法治国与以德治国相结合"也是我国近年来重要的法治指导理念之一。这一理念不仅仅是要求社会的治理必须同时参照法律与社会道德，努力使道德体系同社会主义法律规范相衔接、相协调、相促进，法律法规要树立鲜明道德导向，弘扬美德义行，立法、执法、司法都要体现社会主义道德要求，都要把社会主义核心价值观贯穿其中，使社会主义法治成为良法善治。[1]在我国古代的法治理念中，受儒家治国理政思想的影响，在法治与德治的关系上主张"德主刑辅"，道德是民众约束自身的第一道防线，而法律则是对突破道德约束的人的最后手段。我国在司法体制改革与建设中国特色社会主义法治体系的过程中，也提倡法治与德治相结合，法治与德治就如车之两轮、鸟之双翼，不可偏废，国家和社会治理需要法律和道德协同发力，需要法治和德治两手抓。[2]

但比较古代与我国当今对于法治与德治关系的阐述，我们可以发现其在措辞上的明显变化：在古代法律思想中，相关理念包括孔子提出的"宽猛相济"，孟子提出的"徒善不足以为政，徒法不能以自行"，荀子提出的"隆礼

---

〔1〕"习近平：坚持依法治国和以德治国相结合"，载新华网：http://news.xinhuanet.com/politics/2016-12/10/c_1120093133.htm，访问时间：2017年12月25日。

〔2〕戴木才："人民要论：坚持依法治国和以德治国相结合"，载http://theory.people.com.cn/n1/2017/0214/c40531-29078284.html，访问时间：2017年12月25日。

重法"，汉代董仲舒强调的"阳为德，阴为刑"，唐代提出的"制礼以崇敬，立刑以明威"等；而纵观我国近年来关于这一关系的表述，则常常将"法治"置于"德治"之前。我国宪法明确规定法院的主要职权在于依据法律解决争议，即使法院在审判工作中需要关注社会效果的实现情况，也必须是在法律得到正确适用和充分实施的前提之下。否则，法院的审判工作势必会受到太多限制，稳定的法律很可能被不够稳定、普遍的道德标准所替代，法律的权威将被大大动摇。因此，虽然从古至今的法律思想都承认二者共存的重要性，但实际上，在法律效果与社会效果之间仍然存在着一定的侧重。在我国当前的语境之下，法律效果与社会效果相辅相成，不可偏废，但法律效果必然优先于社会效果。

（二）顺应时代要求，及时调整法院审判工作发展路径

正如上文所述，基于我国当前新时代中国特色社会主义的历史定位和社会基本矛盾的转变，司法公正的含义更加丰富，从要求法院"有法可依，有法必依，执法必严，违法必究"的硬性工作标准，发展到了"让人民群众感受到公平正义"这一具有弹性的裁判规则。这就要求法院在行使审判权的过程中不再以正确适用法律为唯一要求，还需要考虑裁判作出时可能在社会中引起的影响。在"法治与德治相结合"、法治优先于德治的依法治国理念指引下，虽然法院不能放弃对法律效果的追求，但对社会效果的重视应当有所加强。例如，在最高人民法院的第17批案例中，其中有4个行政案件实际上考虑的是社会秩序问题：88号案例选择维护公共利益，在原告的合法利益已经得到合理赔偿的前提下，避免因一味地维护当事人利益而对公共利益造成不必要的损害；89号案例从行政管理秩序角度出发，对公民的姓名权做出了一定的限制；90号案例强调文明安全驾驶；91号案例是在最高人民法院发布的裁判要点中强调了在没有明确证据的情况下，要以合理标准认定相对人损失，保护被侵权人合法权益。88号、89号以及91号指导性案例在司法实践中并非特例，应当如何判决在学理和实践上都存在争议。90号案例属于新型案例，但在生活中，民众对于《道路交通安全法》第47条如何适用多有争议：我国道路交通安全规则的普及尚不完善，"中国式开车"与"中国式过马路"常常"硬碰硬"，90号案例则是以指导性案例的形式确认了行人安全优先于车辆行驶，对民众在生活中的争论给出了一个较为确定的回答。

(三) 立法及时跟进，明确指导性案例的约束力及指导方式

在《实施细则》发布之前，《规定》仅以第7条规定最高人民法院发布的指导性案例，各级人民法院审判类似案例时应当参照。这条规定引起了学界对指导性案例的引用方式、约束程度等问题的讨论。因此，《实施细则》公布后，通过第9条、第10条、第11条三个条文进一步确定了指导性案例对法院审判工作的约束力。首先，人民法院在审判类似案例时应当参照指导性案例；其次，指导性案例只可作为裁判理由引述，不可作为依据引用；最后，一方面，法官在引述指导性案例时应当标明来源，另一方面，当事人引用案例作为控（诉）辩理由时，案件承办人员应当予以回应。

在规范指导性案例运用方式的同时，也应当对指导性案例所反映出来的问题及时进行整理，如有需要应及时纳入法律之中。根据《规定》及《实施细则》的规定，人民法院在审判时"应当参照"指导性案例，而从既有的经验来看，我国有一些司法解释确实是以指导性案例的形式出现的，如1986年3月5日最高人民法院、最高人民检察院、原卫生部、公安部联合发文印发的"张某月等6人贩卖安纳咖毒品案"。这一案例是最高人民法院以正式文件形式下发的，要求下级法院"参照办理"，具有法定的约束力，应当归属于司法解释。还有一些司法解释是通过个案请示答复的方式进行的，例如1988年4月20日最高人民法院下发的《最高人民法院关于掘获的白银应归埋藏人所有一案的批复》，它们一般均简要交代案情，并提出处理意见，要求各级人民法院在处理同类案件时均需"参照执行"。此类案例在已有的司法解释中占有很大比重。[1]

(四) 完善法院工作方式

社会效果如何实现是一个复杂的问题。每一个案件都有其自身的独特性，尤其是将社会影响考虑进去的时候，裁量过程将会加入更多变量。指导性案例所解决的正是"统一法律适用标准"的问题，因此，法官在工作中要实现法律效果与社会效果的统一，必须重视指导性案例。

首先，法官必须正确认识指导性案例的作用。《规定》和《实施细则》都指出指导性案例的目的在于"统一法律适用标准，维护司法公正"。这种统一

---

[1] 胡云腾、于同志："案例指导制度若干重大疑难争议问题研究"，载《法学研究》2008年第6期。

虽然不具有等同于最高人民法院发布的司法解释的效力,但其在审判工作中所发挥的作用也被限定在了引述而不是引用。因此,笔者认为,法官要学习的不是指导性案例的裁判结果,而是指导性案例在其自身的具体事实基础上所进行的推理方式以及价值取向。指导性案例的指导作用,不是要求法官必须从 A 推导出 B,而是指出在我国当前的实际国情之下,当 A 出现时,应当遵循何种方式进行推导,至于最后结果如果,并不做强行规定。尤其是在涉及社会效果的案件中,由于社会效果具有灵活性,因此法官在以后的工作中完全参照指导案例是完全不可能的。法官在关注每一个指导案例的裁判要旨之外,还要认识到是在何种情形下做出了何种判决,在要点思路指导之下独立行使审判权,对案件进行裁量。

其次,法官必须加强对指导性案例权威性的认识。在第 17 批共 5 个指导性案例中,一个案例来自基层人民法院,两个案例来自中级人民法院,一个案例来自高级人民法院,一个案例系最高人民法院再审案件。纵观迄今为止发布的指导性案例,有相当一部分案例来自级别较低的法院。据此,有的法官认为指导性案例来源法院级别较低,不具有权威,或是认为不同地区之间的差异导致在指导性案例在本地区不可适用。这两种想法都是错误的。指导性案例虽然来自不同级别、不同地区的法院,但根据《规定》以及《实施细则》对指导性案例发布主体的规定,最高人民法院案例指导工作办公室主要负责指导性案例的征集、遴选、审查、发布、研究和编纂。从级别来说,指导性案例虽是由地方人民法院作出裁决,但其裁决已经得到了最高人民法院的认可,这种认可不仅指裁决"事实清楚,证据确凿,适用法律正确",更重要的是该裁决的说理方式足以得到最高审判机关的承认,足以说明其权威性。而从地域特殊性来说,目前来看,指导性案例中尚未有涉及某一地域特殊性的案例。而指导性案例作为统一全国法律适用标准的范例,其遴选必然会考虑地域普遍性的问题,因此这种忧虑是没有必要的。

除了法官应当改变自身工作思路以外,法院也应当及时改善其工作方式,为法官的审判工作提供更多的便利。在当前的法院工作实践中,"案多人少"是一个突出问题。每一批指导性案例的数量虽然较少,但要真正理解其所传达的裁判要点,不可能仅从一个案例出发,而是必须从大量的同类案例中寻找其共性,而这也意味着大量的检索工作和长时间的吸收理解。而除了指导性案例,还有各级法院所发布的公报案例、典型案例等,每一批案例都意味着要付出一定的时间和精力。因此,结合《实施细则》第 4 条第 4 款的规定,"中级人民法院、基层人民法院应当通过高级人民法院推荐备选指导性案例,并指定专人负责案例指导工作",应考虑由负责案例指导工作的人员在"上传"的同时,也做好案例的"下达"工作,由专人对指导性案例进行统计、解读、组织培训等,减轻法官的工作压力,为法官实现"双赢裁判"提供坚实后盾。

结　语

指导性案例提供的不仅是统一的法律适用标准,还能体现我国整个司法体制的发展理念与政策。从第 17 批指导性案例来看,法院裁判的社会效果也成了评价"公平正义"的关键因素,而社会效果的时代性和多变性也决定了法律难以对其进行及时而准确的规定。因此,指导性案例作为对于法律法规等法律文件的补充,以其具有针对性、时效性的特点,为我国审判工作中法律效果与社会效果的有机统一提供了保障。

点　评

理解刑事政策应当结合刑法哲学、刑事政策、刑事法律以及刑事司法四个方面,刑法哲学推演出刑事政策,刑事政策指导刑事法律,刑事法律又决定了刑事司法,这是一个连贯的过程。理解刑事政策应当思考其内容包括哪些要素,载体形式如何,提出主体有哪些,作用是什么,与刑事立法原则关系如何,等等。刑事政策应当由执政党提出,有什么样的刑事政策就会确立什么样的刑事立法原则,进而拟定刑法条文,条文服从原则,体现政策。刑事政策与社会形势紧密相关,分析一项政策与社会现实的关联度时应当回归历史,诉诸价值,尤其是主流价值。

(点评人:武汉大学博士后研究人员彭超)

有专门知识的人参与检察办案的身份定位

崔 鹏*

内容提要：司法体制改革背景下检察院职权较过去有了较大变化。检察院亟须增强办案力量，提高业务能力。为此，最高人民检察院颁布了《最高人民法院关于指派、聘请有专门知识的人参与办案若干问题的规定（试行）》，为检察工作专业化提供了保障，但是其相关问题、制度也需要进一步探讨与完善。应当使有专门知识的人在检察工作中充分发挥作用，通过确保其对抗性来保持制度活力，严格运行机制来引导正确发展方向，最终实现借由检察推动司法法治进步的目的。

关键词：有专门知识的人　检察院　检察制度

新《刑事诉讼法》第197条确立了专家辅助人制度。其第2款规定："公诉人、当事人和辩护人、诉讼代理人可以申请法庭通知有专门知识的人出庭，就鉴定人作出的鉴定意见提出意见。"这就首次在法条当中明确了"有专门知识的人"的作用。"有专门知识的人"作为在特定领域有专门知识、特定知识的人，自然也能够对人民检察院办案走向专业化、走向精英化起到推动作用。2012年国家先后对《刑事诉讼法》和《民事诉讼法》做出了重大修正。2016年10月11日，为了贯彻落实《中共中央关于全面推进依法治国若干重大问题的决定》的有关要求，推进以审判为中心的刑事诉讼制度改革，依据宪法法律规定，结合司法工作实际制定，最高人民法院、最高人民检察院等部门发布了《关于推进以审判为中心的刑事诉讼制度改革的意见》。根据相关的意

---

* 崔鹏，武汉大学法学院2017级宪法学与行政法学硕士研究生。

见精神,最高人民检察院于2018年2月11日通过了《最高人民检察院关于指派、聘请有专门知识的人参与办案若干问题的规定(试行)》。尽管"有专门知识的人"作为一种提供专业帮助、提出专门意见的人参与检察机关办案,已经在全国各级检察机关的司法实践当中全面展开了,但是"有专门知识的人"其身份地位究竟如何,其如何参与检察机关办理案件,如何参与检察机关工作,如何管理好"有专门知识的人"等问题尚不明确。因而,对"有专门知识的人"的定位予以探究,分析其制度运行规律,使得"有专门知识的人"更好地为检察机关提供帮助就成了当前亟须解决的重要问题。

一、问题之提出

人民检察院是《宪法》明文规定的法律监督机关,承担着法律监督的职能。我国目前实行的检察制度是中国特色社会主义检察制度,其中国特色体现在政治上主要是党的领导和人大监督,体现在性质上就是"国家的法律监督机关"这一宪法定位。党的十九大提出的"新时代坚持和发展中国特色社会主义"的新任务、国家监察体制改革影响下检察机关的职能调整,都对检察机关的职权定位提出了新的挑战。检察机关行使的国家公诉职能以及相应的诉讼监督职能也随之受到了一定影响。而检察职权的正常、有序运行和行之有效也需要完备的法律制度、优秀的检察官人才队伍、充分的技术支持等环节的保障。但是,随着时间的推移与时代的进步,科学技术日新月异,各类新的知识也层出不穷,由此带来的是检察机关办理案件所的案情也日趋复杂,新发生的案件所涉及的领域也越来越多。而一个单纯的法律人在面对法律以外的知识时,尤其是在面对信息爆炸的时代中各个法外未知知识时,难免会显得力不从心。正是基于应对这样一种案件多样化且专业化的挑战,最高人民检察院审时度势,按照相关法律法规(尤其是诉讼法)之规定,于2018年3月21日公布了《最高人民检察院关于指派、聘请有专门知识的人参与办案若干问题的规定(试行)》(以下简称《规定》),为"有专门知识的人"参与人民检察院办案提供了法理依据。也为人民检察院解决各种专业性疑难案件,实现检察机关办案专业化,落实以审判为核心的司法责任制改革提供了新路径和新选择。"有专门知识的人"是在传统的司法鉴定制度的基础上发展而来的,也是对以司法鉴定制度为主要内容的传统诉讼证据体系的一次改进,是对证据事实认定之重要性的进一步强调和优化。但是学界尚未专门就"有专门知识的人"参与检察机关办案中的具体运作方式、具体职权范围、如何更好地协助检察机关办案等问题形成较为完整的论述。因而,有必要结合"有专门知识的人"的定义和检察院的职权划分来对"有专门知识的人"参与检察院办案进行探究。

(一)"有专门知识的人"的性质与特征应当如何认定

"有专门知识的人"这一概念在过去一段时间内见于大量的法律法规文件当中,并且在三大诉讼法当中都有提及。而在对"有专门知识的人"的讨论中,学术界大都将其简称为专家辅助人,专家辅助人的来源已经难以考证了,但是这两个名词在理解上能够达到一定的互通作用,便于使用。专家辅助人的存在,其初衷大多是便于法官裁判,即为了弥补法官在审理案件的过程中确认专业性问题上专业知识的不足,因而专家辅助人是具有法官所不能掌握的知识和经验的专业人员。"有专门知识的人"作为新的一类参与到司法活动当中来的群体,他们在来源上其实是和司法鉴定人之间有着高度一致性的。一览国外相关制度,各国制度当中其实都有类似的"有专门知识的人"存在。如《美国联邦证据规则》第702条规定,凭其知识、技能、经验、训练或教育,在科学、技术或其他专业知识方面能帮助事实裁判者理解证据或确定争议事实的人,就有资格成为专家。《澳大利亚1995年证据法》第79条在规定意见证据时也将专家定位于基于训练、研究或者经验而具有专门知识的人。可见,有知识而不论其来源成了各国相继认可的"有专门知识的人"概念的主要判断标准,具有浓厚的工具主义色彩,从而使我们得到了一个这样的印象,那就是只要有利于法官裁判,有利于真相的发现,那么"有专门知识的人"就能够发挥作用。

(二)"有专门知识的人"的诉讼地位应当如何认定

"有专门知识的人"进入司法诉讼程序之后,可以用其自己的专业知识来为案件提供意见,产生影响,进而可以被理解成在案件当中新的一极的角色,也就是在案件当中具有和传统诉讼人身份相似的地位。首先,专家辅助人能够在自己的专门领域参与对证据的收集,其次,能够在一定程度上对鉴定意见进行鉴定。但是,这样一种"有专门知识的人"和司法鉴定人究竟还是功能相似而地位不同,他的功能虽和司法鉴定人十分类似,但是没有鉴定人出具的鉴定意见的权威与作用。这是因为就与其诉讼地位相称而言,其处于不利地位。诉讼地位的原本高下定位,应有的秩序是否被"有专门知识的人"

所打破，如果确实已经被打破又应该如何处理呢？

（三）"有专门知识的人"参与检察机关办案是否遵循某些硬性规则

专家辅助人在参与检察机关办案时确实行使了有关检察权的权力，或者分享并参与了检察权的运行。例如，《规定》第9条规定人民检察院在人民法院决定开庭之后，可以指派、聘请有专门知识的人，协助公诉人做好拟定讯问被告人和询问证人、鉴定人、其他有专门知识的人的计划，并制定质证方案。我们可以发现，在民事委托和行政委托中，权力的行使者将自己的一部分权力委托给受委托人，能否将这样一种关系引入到对有专门知识的人的理解当中呢？

上述问题的争鸣，是目前理论界与实务界所讨论、追问的几个重点领域的重点问题。而解决上述问题的关键之处就是对"有专门知识的人"的身份定位进行分析，从而加强对"有专门知识的人"的认识。

二、"有专门知识的人"的地位及其性质

一个崭新事物的性质和定义往往需要从它的功能功效入手来总结和提炼。与此同时，对于将参与到诉讼权力运作过程当中的一种"权力要素"来说，明确权力行使主体的性质乃探究和辨析该权力性质的前提。同时权力性质的辨析和明确也能够让我们对其权力行使主体的整体形象有一个更加清晰的勾勒，进而对于整个系统的再平衡作出新的判断。

在最高人民检察院出台《规定》以后，"有专门知识的人"既在法律层面的程序法当中的三大诉讼法中有对其的法律地位保障，也能够在人民检察院内部规范中得到更为具体的身份确认和规范保障。在这样一种制度当中，"有专门知识的人"受人民检察院指派或者聘请，在产生方式上就已经明确了通过人民检察院自己产生，进而也就应当对其产生机构负责，也就是应当受人民检察院领导，在领导和指挥下工作并履行好自己在诉讼过程当中的义务，受其监督。人民检察院也应该尽力支持"有专门知识的人"顺利地开展工作。由此，"有专门知识的人"在产生方式上，就与鉴定人、英美法系当中的专家证人有所区别。鉴定人与证人在庭审当中处于相对独立的地位，不能够有偏向性，支持或者反对庭审中的任何一方，他们只能够将其知道的事实阐述清楚，为法官提供可作为采信目标的证据。而"有专门知识的人"根据其产生方式则必然要为其立场张目，尤其是《规定》的出台更是支持和坚定了受到

聘请或者任命的"有专门知识的人"在发现案件事实真相以外的检察院立场。这一立场使得"有专门知识的人"在协助检察官行使或者在检察官主持下行使部分检察职权时，直接参与到了代表国家追诉犯罪嫌疑人的公诉活动中，某种程度上意味着本身与案件无关的普通公民能够通过"有专门知识的人"参与到司法活动当中。

"术业有专攻"，专门的知识总是掌握在特定的人手中，而无论是各类检察案件的办理还是人民法院进行的案件审判活动，其关键都在于对证据效力的认定和证据真实性的采信。而"有专门知识的人"的核心特征应当是其"专门性"，"有专门知识的人"正是凭借其专门性来实现其各种功能。而从专门性出发便有以下命题。

（一）需要对"有专门知识的人"的专门性进行认定

参与检察机关办案的专家辅助人必须有其专门性的知识，而且这种知识是有所限定并且为检察机关所不知道或难以知道的。而要真正对专门性有所限定，对一种相比鉴定人视野更宽阔的身份而言，就不能够局限于过去对司法鉴定领域的笼统分类，而应该按照科学性和关联性的原则进行更进一步的细化分类。通过对传统的鉴定事项分类，参考鉴定制度中相关文件对鉴定人的分类进一步细分，更加精确地甄别数量庞杂的"有专门知识的人"，分门别册，按需使用。而如果我们仔细考虑的话，正是对专门性领域类别的区分，使得可以实现"有专门知识的人"的专门性，使其专门性顺利发挥功效。而对专门性的细致分类如何进行，则要通过司法实践中遇到的针对性情况进行分类。此外，也要遵照检察机关传统办案逻辑与规律对专家辅助人进行分类，从而实现专家辅助人与检察机关办案高度对接，以达到无缝融合的目的。

（二）对"有专门知识的人"的认定要着重体现其专门性与关联性

对此进行判断的方法与侧重应该放在主要的两点上。首先是专家辅助人对案件当中事实认定的两种权重性因素之占比，第一种是理论性、专业性的推测与技术，第二种则是经验性、一般性的记录和认识，检察官根据二者的比重确定该专家辅助人是否对案件有事实上的帮助。具体之方法是，检察人员应当通过证据认定之规定严格判定"有专门知识的人"是否对案情发展有所帮助，是否与案情当中的问题有所联系。

（三）明确"专门性"是有专门知识的人参与检察办案取得成功的重要保障

"专门性"是"有专门知识的人"的唯一定义性身份词语，也是整个词语的称谓性来源，也是检察机关对"有专门知识的人"讲事实、讲证据的依据所在。检察机关依法行使对刑事案件的审查权，力求做到尽最大可能还原案件真相，并由此决定是否起诉以及起诉的罪名。因而，把握好、认定好"有专门知识的人"的专门性就彰显了人民检察院对案件事实真相的追求，这种追求也贯彻落实了习总书记提出的"要在每一个个案当中都让人民感受到公平正义"的要求。

三、"有专门知识的人"是一种专门性、辅助性的对抗性身份

"有专门知识的人"作为刑事诉讼法等诉讼程序法所明确规定的能够参与案件审判的人员，它的身份体现了司法责任制改革后对于审判环节的加强，尤其是对于证据的证明和采信重要性的强化。由于在法定路径上，新的刑事诉讼法已增加规定了新的主体——专家辅助人，而且控辩双方是享有平等的聘请权与申请权的。因而，应当将"有专门知识的人"这个整体以及人民检察院聘请和指派的"有专门知识的人"区别开来，牢牢把握住人民检察院聘请和指派的专家辅助人之立场以及能够得到的"附加值"来进行辨析。

（一）"有专门知识的人"的域外制度介绍

关于有专门知识的人应当在司法程序中扮演什么样的角色，学界普遍从"有专门知识的人"的类似国外制度中入手，希望能够在多种制度中找到关于"有专门知识的人"的合理借鉴与定位参考。学者普遍从法系之间的差异，各个国家不同制度间的差异等角度形成各自的观点，学者们的观点有所差异但也有相当的统一之处。

有学者就大陆法系国家和地区刑事诉讼程序，介绍了域外的"有专门知识的人"制度。首先是俄罗斯的"专家"制度介绍。《俄罗斯刑事诉讼法》第58条（专家）规定："专家是具有专门知识、依照本法典规定的程序为了在研究刑事案件的材料方面协助查明、确认和提取物品和文件、采用技术手段、向鉴定人提出问题以及向控辩双方和法院解释其职业权限范围内的问题而被聘请参加诉讼行为的人员。"《俄罗斯刑事诉讼法》第二编"刑事诉讼的参与人"一共分为5章，其中专家就被规定在第八章"刑事诉讼的其他参与人"之中。可见专家被赋予了诉讼参与人的诉讼地位。意大利的刑事诉讼法典规定了包括法官、公诉人、司法警察、被告人、民事当事人等7类人员在内的刑事诉讼主体，而鉴定人和技术顾问被规定在第三编（证据）当中。可

见，在意大利刑事诉讼中，鉴定人和技术顾问并不属于诉讼主体，其诉讼地位也无法与法官、公诉人等相比较，与俄罗斯刑事诉讼形成了对比。意大利刑事诉讼中的鉴定人的任命权由法官独占，除法官外的任何人都没有决定进行鉴定的权力，但是公诉人和被调查人可以向法官提出申请，要求进行鉴定。不同于鉴定人的是，法律没有给技术顾问设置任何的任命门槛，公诉人和各当事人都可以自由任命任何人担任自己的技术顾问。而技术顾问可以参与鉴定工作或者对鉴定报告加以研究并出具关于鉴定报告的意见。意大利技术顾问制度在某种程度上与我国的"有专门知识的人"存在相似之处。

有学者通过英美法系国家的专家证人制度来分析鉴定人制度与"有专门知识的人"制度。在英美法系国家中，专家证人是指具有专门知识的人在法庭上发表专家意见以帮助事实裁判者解决案件中存有疑惑或者争议的专门性问题。有学者指出，尽管英国的法律并没有明确规定专家证人的概念，但从英国几个世纪以来积累的众多判例来看，只要是在特定领域或特定学科中具有超越常人的知识及经验的人，都可以成为法庭上的专家。虽然专家证人来源十分广泛并且审查并无明文的或者固定的资格要求，但是为了保证专家证人确实拥有专家资格，确认该专家辅助人确实是在某一方面的真正专家，需要对专家证人的资格进行一定程序的审查。在英美法系国家，目前对专家证人的资格审查主要是通过法庭上控辩双方的询问和交叉询问来进行的，通过这样一种双方互相询问的方式，双方当事人与专家证人的对抗式发言往往能够在事实上确认专家证人的资格，因为互相对抗的双方总是会试图在各个领域审查对方，找出对方的漏洞和错误，从而使得名不副实的专家证人难以站稳身份，而这也可以为我国法庭在审查专家辅助人的资格问题时所借鉴。法官进而可以通过自己对科学与法律的理解，运用普通人的经验和逻辑，遵循已有的判例规则，对专家证人提出的专家证言的可采性作出判断。

（二）"有专门知识的人"通过辅助人的身份参与检察工作

"工欲善其事，必先利其器。"一项制度的良好运行离不开相应的工具支持，而广义上的司法裁判行为、证明行为在长期的历史演变中也伴随着证明技术的进步而不断前进。远古时期人类原始社会崇拜图腾，认为万物有灵，从而采用"自然裁决"的方式来处理部落中的"不祥"之人。发展到人类中早期，进入封建社会后，在神学控制下的中世纪，"神断"成了主要的证明方式，而教职人员则成了事实上的法官。而在君主专制下的中国和从神权中解放的近代欧洲，人证以及口供被认为是定罪定罚的最关键证据，因而对证人的保护或者杀害，刑讯逼供或其他方法获得的口供是司法证明活动的主要内容。而人类社会跨入20世纪以来，科学技术实现飞跃式发展，司法证明方式逐步从人证时代步入物证时代。正如《刑事诉讼法》所指出的：只有被告人供述，没有其他证据的，不能认定被告人有罪和处以刑罚。而在科学技术发达、司法审判制度较为详备的国家（如英美、欧洲大陆等国家），专家证据成了现代诉讼证明活动中的主角，不仅被告需要有专门知识人来为自己辩护，作为行使国家公诉职能的检察机关也需要更为科学、更为有用的专家意见来支持公诉。而检察院指派、聘请"有专门知识的人"参与检察办案正如同给检察人员配备了一部生动的、可以交流的"外脑"。

最高人民检察院发布的《规定》明确指出："本规定所称'有专门知识的人'，是指运用专门知识参与人民检察院的办案活动，协助解决专门性问题或者提出意见的人，……"那么，专家辅助人在检察机关办理各种类型诉讼案件时，有帮助侦查人员、公诉人员和调查人员查明案件事实真相的职责。正如《规定》第7条规定了专家辅助人需要进行的工作：在检察官的主持下进行勘验或者检查；就需要鉴定但没有法定鉴定机构的专门性问题进行检验；其他必要的工作。而在查明事实真相之外，《规定》也同时要求"有专门知识的人"需要为检察机关就涉及专门性问题的证据材料存在问题时，对该证据材料进行审查并出具审查意见。而《规定》第9条规定，"有专门知识的人"甚至可以协助公诉人拟定讯问被告人和询问证人、鉴定人、其他有专门知识的人的计划以及制定质证方案。根据《规定》的条文，我们可以发现"有专门知识的人"能够借由规定参与到检察机关办案的各项核心工作之中，确实应该认定为参与案件办理的人员。但同时，《规定》也对专家辅助人参与办案的参与程度和参与方式进行了一定限制，如在接触、勘验现场，检查第一手资料时应当在检察官的主持下进行，制定讯问被告人、询问证人的方案以及质证方案只能够协助作为公诉人的检察官进行，不能自己进行。检察机关指派或聘请的专家辅助人作为检察官辅助人的身份，为检察官服务并提供专业意见，帮助检察官进行诉讼，专家辅助人仅是对专门性问题提出意见、对鉴定结论进行辅助性的质证，其作出的意见不是独立的证据形式，仅仅作为检察官的参考，帮助检察官理解鉴定人的鉴定意见。

(三) 保障对质权的两个对抗性身份

鉴定主体问题是司法鉴定制度中的核心问题。对于事实情况的判断、有关物证的鉴定在刑事诉讼中处于一个关键的位置，没有一个中立的鉴定机构来进行有关鉴定工作，刑事诉讼就会脱离事实之基础而无法继续。而如果鉴定机构不能在中立性上严格遵守规范，使人信服，那么刑事诉讼的公信力和正义性必然会受到质疑和动摇。

刑事诉讼中，在侦查、起诉和审判阶段，公安机关、检察院和法院都有权聘请鉴定人，对案件中存在争议性的专门性问题进行鉴定，而司法鉴定也通常被认为是不偏不倚、较为客观公正的。这些鉴定意见有助于侦查人员判断侦查方向，也有助于检察官了解案情，判断是否提起公诉，更是法院审理案件的重要依据。随着科技的发展，司法鉴定在审判中的作用也愈发重要，然而，由于司法实践当中鉴定人极少出庭，法官又往往缺乏相关专业知识而很难对鉴定意见进行审查判断，使得鉴定意见作为一种拥有如此重要影响力的证据，在未经质证和法官基于有限知识后的审查情况下，俨然成了无须证明的铁证。而法官对司法鉴定意见的依赖程度如此之高，使得鉴定意见甚至成了"法官的法官"。

为改变这样的情况，2013年开始实施的新《刑事诉讼法》强化了鉴定人出庭，并且引入了专家辅助人制度。《刑事诉讼法》第192条规定："公诉人、当事人或者辩护人、诉讼代理人对鉴定意见有异议，人民法院认为鉴定人有必要出庭的，鉴定人应当出庭作证。经人民法院通知，鉴定人拒不出庭作证的，鉴定意见不得作为定案的根据。"强化鉴定人出庭，就是强化鉴定人在法庭上就鉴定意见接受控辩双方质证的过程，是保障被告人对不利于己的鉴定意见的质证权的需要。通过要求鉴定人出庭，使得就司法鉴定意见进行双方质证成为可能。而控辩双方通过向法庭申请有专门知识的人出庭，使得鉴定意见的质证科学化、合理化成为可能。由此，在刑事诉讼法引入专家辅助人制度之初，其身份就是为了与司法鉴定人及其司法鉴定意见形成对抗，一方面保障当事人的合法质证权，另一方面也能够强化对鉴定意见进行客观性、中立性监督。

"有专门知识的人"也存在不同立场下相互对抗的身份。《刑事诉讼法》规定控辩双方同时享有向法庭申请"有专门知识的人"出庭的权利（力），这与控辩双方地位平等这一现代刑事诉讼的基本理念保持一致。现实中的案件情况多种多样，而在案件中出现的专门性问题和需要的专门知识也种类繁多，尽管作为控方的检察机关能够聘请鉴定人，但是鉴定人的范围相对较窄，时常会出现鉴定人难以解决的经验性方面的问题，此时需要由有专门知识的人提供帮助。而控辩双方的专家辅助人产生方式来自于各自的聘请（指派），其在立场上必然受到各自聘请人的影响，要求其像鉴定人一样保持绝对中立很明显也是有违常理的。因而，站在控辩两端，立场截然不同的两方专家辅助人也形成了相互对抗关系。在双方的对抗中，通过对质、相互审查等途径，也有利法官逐渐把握案情，从双方角度清楚地看待问题，居中裁判。但是，"有专门知识的人"存在一定立场和倾向性并不能使其明显提供偏离事实的意见，必须保障其审查意见与对案件事实的技术分析客观、中立。这种对抗只能是在合情合理、实事求是基础上的对抗，各自陈述其观点和意见，而不得在法庭上有虚假与欺骗行为。

四、"有专门知识的人"参与检察机关办案的制度守护

"有专门知识的人"正式为法律所引入不过数年时间，而各级检察机关按照最高人民检察院的《规定》运用"有专门知识的人"制度，协助参与办案等事项目前也正处于理解、摸索阶段，为此应当提出部分意见，使该制度不偏离其原有的发展轨道。

（一）厘清指派、聘用"有专门知识的人"的适用情况

检察机关在刑事诉讼活动中，应当处理好指派、聘请鉴定人与有专门知识的人之间的关系。作为控方的检察机关，拥有法定的进行司法鉴定的权力，又因为鉴定机关本身具有较高的资质和可信度，因而与鉴定机关仍应该大致保持过去的合作关系。坚持首先通过经过认证的高资质的司法鉴定机关来获取案件有关信息。在有关案件事项没有法定鉴定机关或者鉴定人无法鉴定时可以指派、聘请"有专门知识的人"进行查证、验证并出具审查意见。

另一方面，从节约司法资源的角度来看，在通常情况下不应该同时使用这两项权力，尽管法律没有作出禁止性规定。在一些特别重大疑难的案件中，为了弥补鉴定人个体在专业知识上的不足，也可以聘请相应的专家辅助人以增强控方证据的说服力和可信度。

（二）应加强"有专门知识的人"参与检察办案的边界意识

最高人民检察院发布的《规定》对"有专门知识的人"的职权与限制作出了一定数量的列举式规定，但是仍然需要加强检察官对有专门知识的人委托职权以及有专门知识的人在办案时的边界意识。具体来说，笔者理解的边

界意识应该是保持一种适当的谦抑，即在行使检察机关公诉职能时，应该本着辩诉平等的现代刑事诉讼理念，在行使侦查权、调查权等职权上保持克制。

检察机关作为行使法律监督权的国家公权力机关，在辩诉双方中处于强势地位，检察机关本身在司法架构中掌握较多资源，被告方在案情侦查和证据调查方面基本无能为力。进而，双方有专门知识的人各自的地位存在巨大差异，辩护方的有专门知识的人除了在物证等事实上存在重大争议的案件中能够发挥作用外，在其他时候往往只能充当被告一定意义上辩护人的身份。而参与检察院办案的有专门知识的人能够将自己的专门知识与检察机关拥有的各项职能充分结合，达到"1+1>2"的效果，但是在整个辩诉体系中却形成了"强者愈强，弱者愈弱"的情况。因而，检察官在主持有专门知识的人工作时，应当严格遵守最高人民检察院《规定》对有专门知识的人职权范围的限制。而有专门知识的人也应当尽量在检察官所要求的范围内行使职权，就案件事实和技术认定等案件发表客观、公正的意见而尽量避免自身的过度参与。通过划定"有专门知识的人"参与检察办案的参与度边界，明确可为与禁入事项，就能够使得检专双方各司其职、通力合作，避免出现"有专门知识的人"出于其他目的而影响、干预检察官办案，进而出现损害检察工作公信正义的事件。另一方面，让"有专门知识的人"在边界外活动，也能够有效地保护其独立性与自主性。

点　评

第一，最高人民检察院出台该规定的主要功能是协助检察院行使起诉职能，而其中关于有专门知识的人参与办案的程序规定，其效力能否及于监察委、法院、公安机关等，值得思考。第二，《规定》可能会打破诉讼平衡。检察机关代表国家提起公诉，有专门知识的人辅助办案，在当被告人没有能力聘请有专门知识的人时，诉讼上的平等"武装"就难以实现，这会增加被告人的负担。第三，刑事诉讼法和《规定》中"有专门知识的人"的概念不同。学习公法要从规定的法律依据和正当性问题进行思考，《规定》是否超越了职权，是否会侵蚀司法公信力，有专门知识的人参与办案制度中的可操作性是否具备等问题都值得进一步探讨。

（点评人：武汉大学法学院　江国华教授）

裁判文书释法说理改革：逻辑与进路

罗 航[*]

> **内容提要**：最高人民法院公布的《最高人民法院关于加强和规范裁判文书释法说理的指导意见》，针对裁判文书释法说理存在的"不愿说理""不会说理""不敢说理""说不好理"等突出问题给出了可操作的方案。该指导意见明晰了裁判文书释法说理改革的外在逻辑即"怎样说理"，包括四个说理维度、四个说理类型、说理的两个统一。除此之外，为证立裁判释法说理的内在逻辑，还需要回归司法权本身去寻求"为什么要说理"的答案，并在理顺改革逻辑的基础上从配套机制出发思考裁判文书"如何更好地说理"的可行路径。
>
> **关键词**：裁判文书释法说理改革　法院改革纲要　繁简分流机制　司法理性

一、引论：从"裁判文书改革"到"裁判文书释法说理改革"

2018年6月11日，最高人民法院公布《关于加强和规范裁判文书释法说理的指导意见》（下文简称《指导意见》），整合了此前分散的裁判文书规定，并增入了对法官说理过程中长期面对之难题的规则指引。《指导意见》是在对地方各级法院实践的广泛调研基础上形成的，在文书性质上，该意见属于非司法解释类审判业务规范性文件。基于最高人民法院对地方各级法院的宪定监督关系与由此派生出的业务指导关系，《指导意见》的效力及于整个法院系统的裁判文书撰写与评查等工作，并将引导裁判文书释法说理改革领域的具体措施开展。

---

[*] 罗航，武汉大学法学院2017级宪法学与行政法学硕士研究生。

裁判文书是人民法院依照法律规定独立行使国家审判权,在案件审理过程中和审理终结后,根据当事人对案件的意见和对案件事实的查明、认定,并根据法律、法规及有关司法解释的规定,对案件中的程序问题和当事人的权利、义务、责任问题作出关于法律如何适用的具有法律约束力的诉讼文书。[1]申言之,裁判文书是审判权的可视化载体,裁判文书之良莠即审视司法审判权运行之规范与失范的关键依据。由此,裁判文书改革也当然地作为司法改革的必要部分,自1997年党的十五大首次提出"推进司法改革"并催生第一个《人民法院改革纲要》起,便一直在法院改革历程中占据着重要地位。如表1归纳所示,在"一五""三五""四五"三个改革纲要中,裁判文书改革大致历经了提出改革课题、明确裁判说理的改革重点、完善具体方案并推动改革实效化的发展过程。

表1 法院改革纲要中的裁判文书改革

时间	法院改革纲要	裁判文书改革内容
1999~2003年	"一五"改革纲要	加快裁判文书的改革步伐,增强判决的说理性
2009~2013年	"三五"改革纲要	增强裁判文书的说理性
2014~2018年	"四五"改革纲要	专列"推动裁判文书说理改革"条目

然而,"四五"改革纲要出台之前的裁判文书改革安排由于重点分散、协同性保障措施缺位等因素,使得改革在改善文书的说理与论证状况等方面的效果较为有限。甚至在很长一段时间内,司法裁判文书的价值在法学研究、法学教育甚至社会公众的一般认知中都没能得到凸显。这虽然在一定程度上与我国是非判例法国家有关,但更是现实中裁判文书说理疏漏百出、逻辑论证不畅,甚至低级错误频现等质量问题使然。在见义勇为的社会新闻发生时屡屡被拿出来热议的"南京彭宇案",便是当时裁判说理状况的一面镜子。可见,一次不当的释法说理之危害,与一次不公正的审判无异,都是"对水源的污染",不仅会损害司法公正价值与司法权威形象,更会减耗民众对于法律的尊重与信仰。党的十八大以来,在司法体制改革与综合配套改革的带动下,裁判文书释法说理改革得到了深入推进:党的十八届三中全会通过的《中共

---

[1] 潘自强、邵新:"裁判文书说理:内涵界定与原则遵循",载《法治研究》2018年第4期。

中央关于全面深化改革若干重大问题的决定》提出，要"增强法律文书说理性，推动公开法院生效裁判文书"；十八届四中全会通过的《中共中央关于全面推进依法治国若干重大问题的决定》进一步强调了文书说理的制度化目标，即要求"加强法律文书释法说理，建立生效法律文书统一上网和公开查询制度"；十九大报告指出，要深化司法体制综合配套改革，全面落实司法责任制，这为文书说理改革措施的落地提供了保障。立足于新时代中国特色社会主义建设的新要求，《指导意见》以实际问题为导向，针对裁判文书释法说理存在的"不愿说理""不会说理""不敢说理""说不好理"等突出问题给出了可操作的方案，明晰了裁判文书释法说理改革的外在逻辑，即"怎样说理"。除此之外，我们还需要回归司法权本身去寻求"为什么要说理"的答案，证立裁判释法说理的内在逻辑，并跳出文书框架深入思考"如何更好地说理"，探索未来改革优化的可能进路。

开展说理活动需要先回答一项前提性问题，即"向谁说理"，说理内容的输出与评价回传等具体机制都是由此决定的。司法裁判文书具有多重含义：对社会而言，裁判文书是人民法院向社会公众展示司法公正的重要平台和宣传法制的生动教材；对当事人而言，裁判文书是其认同法律权威、息讼服判的主要依据所在；对法官而言，裁判文书是考察法官政治、业务素质的重要尺度。[1]在这三者的优先性排位上，本文认为，应以当事人作为首要层面的说理对象，以社会公众和法律专家学者作为第二层面的说理对象。释法说理过程依附于制判过程，裁判文书的属性决定了说理对象的二阶性：一方面，对于当事人，裁判文书是载明具体诉讼争议和裁判结果的"权利义务决断书"；另一方面，对于社会公众和法律专家，它是以国家强制力为支撑作出的具有司法效力的"法律文书"。由此可知，《指导意见》中释法说理目的之"提高裁判的可接受性"，就是看当事人接不接受，同时亦不能忽视一般民众和法律专家学者的接受程度。

二、为什么要说理：回归司法权本质的透视

司法权本质上是一种判断权，当法律事实与法律规范之间存在断裂时，就需要法官行使判断权来弥合这一断裂，并向当事人和全社会争取对此的认

---

[1] 上海市高级人民法院"一个素养，三个能力"轮训指导小组编，乔宪志、金长荣主编：《法官素养与能力培训读本》，法律出版社2003年版，第138~139页。

可,而说理便是绝佳"黏合剂",可以使法官的判断获得尊重与信赖。

(一)司法理性

司法理性主要是一种职业理性,这便使得司法必然朝着职业化方向演进,产生理性的司法官。[1]当司法者提供了一个判断的样本,其判断的逻辑与说理就将成为公众有关正义话题的谈资和标杆,这是因为相较于裁判者的智识、职业训练和实践经验条件,司法理性对普通公众而言是难以具备的。[2]司法之理性及于法官,而法官的理性特征又需要借由其司法活动的开展、司法产品的产出予以具象化,这其中就包括了制判过程以及具体的释法说理环节。

裁判文书释法说理是法官在公开事实认定过程中影响法官心证的证据判断、法律适用等推理思路,并以此论证裁判主文合法与正当的活动。裁判文书说理应当同时符合法律形式理性与价值理性,前者是指说理内容应符合司法专业化要求,后者则约束着说理,确保其不会径直走向"精英化"。裁判文书作为一类司法文书,其主要由法律条文、法律事实、法律用词等具有较强法律专业性的元素构成。文本说理的规范性与专业度是评价司法能力和司法水平的重要指标之一,时刻受到同行的法官、检察官、律师及其他法律专家的监督与审视。同时,法官作为掌握公义尺规的裁判官,需要通过文书说理向公众传达司法价值理性,这就要求其应当始终受缚于司法所需涵括的"真实的社会情理",以及司法理性本身蕴含着的公正、中立、客观等价值。也即法官不得放纵自己的感觉与好恶,不得以自己关于法律和正义的观点来替代他们所服务的普通人的观点,法官裁决应当秉承社会公共理性以及公平与正义观念,要避免公众对司法公正产生合理的怀疑。[3]

(二)司法功能

司法通过审判活动参与社会治理。相对于私人治理机制而言,处于国家治理体系之内的司法调控机制可以在社会纠纷化解、保障公民权利、实现对

---

[1] 参见江国华:"常识与理性(八):司法理性之逻辑与悖论",载《政法论丛》2012年第3期。

[2] 参见邢鸿飞、韩轶:"司法理性与司法公信——基于中国司法发展阶段的考察",载《南京大学学报(哲学·人文科学·社会科学)》2016年第2期。

[3] 王洪:"理性、公正司法需要法律论证与推理",载《检察日报》2019年7月13日。

行政权力的监督、推进制度完善和社会进步等方面发挥更独特的作用。[1]

作为终局性的救济手段,司法审判在社会矛盾和纠纷的解决上承担着"法内最后一道防线"的角色。当事人能否服判息讼,在很大程度上和司法裁判过程及裁判文书中的释法说理相关联。因此,基于化解社会冲突的这一司法功能,裁判文书的释法说理在法律效果、社会效果的权衡与引入上,应当更加注重争端实质化解效果的达成。

形塑规则是司法的另一项重要功能。美国法学家格雷曾提出过"不判决,无法律"的著名论述。他认为:"在社会的立法机构与司法机构中,针对该社会的法律是什么与不是什么这个问题,恰是由司法机构做出最后的断言。"[2]一个处于快速变革之中的社会,往往难以及时通过立法更新规则或者拓展已有规则的内涵,而司法恰好可以在特定类型的案件(如新类型、疑难案件)中,充当实际的立法角色,提高法律适用的"弹性"。例如,最高人民法院就曾在提审一件信用证开证纠纷案[3]时,解决了提单属性以及持有提单的开证行享有何种权利等长期困扰司法实践的问题,明确了该领域的一系列裁判规则。此类"以案创法"的实践虽然只是少数,但法官对法律的解释却是时刻存在的,而正是法官的造法活动和解释活动塑造了法律的现实面貌。由此,统一的裁判文书说理规范对于填补法律漏洞、刻画法律细节来说是十分必要的,是司法形塑规则之功能得以发挥的具体指引。

(三) 司法公开

司法权作为一类公权力,其运行全过程应受到民众的监督,对于不直接参与司法案件细节的民众而言,司法公开就是他们获取信息的主要通道。在过去的几年中,最高人民法院建成了"中国裁判文书网""中国审判流程信息公开网""中国庭审公开网""中国执行信息公开网"等四大司法公开平台,以"大数据+司法公开"为打造"阳光司法"保驾护航。裁判文书公开作为司法公开的重大举措之一,也取得了显著进步,自2013年7月中国裁判文书网上线以来,公开文书数量呈直线上升趋势,其中虽然有案件数量逐年增多的原因,但

---

[1] 参见杨建军:"通过司法的社会治理",载《法学论坛》2014年第2期。
[2] [美] 约翰·奇普曼·格雷:《法律的性质与渊源》(原书第2版),马驰译,中国政法大学出版社2012年版,第147页。
[3] [2015] 民提字第126号。

这也是文书公开比例持续增加、司法公开继续深化的一个表现。[1]与此同时，一部分"暴露在阳光下"的裁判文书自身质量不过关，"模板化""简陋化""碎片化"[2]的裁判写作与说理特点，使得司法公开的实效大受减损，继而给司法公信力带来了负面影响。究其原因，主要就是司法责任制下法官的避责意识，换言之，既然文书必须公开，那么法官就会在释法说理上采取模糊化、概要化的处理"策略"，以少说确保少错、少责，这便引发了新的副作用。正如有法学学者认为的那样，裁判文书上网让法官置于公众监督之下，在减少司法腐败、提高裁判一致性和法官专业性的同时，也可能减少了判决的说理性。[3]而统一的裁判文书释法说理规范可以从形式与实质两点发力，提高裁判文书的透明度，促使文书从形式上的公开走向真公开。例如，《指导意见》第 15 条就要求文书说理"不能未经分析论证而直接使用'没有事实及法律依据，本院不予支持'之类的表述作为结论性论断"。

三、怎样说理：基于《指导意见》文本的解读

《指导意见》全文共 21 条，较全面地涵括了裁判文书释法说理应当遵守的基本原则；裁判文书释法说理的四个方面；裁判文书释法说理的繁简分流；裁判文书应遵循的技术规范、法律引用等规则；裁判文书释法说理应健全的配套机制等内容。[4]本文从中择取了释法说理的四个维度、四种类型以及"两个统一"进行着重论述。

（一）四个说理维度

文书说理的首要问题是"说什么理"。关于裁判文书中的理，有学者认为可分为事理、法理、学理、情理和文理，一份说理性强的裁判文书应该立足事

---

[1] 参见"坚持以公开促公正　助力改善中国营商环境——中国裁判文书网总访问量突破两百亿"，载中国法院网：https://www.chinacourt.org/article/detail/2018/11/id/3571783.shtml，访问时间：2019 年 3 月 13 日。

[2] 参见凌斌："法官如何说理：中国经验与普遍原理"，载《中国法学》2015 年第 5 期。

[3] Björn Ahl and Daniel Sprick, "Towards Judicial Transparency in China：The New Public Access Database for Court Decisions", *China Information*, Vol. 32, No. 1 (2018), pp. 7~8, 转引自唐应茂："领导意愿、机构能力和司法公开——北京、上海、广东裁判文书上网率的初步研究"，载《中国法律评论》2018 年第 6 期。

[4] 参见胡仕浩、刘树德："新时代裁判文书释法说理的制度构建与规范诠释（上）——《关于加强和规范裁判文书释法说理的指导意见》的理解与适用"，载《法律适用（司法案例）》2018 年第 16 期。

理、严守法理、辅以学理、佐以情理、善用文理。[1]但普遍来看，学理论证在说理过程中通常作为辅助手段出现，并非大多数裁判说理的内容，不宜被纳入说理的一般指引范畴。因而，《指导意见》只将学理（通行学术观点）置于第13条的裁判辅助依据内，并另在第2条划定了说理的四个维度，即阐明事理、释明法理、讲明情理和讲究文理。

其一，阐明事理，即说明裁判所认定的案件事实及其根据和理由，展示案件事实认定的客观性、公正性和准确性。在以往的实践中，部分裁判文书在认定案件事实（包括认定将推翻当事人诉讼请求或关键辩论意见的案件事实）时，存在一笔带过的问题。例如，以"与本院审理查明的事实不符"为关键词，地域设定为"湖北省"，裁判年份设定为"2017年"在无讼网进行检索，得到25份裁判文书，经过对文书内容的识别，其中有21份裁判文书未对当事人的部分诉讼请求或争议焦点予以析理，而是直接得出了"与本院审理查明的事实不符"这一结论性论断。根据证据尽量归纳还原事实，是文书的法理、情理说理所依托的前提；加之事理只是在证据判断的基础上进行事实陈述，并不涉及法律关系或行为的性质认定，当事人大多能够就争议点提出实质意见或问题，因此，裁判中应当对案件事实作出夯实、周密的说理与回应。

其二，释明法理，即说明裁判所依据的法律规范以及适用法律规范的理由。裁判文书是载明法官对于当事人法律权利、义务、责任之调整的"法律意见书"，其中法理之释明形式主要有三：一是法律条文的选取，以证明裁判于法有据；二是法律条文的解释，针对文本中的多义条款及模糊条款等，作出便于当事人理解的说明；三是法律条文的适用，结合案件事实完成裁判结果是"以事实为依据，以法律为准绳"而作出的闭环论证。

其三，讲明情理，即体现法、理、情相协调，符合社会主流价值观。法律源于社会，法律的适用过程就是从社会之中抽象出来的法律回归到具体的社会现实之中的过程。[2]而公众认同感与这一过程的关键维系点便在于司法中所彰显的情理。裁判文书中情理之内涵，应当同社会一般观念互通，而非

---

[1] 参见胡云腾："论裁判文书的说理"，载《法律适用》2009年第3期。
[2] 参见江国华：《常识与理性：走向实践主义的司法哲学》，生活·读书·新知三联书店2017年版，第158页。

由法官个人明显不合乎常理的"偏好"所定义。"南京彭宇案"饱受争议的原因正是那纸初审判决书"不可思议"的说理过程，即法院认为，彭宇若是见义勇为行好事，那么他扶起倒地老人并将其送医的行为便"显然与情理相悖"〔1〕。实际上，办案法官此处的认定才是真正脱离了公众认知，这样的说理非但不能促进社会对司法的理解，反而会起到负面作用，引发舆论抵触。情理在说理中的引入与阐释，应以法律规定或法律精神为边界。受浓重儒法伦理传统的影响，我国更多的是一种亲情伦理而非市民伦理，现代法与传统伦理的冲突表现得更为突出。〔2〕但若要实现法治秩序下的稳定正义，便要求在立法环节充分考虑情理，将社会伦理观念融入法律条文，在立法精神上使"情在法上"，而法律一旦制定成文，在法律适用过程中便应当以法理为先，情在法下。

其四，讲究文理，即语言规范，表达准确，逻辑清晰，合理运用说理技巧，增强说理效果。释法说理应在保持法律专业特征的同时，摒弃概念化、公式化、"八股文"的陋习，把握好专业化与朴素性的关系。〔3〕如果说前三项说理内容是基于"裁判"过程与结果论证的基本要求，那文理说理便是"文书"写作的基础规范，除第 2 条外，《指导意见》第 15 条还对文书行文风格与用语给出了指引。

(二) 四种说理类型

前述四个说理维度强调的是"理"的本质属性，而此处则是以说理环节为区分，划分为审查判断证据说理、认定事实说理、适用法律说理和行使自由裁量权说理四种说理类型，且每种类型设定有各自的具体说理规则。说理维度与说理类型并非对应关系，具言之，文理的要求贯穿于整个制判过程，对应所有说理类型，同时，事理、法理、情理也可能以单个或组合的形式出现在任一说理类型中。

其一，审查判断证据说理（第 4 条、第 5 条）。其主要涵括举证质证及法庭调查核实证据情况、运用证据规则和司法证明方法、审查判断证据"三性"、排除刑事非法证据、举证责任分配或者证明标准等方面的说理。通过认

---

〔1〕 [2007] 鼓民一初字第 212 号。
〔2〕 参见马长山：《国家、市民社会与法治》，商务印书馆 2002 年版，第 290 页。
〔3〕 沈言："构建裁判文书释法说理的四个维度"，载《人民法院报》2018 年 7 月 26 日。

定的证据是后续事实说理、适用法律说理和自由裁量权说理开展的基础要素，证据的合法性、真实性、关联性是判断证据证明力和证明能力的首要标准，其中在论证关联性时应当避免证据与待认定事实之间的割裂。

其二，认定事实说理（第6条）。认定事实说理的重点之一为结合庭审情况对认定事实或事实争点进行释法说理。事实说理并非对案件所涉及的全部事实进行逐一认定和解释，而是需要在精准总结当事人双方争议焦点的基础上，有针对性地予以论证，焦点归纳得当与否往往会直接影响说理效率与纠纷的实质解决。认定事实说理的另两个重点分别是间接证据与事实认定关系之说理、推定方法适用之过程的说理。通常情况下，间接证据证明能力与证明力、推定之司法证明方法在"审查判断证据说理"环节已经过初步审查说明，但如图1所示，由于单一间接证据与推定方法均不能直接推导出某个事实，因此出于对证据证明事实的谨慎考察，必须在"认定事实说理"环节再次论证说理。

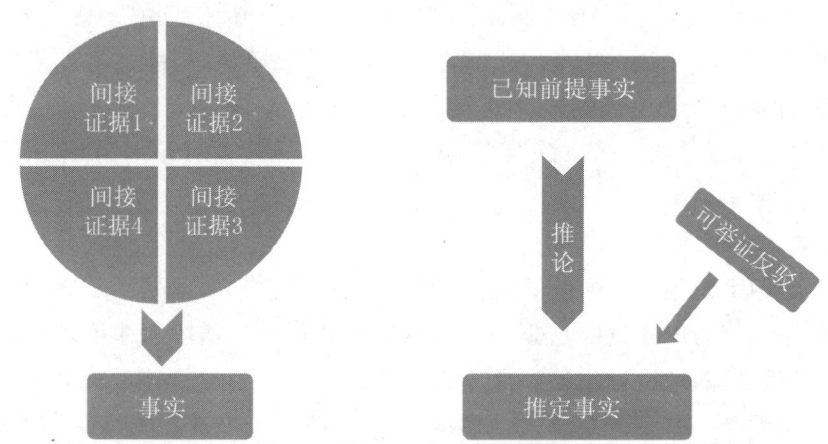

图1 间接证据与事实认定关系的说理、推定方法适用过程的说理

其三，适用法律说理（第7条）。说理情形包括对法律适用无争议且法律含义不需要阐明、对法律适用有争议或法律含义需阐明、法律竞合或冲突、民事案件无法可司等。法律适用的过程通常被视为是"逻辑三段论的演绎推理方式"在司法过程中的一种应用，包括寻找法律规范之大前提、确认法律事实之小前提、经由涵摄导出结论。[1]但在特定情形下（如法律竞合或冲突、

---

[1] 参见卢佩："'法律适用'之逻辑结构分析"，载《当代法学》2017年第2期。

法律有漏洞等）大前提法律规范无法直接锁定，便需要在开始三段论推导之前，先借助法律效力规则、裁判辅助依据规则等确定拟使用的法律规范。

其四，行使自由裁量权说理（第7条）。本项包括对自由裁量权依据论证、自由裁量之考虑因素的说理，同时还规定了运用自由裁量权应坚持的合法、合理、公正和审慎四项原则。法官在个案审判中行使自由裁量权，可以及时填补成文法的法律漏洞和规则缺失，同时更直接地适应个案差异、认定与解释个案证据。[1]"于欢案"的二审判决书便是在法律授权幅度内法官行使自由裁量权并进行说理的优秀例证。该二审判决书载明了该案被害方存在严重过错，于欢犯罪的事实、性质、情节和危害后果等自由裁量因素，并据刑法规定，在减轻处罚的法定刑幅度内改判于欢有期徒刑5年[2]，该裁判说理由此收获了良好的社会反响，以"大案要案+高水准的裁判释法说理"的组合形式上了一堂关于正当防卫的"法治公开课"。

（三）说理的两个统一

裁判文书释法说理改革需要注重整体性与协调性，既包括改革措施之间的整体与协调（如要求文书规范化与个性化相统一），也包括说理改革与法院其他现状特征的协调（如结合人多案少突出的矛盾，作出了简案略说与繁案精说相统一的要求）。

其一，简案略说与繁案精说相统一（第3条、第8~10条）。即根据社会影响、审判程序、诉讼阶段等情况对案件进行区分，分别作出简式、要式裁判文书，进行繁简适度的说理。《指导意见》列明了"应当加强释法说理"和"可以简化释法说理"的详细情形。前者可被概括为四类案件，即疑难、复杂、新类型、影响大的案件；裁判结果特殊的案件；审判程序特殊的案件；其他。[3]后者则包括适用简易程序、速裁程序、特别程序等事实清楚、争议不大的案件。同时，《指导意见》还单独强调了二审或再审裁判文书强化释法说理的内容，要求在一审或原审无事实认定和法律适用错误的一般情形下，将说理主要着墨于上诉、抗诉、申请再审的主张和理由，不再繁述未被主张

---

[1] 参见孟勤国："依法约束法官自由裁量权"，载《学习时报》2017年5月3日。
[2] [2017] 鲁刑终151号。
[3] 参见胡仕浩、刘树德："新时代裁判文书释法说理的制度构建与规范诠释（下）——《关于加强和规范裁判文书释法说理的指导意见》的理解与适用"，载《法律适用（司法案例）》2018年第18期。

的事实说理。

其二，文书规范化与个性化相统一（第 11、12、14 条），这是针对文书写作的要求。文书规范化要求需严格遵守裁判文书制作规范、规范性法律文件引用规范等，这是裁判文书走向制度化的必然要求。个性化说理则是指法官可以根据案件情况合理调整事实认定和说理部分的体例结构，或采用列明裁判要点、附表、附图、附录等附件方式进行文书说理。事实上，除前述个性化举措外，也有许多具备良好专业素养的法官在文书写作中发挥能动性，创制了裁判释法说理新方式。例如，曾入选全国法院优秀裁判文书的"菲利普故意杀人案"刑事裁定书。该文书被评价为"突破了传统的按证据种类或搜集时间排列证据的方式，而是将证据归纳分为前因、预谋、实施、精神状况四个方面展开分析认证，脉络清晰，层次分明"。[1]实践中出现的这些行文创新，也可以为法官提升裁判文书说理水平提供借鉴。

四、如何更好地说理：关于改革配套机制的思考

完善裁判文书释法说理内容，除了需坚持贯彻《指导意见》中的各项说理规范之外，外部的协同配套机制也必不可少。本文立基于但不限于《指导意见》已提及的改革配套机制，尝试从繁简分流机制、文书评查机制、说理激励与责任机制三个方面思考"说好理"的外部进路。

（一）繁简分流机制

2016 年，最高人民法院发布了《关于进一步推进案件繁简分流优化司法资源配置的若干意见》，为案件繁简分流机制的正式运行提供了多角度的指引。裁判文书释法说理不充分的主要原因之一便是法院"案多人少"的矛盾，加之法官社会性、政治性义务太多的现实，使得法官无暇、无力对全部承办案件进行充分的释法说理，裁判文书的整体质量无法得到提升。繁简分流旨在以合乎理性的规范使案件各入其道，使普通程序的正当化在司法资源与司法需求的剧烈冲突中获得现实可能性，[2]也为司法公正与司法效率的平衡提供了现实方案。

当前，法院内部的繁简分流机制主要分为两类：一是通过立案庭进行初

---

[1] [2014] 闽刑终字第 381 号。最高人民法院审判管理办公室编：《全国法院优秀裁判文书：附裁判要旨和推荐意见》，法律出版社 2017 年版，第 255 页。

[2] 傅郁林："繁简分流与程序保障"，载《法学研究》2003 年第 1 期。

步分类；二是直接转送给业务审判庭，由庭内自行分配。由于立案庭在案件分流之外还有诸多其他职责，且立案登记时仅对形式做基本审查，而简案与繁案的认定可能需要对具体法律关系和案件事实进行初步审查后才能更准确地作出。在之后的繁简分流机制改革中，可以考虑将案件分流的职责大部分转移至各业务审判庭，以实现同一审判庭内法官裁判说理工作的协调，保护法官的释法说理积极性。

（二）文书评查机制

《指导意见》第18条和第19条规定了文书的评查机制，在评查的主体上鼓励独立第三方参与。在地方各级法院的实践中，大多以本院的审判管理办公室主导文书评查工作，如重庆市第四中级人民法院规定"由审管办每季度常规评查、院庭长每月抽查、全院各部门交叉评查相结合"。青海省高级人民法院也公布了《裁判文书评查办法（试行）》。其第5条规定："裁判文书评查具体工作由负责案件评查的员额法官承担，必要时可由综合审判业务部门员额法官或者聘请审判经验丰富的退休法官、人大代表、政协委员、高等院校学者、法学专家兼职评查。"引入外部评查主体，有助于更为客观、中立，并跳脱出法官角色惯性来审视裁判文书的释法说理。

（三）说理激励与责任机制

《指导意见》第16条、第17条明确了裁判文书释法说理的激励机制，具体为汇编优秀裁判文书和纳入法官业绩考核。地方各级法院在规范和实践中对于说理激励采取了更为积极的态度。例如青海省高级人民法院《裁判文书评查办法（试行）》除了建立优秀裁判文书库外还在第18条规定："裁判文书评查结果纳入法官绩效考核，作为法官年终绩效考核及奖惩、晋级、晋职的依据。"此外，重庆市第四中级人民法院还将文书评查结果划入法官员额基础数据的积累，这无疑为法官开展裁判释法说理注入了强劲动力。

与此同时，各级法院还应确立不当释法说理的责任机制，合理划分不同主观故意、不同社会影响、过错大小等情形的担责内容，做到"不纵不枉"，既不因释法说理中的失误与过错而使法官承担明显不相称的惩戒，也需要对其说理不良后果承担责任。

点　评

我国既有大陆法系的特点（如成文法典），也带有英美法系的色彩（如最高人民法院的指导案例）。我国过去对裁判文书的说理比较简单，随着法治进程的深入，人民对司法判决提出了更高的要求：仅仅判了是不够的，还需要让民众知晓其缘由。释法说理要讲文理、事理、法理、情理。其中，讲事理包括作出裁判的事实依据、选择该事实的理由；讲法理则一是要讲明为何适用此法而非彼法，二是要阐释法律本身的逻辑、价值取向等。司法过程是价值观输出的过程，其输出不应违背主流价值观，因为释法说理不仅是针对当事人的，也是针对整个社会的。关于配套机制问题，应容许裁判文书的个性化与统一化相统一——我国有些地方甚至出现了标准化的裁判文书，这都是与最高人民法院加强释法说理的意图背道而驰的。首先要解决裁判文书格式问题，对文书的要求应该要素化，即规范文书所应包含的要素即可，至于哪些要素多些哪些要素少些，则应该根据个案需要来权衡。

（点评人：武汉大学法学院　江国华教授）

行政法前沿

论我国开发区管理机构的行政主体地位

——以宁波开发区行政强制纠纷案为例

卢宇博*

> **内容提要**：开发区作为我国改革开放的一大创举，对我国的经济发展与地区建设做出了极大的贡献。但长期以来，对于开发区管理机构的行政主体定位问题，学界一直存在极大的争议，实践中也出现了很多诉讼问题。因此，《行政诉讼法》赋予了其行政主体地位，但具体定位依然不够明晰。在"戚某诉宁波国家高新技术产业开发区房屋拆迁管理办公室拆迁行政强制纠纷案"中，开发区管理机构的定性问题成了诉讼焦点，充分反映出明确行政主体地位是解决开发区管理机构诉讼争议的关键性问题。对此，应从开发区的管理模式入手对其管理机构进行分类分析。其行政主体地位的确立有助于实现"确权""控权""平权"的功能，但仍需要调整行政主体的相关理论，加强与其他法律与法规的衔接与协调，并使行政法能够更加适应多元协同善治的发展需要。
>
> **关键词**：开发区　管理机构　行政主体地位　行政强制

一、案例导入

在"戚某诉宁波国家高新技术产业开发区房屋拆迁管理办公室拆迁行政强制纠纷案"中，原告戚某系宁波市鄞州区梅墟街道方家桥村村民，被告为宁波国家高新技术产业开发区房屋拆迁管理办公室。主要案由是原告认为被告的拆迁行政强制行为侵犯了其合法权益。最终，宁波市鄞州区人民法院于

---

* 卢宇博，武汉大学法学院2017级法律硕士研究生。

2011年7月18日对此案作出了行政裁定，驳回原告起诉。案件的具体经过如下：

原告戚某在方家桥村拥有一处房产。2004年及2008年，被告两次在原告房屋地块张贴拆迁公告，将该地块列为安置小区项目的建设用地。2010年11月12日上午，原告得知被告正在拆除原告房屋，立即赶往现场，发现房屋的两扇卷帘门已被拆除，原告当场制止并报警。同年11月19日晚上，被告又指示工程队将原告房屋夷为平地。次日早上，原告得知房屋被拆除后立即报警，民警到现场后告知原告应由拆迁办来处理。于是，原告拨打了被告副主任王某电话，王某在通话中承认原告房屋是按照拆迁协议予以拆除的。原告认为，被告作为宁波国家高新技术产业开发区负责拆迁的机构，在原告与被告尚未签订拆迁补偿协议的情况下，将原告合法的房屋予以拆除，严重侵害了其合法权益。为此，请求判令被告强制拆除原告房屋的具体行政行为违法。

被告由此辩称：第一，被告系独立法人的事业单位，并非国家行政机关，不具备行政诉讼当事人主体资格，故被告主体资格不适格，应依法驳回原告起诉；退一步讲，即使原告有权起诉被告，原告也应提起民事诉讼，而不是行政诉讼。第二，原告的诉讼主体资格也不适格，本案讼争的房屋在土地管理部门中无任何地籍档案资料，原告所提供的方家桥村村民委员会出具的"证明"本身存有诸多疑点，且方家桥村村民委员会不是国家土地职能部门，无权证明原告房屋的合法性，故原告并非该房屋的合法所有权人，其与被诉具体行政行为无法律上的利害关系。第三，被告从未实施拆除讼争房屋的行为，原告的请求缺乏事实证据和法律依据。因此，请求依法驳回原告的起诉。

法院由此认为：被告作为被拆除房屋地块建设项目的拆迁人，其在拆迁法律关系中属于民事主体，被告拆迁被拆迁地块上房屋的行为系民事法律行为，故本案不属于行政诉讼的受案范围。按照《中华人民共和国行政诉讼法》（1989年）第41条第4项、《最高人民法院关于执行〈中华人民共和国行政诉讼法〉若干问题的解释》（1999年）第44条第1款第1项的规定，裁定驳回原告戚某的起诉。

当事人戚某在2011年3月7日曾就宁波国家高新技术产业开发区城市管理行政执法局于2010年11月3日作出的限期拆除决定向宁波市鄞州区人民法院提起行政诉讼，最终却判决被告作出的限期拆除决定违法。由此可以看出，对于同一个开发区管理机构的不同职能部门，法院对其资格的认定截然相反。

拆迁管理办公室不具备行政诉讼主体资格，但是城市管理行政执法局则具备这一资格。这充分说明，开发区的法律性质不明会导致行政诉讼产生极大的分歧。开发区拆迁管理办公室作出的强制拆迁行为显然属于行政强制行为，对行政相对人的权利造成了实质性的影响，并产生了行政纠纷，但却无法通过行政诉讼的方式予以解决，这显然是不合理的。鉴于这种情况，2018年2月8日起开始实施的《最高人民法院关于适用〈中华人民共和国行政诉讼法〉的解释》（以下简称《新行政诉讼法司法解释》）第21条正式确立了开发区管理机构的行政主体地位。[1]

二、开发区的含义与行政主体定位

（一）开发区的含义

开发区其实是一个比较模糊的概念，迄今为止尚无严格、统一的界定，理论上也没有形成统一的、得到认可的标准概念，这与开发区的实质性特点有关：各地方资源优势、特殊产业均有所不同，开发区在实际运作中类型各异，难以统一界定。但从其共有的特性来看，开发区其实是指由国务院和地方人民政府批准在城市规划区内设立的为吸引外部生产要素、促进自身经济发展、集中力量建设完善的基础设施，创建一流的投资环境，而享受某种特殊政策、实施特殊经济管理、从事某种特定经济活动的重点开发区域。

开发区是改革开放的产物，主要借鉴了国外自由贸易区、出口加工区以及工业园区和我国经济特区的建区经验，形成了各有特色的行政管理体系。自1984年第一个国家级经济技术开发区——大连经济技术开发区——成立以来，我国开发区的发展十分迅猛。截至2012年12月，开发区占以全国不到2%的用地，贡献了全国GDP总量的12.8%。截至2014年3月，我国已有国家经济技术开发区209家、国家高新区113家、国家保税区13家、国家经济边境合作区15家。[2]这些种类繁多的开发区在推动当地及周边区域经济发展的同时，也为市场经济的制度建构提供了广泛的思路。

---

[1] 当事人对由国务院、省级人民政府批准设立的开发区管理机构作出的行政行为不服提起诉讼的，以该开发区管理机构为被告；对由国务院、省级人民政府批准设立的开发区管理机构所属职能部门作出的行政行为不服提起诉讼的，以其职能部门为被告；对其他开发区管理机构所属职能部门作出的行政行为不服提起诉讼的，以开发区管理机构为被告；开发区管理机构没有行政主体资格的，以设立该机构的地方人民政府为被告。

[2] 余宗良："我国开发区建设的法治化研究"，武汉大学2014年博士学位论文，第2页。

我国开发区管理体制可以被大致归纳为三种基本类型：一是公司管理模式，也被称为"蛇口模式"，即组建一个开发公司，具体负责开发区的建设、运行、经营和管理，虽然冠以"开发公司"的名称，但实践中公司还承担一定的政府职能，负责对区内公共事业进行开发管理。目前，实行这种体制的有上海的闵行、漕河泾、虹桥三个开发区。二是开发区与行政区管理合一的"政区化"管理体制，即开发区和所在地行政区管理合一，采用这种模式的有青岛经开区、广州开发区等。三是准政府的管委会管理模式。开发区管委会行使政府管理职能，主要对企业进行协调、服务和监督，而不直接运用行政权力干预企业的生产经营。多数开发区实行第三种管理模式[1]，由此可见，我国开发区管理模式存在较为浓厚的行政化色彩。因此，应当采用行政法理论对其法律性质予以界定。

(二) 开发区的行政主体认定

对于开发区管理机构法律性质的认定，目前学界存在很大的争议，主要有三种观点。第一种观点认为其没有独立的行政权，不具备行政主体资格；第二种观点认为开发区是政府机构的派出机关、派出机构或者法律、法规所授权的组织；第三种观点则对其进行了概括性的归纳，譬如将县级以上地方各级人民政府在经济技术开发区所设立的管理委员会划为职权行政主体。[2]

1. 开发区管理机构是否属于行政主体

在我国，行政主体意指依法取得行政职权，能以自己的名义独立进行行政管理活动，作出影响相对人权利、义务的行政行为，并承担由此产生的法律后果的社会组织。[3]行政主体与行政诉讼被告主体可以大致等同。

我国目前对行政诉讼被告主体资格的认定有两种主要的观点：

第一，主体标准论。即"谁主体，谁被告"。这是目前我国法学理论界和司法实务部门判定行政诉讼被告资格所遵循的主要规则。持此观点的学者认为，只有行政主体才能成为行政诉讼的被告。[4]

第二，行为标准论。即"谁行为，谁被告"。行政主体与行政法的关系只

---

[1] 廖常俊、王剑波：“论国家级经济开发区管委会的行政主体资格”，载《机构编制工作动态》2007年第Z1期。

[2] 江国华编著：《中国行政法（总论）》（第2版），武汉大学出版社2017年版，第84页。

[3] 参见叶必丰：《行政法学》，武汉大学出版社2003年版，第128~129页。

[4] 胡建淼等：《中国大陆行政诉讼：制度、立法与案例》，浙江大学出版社2011年版，第75页。

能是行为与规范的关系。[1]在行为标准论的框架下,确定行政诉讼的被告以行政行为为标准,不考虑行为机关是否有行政主体资格。[2]

按照行为标准论的观点,开发区管理机构只要做出了行政行为,无论其是否具有行政主体资格,都应当认定其为行政主体。有学者认为主体标准论存在理论上的缺陷。行政主体标准,本质上是个实体问题,是主体与法律的关系问题,是解决主体的法律性质、法律地位和法律权限的问题。而被告资格标准,本质上则是个程序问题,是主体与行为、后果的关系问题,是解决行为的责任归属问题。而且,主体标准论将行政被告复杂化,不便民,不利于行政救济范围的扩大。[3]但按照《新行政诉讼法司法解释》第21条的规定,不具备行政主体资格的,不能成为行政诉讼主体,只能以设立该机构的地方人民政府为被告。因此,目前行政诉讼法只承认主体标准论。

按照主体标准论,行政主体应当满足三大实质条件:第一是必须是行政行为主体,第二是必须是行政职权主体,第三是必须是责任主体。也就是说,一个主体实施了行政行为,必须在同时符合行为主体、职权主体和责任主体的条件下,才能成为适格行政主体。按照《国家高新技术产业开发区管理暂行办法》(1996年)的规定,国家高新技术产业开发区管理委员会作为开发区日常管理机构,可以行使省、自治区、直辖市、计划单列市人民政府所授予的省市级规划、土地、工商、税务、财政、劳动人事、项目审批、外事审批等经济管理权限和行政管理权限,对开发区实行统一管理。因此,宁波国家高新技术产业开发区管委会的职能部门可以依职权对戚某作出行政强制行为,并为此独立承担法律责任。开发区管理机构兼具行政职权要素、法律人格要素、责任能力要素,具有行政主体资格。

2. 不具备行政主体资格的情形

《新行政诉讼法司法解释》第21条第4款规定了不具备行政主体资格的开发区管理机构作出行政行为的诉讼主体,是该条的兜底条款。但并未明确说明不具备行政主体资格的具体情形,应予以补充和完善。

首先,不具备独立地位的开发区管理机构应当不具备行政主体资格。行

---

[1] 冯举、周伟:"论行政诉讼被告确认规则的理论基础",载《北京行政学院学报》2007年第3期。

[2] 杨小君:"我国行政诉讼被告资格认定标准之检讨",载《法商研究》2007年第1期。

[3] 杨小军:"行政被告资格辨析",载《法商研究》2003年第6期。

政主体应当能够独立作出行政行为并承担其法律后果。如果直接从属于行政机关，不能单独以自己的名义作出行政行为，就没有赋予其行政主体资格的必要性。譬如在政区化的管理模式下，管理机构在组织上直接从属于所在地的行政机关，对其作出的行政行为，应当以其所在地的行政机关为被告。

其次，由于行政机关不具备授权能力而设立的开发区管理机构应当不具备行政主体资格。按照《开发区规划管理办法》（1995年）的规定，开发区应由国务院和省、自治区、直辖市人民政府批准设立。但在现实中存在县或者地级市设立开发区的情形，出现了开发区管理机构"虚置化"的现象。此时，开发区的设立不符合法律规定，其管理机构作出行政行为的法律后果应由其设立的行政机关承担。

3. 开发区管理机构属于哪一类行政主体

对于开发区的行政主体具体定位问题，学者们的观点可谓见仁见智。

首先，有学者认为开发区的管理机构属于派出机关。其理由是开发区管理委员会所管事务较为复杂，所辖范围也比较宽，其拥有的权限与同级别的地方政府相差无几，符合派出机关的特征。必要之时，它还可以设立若干工作机构，这与地区行政公署非常相似。[1]

其次，有学者认为开发区的管理机构属于地方政府在特殊经济区域或特殊地区设置的派出机构。因为其大多具有直接的行政管理职能，能够直接进行具体的行政管理，不但实施着大量的具体行政行为，而且还实施抽象行政行为，制定和发布了大量的规范性文件，实质上行使着相当于地方政府的行政权力。[2]

最后，还有学者认为开发区的管理机构属于法律、法规授权的组织。因为其完全符合"法律、法规授权的组织"的法律特征：第一，省级以上开发区条例一般由"较大的市"以上级别的人大常委会制定，并经上一级人大常委会批准，属于地方性法规。第二，开发区条例一般对开发区管理机构有明确的授权。第三，开发区管理机构以自己的名义行使条例所授职权，并承担相应的法律后果。[3]

---

[1] 潘波："开发区管理委员会的法律地位"，载《行政法学研究》2006年第1期。

[2] 袁明圣："派出机构的若干问题"，载《行政法学研究》2001年第3期。

[3] 郭会文："国家级开发区管理机构的行政主体资格"，载《法学》2004年第11期。

之所以出现这些分歧：一是因为官方没有形成较为统一的观点，二是理论与实践发生了背离。各地方、各层级的行政法规、规章及相关政策文件对开发区管理机构的性质的认定差异极大，有时甚至回避了这一问题。其管理机构在实践中创造了极为丰富的管理模式，很难将其准确认定为何种行政主体，理论更是难以解释，与实践产生了背离。有学者将其归结为三点原因：第一，渐进式改革国家对开发区的战略定位主要在于经济功能，尽量不触及政治体制，导致其"正名"雷声大、雨点小；第二，职责同构与条块分割的府级关系导致开发区管理地方独大且"一收就死、一放就乱"；第三，全能国家的行政法学分析范式只在国家行政主体或传统行政主体类型中寻找管委会的身份答案。[1]

因此，对开发区管理机构的行政主体问题，应当具体情况分类分析。

首先，在"政区化"模式中，开发区管理机构属于职权行政主体，即自成立之日起便从宪法和相关组织法中取得了行政职权而无须其他组织授权的主体。此时，开发区管理机构从组织机构设置上与所在地行政机关实现了一体化，其职权归属于行政机关，其本身属于行政机关的内部机构。

其次，公司管理体制下开发区管理机构应当属于法律、法规所授权的组织，具体来说即所在地行政机关授权管理公共事务的组织。在被授权的范围内相当于行政机关，具有行政主体资格，以自己的名义作出具体行政行为，独立承担由此引起的行政法律责任。

最后，管委会体制下开发区管理机构应当属于派出机关或派出机构。但如果要进一步细分，便出现了难以涵摄的问题。

将其认定为派出机构，一是因为《中华人民共和国地方各级人民代表大会和地方各级人民政府组织法》（2015年）（以下简称《地方组织法》）已经明确规定了派出机关的类型，即街道办事处和区公所。如果将其定义为派出机关，就要突破《地方组织法》的规定。二是在地方行政法规中，也多将其定义为派出机构而非派出机关。根据"北大法律检索数据库"的检索结果，标题中含有"开发区"并且将开发区管理机构直接界定为"派出机构"的地方性法规达26部。相比之下，标题中含有"开发区"的地方性法规无一将开

---

[1] 余宗良："困境与出路：开发区管委会法律性质之辩"，载《中南大学学报（社会科学版）》2013年第1期。

发区管理机构直接界定为"派出机关"。[1]三是将其视为法律法规有特别规定的情形。一般而言，派出机构没有独立的行政主体地位，一般不能以自己名义作出行政行为，除非法律法规有特别规定。管委会便属于法律特殊规定下的派出机构。

将其认定为派出机关，主要是基于其职能和组织机构上的特征。我国的派出机构一般是由各级人民政府的职能部门设置的，但开发区管委会则是同派出机构一般，由各级人民政府设置。[2]而且，管委会对开发区建设运营进行全过程高度集中、精简高效、扁平化的统一领导和封闭管理，相当于一级政府，派出机构则只限于管理某项专门的行政事务，这些特征都与派出机关相吻合。案例中的宁波国家高新技术产业开发区管委会便是由宁波市人民政府成立的。根据《宁波经济技术开发区条例》（1993），管委会经人民政府授权依法享有制定开发区的总体规划和经济、社会发展计划，审批或审核开发区内的投资项目，管理开发区的财政、税收、劳动人事、公安和工商行政事务，管理开发区内的土地和房地产业，处理开发区的涉外事务等职权，其职权范围与行政机关相差无几。

三、开发区行政主体地位确立的功能、问题与对策

（一）开发区行政主体地位确立的功能

1. 立法"确权"，处理开发区管理乱象

开发区管委会的设立其实是对于之前行政机关行政权的一种承继，但在实践过程中，其权利授予的边界、程度较为模糊，由此产生了种种管理乱象。譬如，有的地级市、县不具备授权的权力，而擅自批准设立名目繁多的各类开发区；或者在授权过程中，将公权力过多或者过少地授予开发区管理机构，随意圈占大量耕地和违法出让、转让土地，越权出台优惠政策，导致开发区出现过滥。国务院对此多次要求其清理整顿。如果能从法律上承认其行政主体资格，有利于开发区依法明确其权利来源、权利性质、行使权力的基本原则等，使得开发区行政管理有法可依、有章可循，以建立和维护开发区管理机构的行政管理效率。

---

[1] 邹奕："检视开发区管理机构的法律性质——基于规范分析的视角"，载《中南大学学报（社会科学版）》2017年第4期。

[2] 周佑勇：《行政法原论》，中国方正出版社2000年版，第114页。

2. 法"控权",保障行政相对人权利与自由

有行政主体资格的开发区管理机关有法律、法规的授权,有独立的财政预算,有独立的行政编制,能够独立地承担行政法律责任,并且可以以自己名义对行政相对人作出行政行为,对其权利、义务造成影响,理应将其纳入行政法的监督范畴之中。否则,如果出现公权力滥用的情形,便很难对其进行约束,不利于保障相对人的权利和自由。在案例中,戚某正是因为开发区管理机构没有行政诉讼被告主体地位而最终被驳回起诉,这使得被告作出的行政行为无法受到行政法的追究。要规范、控制其行政权力,严格限制行政裁量权,使得管理机构在法律规定的范围内行事,必须要赋予其行政主体地位,使其具备行政诉讼被告资格。如果仍要求以组建管理机构的行政机关为被告,显然不符合诉讼效率原则。

3. 立法"平权",赋予其行政命令的合法效力

开发区管委会作出的行政命令,对行政相对人具有约束力,但在行政系统内部,如果不将其作为行政主体,便可能失去效力。在实践过程中,当开发区管理机构与级别相同或者职能相似的行政机关就同一行政事项作出行政决定,可能会相互矛盾。这使得行政相对人无所适从,不利于行政命令的贯彻落实。通过赋予开发区管理机构行政主体地位,从而使其作出的行政命令具有合法效力,在执行过程中就能减少一些行政命令冲突的情形。

(二) 开发区行政主体地位确立的问题与对策

1. 行政法理论应如何定位其法律性质

公共治理的兴起和行政任务的变迁,使得行政过程成了一个多主体共同参与的复杂过程。在此过程中,传统行政的双方关系正在为三边甚至多边关系所取代。因此,即使我们不能从整体上否认行政权与公民权在行政法关系中的基础性地位,但我们必须承认,现代社会复杂的行政过程,正在超越以行政权—公民权为基础关系的制度构造,而形成一种由多元主体共同构造的一个复杂的竞争与合作格局。[1]开发区管理机构便是一种"非典型"的行政管理主体,不能直接将其纳入政府机关行政主体这一范畴之中。因此,应当从理论上对其进行新的解释。

一种方法是"旧瓶装新酒",即调整行政主体理论。首先,可以将开发区

---

[1] 成协中:"行政法平衡理论:功能、挑战与超越",载《清华法学》2015年第1期。

管理机构单独设立为一种行政主体，突破既有的种类限制。鉴于其成立条件、组织机构、权力行使等方面的特殊性及在公共行政方面的巨大作用，完全可以将其视为一种新的行政主体。其次，可以补充、丰富已有的行政主体的内涵，通过化整为零的方式，将开发区管理机构予以细分，分别划归为某种既有的行政主体。最后，不修改既有的行政主体理论内涵，而将开发区的管理机构作为某种行政主体的特例。这种方法要建立在管理机构与该行政主体本质相同的前提下，其功能与特征要基本吻合，比如将管委会视为派出机构的一种特例。但是，这种方法存在难以穷举的问题。因为理论本身相对于实践存在滞后性，而开发区作为我国改革的一大举措，其形式、内容都处于日新月异的变化之中，如何将其充分纳入已有的理论之中，存在着较大的困难。

另一种方法是"另起炉灶"，即采用其他学说来界定开发区的法律性质。有学者将其界定为公务法人，即具有一定的独立性，法律上把它从国家或地方团体的一般行政职能中分离出来，独立地实施公务，并负担相应的权利和义务及责任，具有独立人格的实施专项公务的机构。公务法人属于公法人，但不纳为行政机关序列；属于社会性主体，但实施公共事务或行政管理权力；独立实施公务行为、承担责任和自主管理，但依法、民主、公开、透明、灵活运行；不以营利为目的，但强调绩效管理、企业化运作。[1] 这一学说符合了行政社会化的要求，将管委会界定为社会行政主体，属于一种功能性定位，避免了因过于关注其行政特征而产生的争议，比较符合未来公共行政的发展趋势。

2.《新行政诉讼法司法解释》如何与其他法律、法规予以协调和衔接

承认开发区管理机构的行政主体地位，只是将其纳入行政法管辖的第一步，使其与其他法律、法规相协调，依然任重道远。

首先，应当完善地方组织法，认定其具体的行政主体性质，明确其职责范围，将开发区管理机构纳入法制化、规范化的轨道制中。国家对开发区管理机构不能一味地强调其经济效益而忽视其法律建设，必须以立法的方式通过位阶较高的法律确立其法律性质，尤其是对于管委会这类常见的"准政府"

---

〔1〕余宗良："困境与出路：开发区管委会法律性质之辩"，载《中南大学学报（社会科学版）》2013年第1期。

行政组织，更应优先认定。而地方组织法从位阶和影响力来看则是一个比较合适的选择。

其次，应当制定"开发区法"，或者由国务院加快出台各类开发区的相关行政法规。对于各类开发区，现在各地的立法与管理较为混乱，有的省甚至没有一部关于开发区的地方性法规。对此，国务院目前仅出台了几部行政法规，譬如《国家高新技术产业开发区管理暂行办法》（1996年），而且缺乏综合性、全局性的行政法规。这显然完全无法覆盖管辖种类繁多的开发区。因此，需要有一部提纲挈领的专门性法律，即"开发区法"，对其进行统一规定。或者应当由国务院出台或者督促省一级地方人民政府出台各类开发区的行政法律、法规，形成基本的开发区行政法规、规章体系。

3. 行政法如何适应开发区多元协同善治的发展需要

随着改革开放的不断发展，开发区由单一政府管理逐渐走向了多元协作治理的道路，使得"善治"成了导向标。开发区在对国外模式与经验的借鉴过程中，也逐渐引入并创新了许多新的管理模式，例如区域政府间协同治理、多个管委会协同治理等。在这一过程中，政府不再是唯一的主导者，企业单位、公益组织等社会化力量也逐渐参与其中。随着我国社会治理与简政放权的深入发展，"小政府，大社会"的开发区治理格局正逐渐形成。

在这种情况下，行政法本身也应当适时予以调整。鉴于开发区管理机构的行政权呈限缩趋势，其行政权逐渐转向市场与社会，公民将在其中发挥更大的作用。对于应当社会化的行政权，应通过简政放权减少政府失灵和行政纠纷。以往单一的行政诉讼模式可能无法满足公众的需要，应当建立起多元的行政相对人权利救助机制。例如，完善行政公益诉讼制度，赋予开发区公民及社会组织更广泛的申诉渠道。对于开发区的新型行政管理模式，强化诉讼制度建构，例如通过立法明确区域政府间协同治理的开发区管理机构的审判主体。

点　评

开发区有各种不同模式。按照主体标准论，行政主体应当满足三大实质条件：第一是必须是行政行为主体，第二是必须是行政职权主体，第三是，必须是责任主体。但是，现实中作出实质行政行为的主体却不具有被告主体资格，在审查此类行为时可能对权利救济形成阻却。因此建议，对一些特殊种类的案件予以调整,适度允许一些特殊案件以行政行为的作出主体为被告,以方便当事人起诉。也就是说,行政主体理论是抽象的,但诉讼请求却是具体的。在司法实践中要能够实现司法能动、准确归纳当事人的诉讼请求,更好地通过诉讼请求明确解决核心争议的行政行为,从而确立准确的被告。

(点评人:武汉大学博士后研究人员 彭超)

《道路交通安全法》第 93 条的理解与适用考察

——以行政过程论为视角

胡隆威[*]

内容提要："周某诉上海市公安局浦东分局交通警察支队行政处罚案"显示出《道路交通安全法》第 93 条的适用考察与研究极具必要性。交通执法人员对违法停车行为人口头警告并令其立即驶离的行政行为在学理分类上应属于一种行政命令。而在实际适用过程中，这一行政行为是否应作为违法停车罚款的必要前置程序，目前在司法实践中存在争议。基于行政过程论的视角，为使行政目的能够更好地实现，行政权的行使方式应当具有多样性、复合性。将行政命令作为行政罚款的必经程序，既能给予相对人一个恢复交通秩序的机会，从而避免依靠单一的处罚手段实现行政目的，也能更好地符合《行政处罚法》所规定的教育与处罚相结合的基本精神。

关键词： 口头警告　行政过程论　道路交通安全法

据报道[1]，上海市浦东新区合欢路南北路口处均设有载明"停车行为违法，请立即驶离"的交警部门警示牌，2011 年 3 月 23 日下午 14 时左右，周某驾驶自己的轿车行驶至合欢路，因不熟悉道路而将车停在路边并让随车同伴下车问路，而自己留在车中等候。14 时 7 分，上海市公安局浦东分局交警支队民警通过视频监控平台发现该车停在路边，随即通过摄像头进行电子拍

---

[*] 胡隆威，武汉大学法学院 2017 级宪法学与行政法学硕士研究生。
[1] 参见赵忠元、余韬："警示牌提示能否完成'令其驶离'的程序义务"，载《人民法院报》2012 年 1 月 5 日。

照取证。2011 年 6 月 9 日，交警支队作出处罚，认定周某的停车行为违反了临时停车规定，且驾驶人虽在现场但拒绝立即驶离，妨碍其他车辆、行人通行，依据《道路交通安全法》第 93 条第 2 款的规定，决定给予罚款 200 元的处罚。周某对此不服，向上海市浦东新区人民法院提起行政诉讼，要求法院撤销该处罚决定。

法院审理后认为，对于原告是否"拒绝立即驶离"，该段路口所设置的警示牌应被看作是对所有驶入该路段的机动车驾驶人的普遍性提醒和要求，而并非是对个别行为的劝导，故被告没有针对原告行为提出立即驶离的要求，因此难以认定原告在此停车是拒绝驶离。最终，在法院的建议下，被告撤销了该项处罚决定，原告撤诉。

在本案的审理中，法院对于警示牌的功能予以阐明，并与令其立即驶离的劝导进行了区分。从结论上来看是符合常人认知的。本案的争议焦点在于被告是否有作出责令原告驶离的口头警告行为。为了进一步厘清争议，有必要从理论上对相关条款中"口头警告、令其驶离"的行政行为进行学理定性。

一、对"口头警告、令其驶离"的法理分析

《道路交通安全法》自 2004 年起实施，历经 2008 年、2011 年两次修改，一直是引领我国交通管理步入法制轨道的重要法律文件。其中第 93 条第 1 款规定："对违反道路交通安全法律、法规关于机动车停放、临时停车规定的，可以指出违法行为，并予以口头警告、令其立即驶离。"分析这一条款中所规定的"指出违法，口头警告，令其驶离"属于何种类型的行政行为是我们理解法条的基础。

（一）口头警告是否属于行政处罚

口头警告应是针对轻微违法行为的一种劝诫式行政行为，这种劝诫类型的行政管理方式在《道路交通安全法》实施之前从未出现在法律、法规一级的文本之中。[1] 因此，在《道路交通安全法》实施之初，实践中出现了不少将口头警告与警告混淆的情况。[2] 因为《行政处罚法》规定了 6 种处罚种类且其中包括了警告处罚，而《道路交通安全法》第 88 条也将警告作为处罚手

---

[1] 桑志刚："论道路交通管理法规冲突"，复旦大学 2008 年硕士学位论文。

[2] 参见《江苏省轻微道路交通安全违法行为处理工作规范》，其将口头警告与警告、罚款储存于同一信息系统，没有进行严格区分。

段之一。因此有观点认为，口头警告属于一种简易程序的警告，从而推论口头警告属于行政处罚。

从字面上看，口头警告与警告似乎具有很强的关联性，但从是目前的实践中可以总结，口头警告与包括警告在内的行政处罚至少有以下两点区分：

一方面是在适用条件上的区别。《行政处罚法》第27条第2款规定："违法行为轻微并及时纠正，没有造成危害结果的，不予行政处罚。"该条所规定的是不得处罚的情形。而《道路交通安全法》将口头警告的适用情形规定为"情节轻微，未影响道路通行的"。对比以上法条，当行政相对人的行为危害较轻，符合《行政处罚法》第27条规定，不得对其作出行政处罚决定时，却恰恰满足了《道路交通安全法》所规定口头警告的适用条件。由此可见，口头警告与行政处罚在适用条件上是互斥的。

另一方面是在执行程序上的区别。依据《行政处罚法》第34条的规定："执法人员当场作出行政处罚决定的，应当向当事人出示执法身份证件，填写预定格式、编有号码的行政处罚决定书，行政处罚决定书应当当场交付当事人。"行政处罚的作出需要执法人员出示证件，填写并交付处罚决定书。即使是适用简易程序进行处罚也须出具决定书。而依据《道路交通安全法》，口头警告只需指出违法行为，并责令及时纠正即可放行。这与作出行政处罚决定所适用的程序是完全不同的。

基于以上两点比较，我们可以界清口头警告应不属于行政处罚种类之一，从而避免将口头警告与警告相混淆。

（二）口头警告的法理属性

《道路交通安全法》第93条第1款所规定的"口头警告，令其立即驶离"在行政法学理论上应如何定位？对此问题，有观点认为口头警告作为一种不具有强制力的具体行政行为，应属于行政指导的范畴。也有观点认为口头警告是一类具有过程性、即时性的行政行为，且不具有惩罚性，因此应归类为行政强制。还有观点认为该条款中所规定的"口头警告，并责令相对人驶离"意在增设相对人义务，命令当事人改正违法行为，这一行政行为符合行政命令的内涵与外延特征。

本文认同第三种观点，即行政命令说。《道路交通安全法》第93条第1款所规定的"口头警告，令其立即驶离"，是一种不具惩罚性的劝诫行为，其设立目的在于使相对人自行改正违法行为，恢复违法状态。其内容只涉及相对人的义务而不涉及相对人的权利，且仅是设定义务而未直接处分义务，这一点是行政命令与其他行政行为的区分。[1]此外，行政命令常常以行政处罚或行政强制执行作为保障，[2]这与第93条第2款中相对人拒不改正执法人员可予以罚款或拖移机动车的行为模式相一致。可见，口头警告并令其驶离与行政命令具有相同的性质与功能，因此，在学理分类上，本文倾向于将其归类为行政命令。

（三）口头警告在行政过程中的功能

为更加明确口头警告的法理属性，还可探究这一行政行为在整个行政过程之中的功能与目的。

《道路交通安全法》是第一部将"口头警告"作为管理方式规定在条文中的法律。其第87条第2款规定："公安机关交通管理部门及其交通警察应当依据事实和本法的有关规定对道路交通安全违法行为予以处罚。对于情节轻微，未影响道路通行的，指出违法行为，给予口头警告后放行。"从第87条可见，口头警告应是立法者考量到《道路交通安全法》应侧重于保障道路交通的实时畅通，因此针对较轻微的违法行为，可在及时纠正的情况下予以放行，从而使道路交通秩序得以在最短时间内得到恢复，符合道路交通管理的价值需要。

该法第90条规定："机动车驾驶人违反道路交通安全法律、法规关于道路通行规定的，处警告或者二十元以上二百元以下罚款。……"依据此条款，对于普遍性的违法行为，交通执法人员只具备对其进行罚款的职权。相对于此条所规定一般适用情形，第93条则属于特殊条款，其特别规定了非法停车时可优先适用第87条有关口头警告的规定，即在违停车辆驾驶人不在场或拒绝改正时，因口头警告无法作出或无法生效而进行罚款。

综上可知，口头警告与罚款在设置上具有先后性，且共同构成了行政主体对交通违法行为作出管理的行政过程。法律的创设是为无限制行使权力的做法设置障碍。[3]在行政权力的行使过程中，法律创设了更多的环节，区分了更多的适用情形，其实质上是对行政权力过程进行了更详尽的规制。第90

---

[1] 参见姜明安编：《行政法与行政诉讼法》，北京大学出版社2011年版，第266页。

[2] 应松年："论行政强制执行"，载《中国法学》1998年第3期。

[3] [美] E. 博登海默：《法理学——法律哲学与法律方法》，邓正来译，中国政法大学出版社2004年版。

条所规定的口头警告作为罚款处罚在程序上的先行为,既是为更加明确的规定行政权的行使方式,增加后行为的正当性[1],也为行政过程提供了更多样化的进路,使得行政权能更规范、更有效地实现行政目的。

二、法条适用中的问题

立足于对《道路交通安全法》第93条中口头警告的法理分析,本文对第93条的适用情况进行考证,发现在司法实践中对于该条文的理解与适用存在着较大争议。而这些分歧大部分集中于行政机关能否不经过执法人员口头警告,直接对违停车辆驾驶人作出行政处罚,以及行政机关能否用其他形式的警告来代替作出口头警告、责令驶离。

(一)罚款处罚是否存在前置程序

在本文开篇所引用的案例中,上海市浦东新区人民法院认为口头警告是罚款的必经程序,因而交通标志不能代替口头警告、令其驶离的行为,推断行政处罚违法。但在司法实践中也有相反的观点。例如,有观点认为口头警告并非违停罚款的前置程序,也有观点认为交通警告牌可以起到代替口头警告并令其驶离的作用。

例如,在"陆某不服无锡市公安局交通巡逻警察支队崇安大队道路行政处罚及行政赔偿案"[2]与"窦某朋与郑州市公安局交通警察支队第一大队公安行政管理–道路交通管理案"[3]中,法院对于交通执法人员应先指出违法行为,口头警告、令其驶离,在相对人拒绝改正后才能予以罚款的观点持反对态度。在相关的判决书中,法院认为第93条第1款对"指出违法行为,并予以口头警告,令其立即驶离"的限制条件是"可以",而非"应当"。这一表述意味着是否对违停相对人进行口头警告属于执法人员的自由裁量权,而并非罚款处罚的必经程序。将这一款中的任意性规则应用到第2款的罚款处罚中,并作为前置程序是不妥当的。对于具体的裁量标准,则可以第87条规定为准。法院还认为当驾驶人违法停放车辆、临时停车未妨碍到其他车辆、行人通行时,交通警告可依据相关地方性法规、规章中的相关规定作出裁量,以判断是否作出口头警告。在另外一起案例"窦某朋与郑州市公安局交通警

---

[1] 柳砚涛:"行政过程中的先行为效力",载《东方法学》2017年第4期。
[2] 参见江苏省无锡市崇安区人民法院[2007]崇行初字第10号。
[3] 参见河南省郑州市中级人民法院[2016]豫01行终961号。

察支队第一大队公安行政管理-道路交通管理案"中,法院认为应当依照《河南省道路交通安全条例》直接适用罚款处罚的条款。这一判决意见在对第93条的理解上引起了较大争议。

《道路交通安全法》第93条第2款规定:"机动车驾驶人不在现场或者虽在现场但拒绝立即驶离,妨碍其他车辆、行人通行的,处二十元以上二百元以下罚款,并可以将该机动车拖移至不妨碍交通的地点或者公安机关交通管理部门指定的地点停放。……"对此条款的理解应为,本款的处罚对象仅限于两种相对人:第一,机动车违停且驾驶人员不在现场的;第二,机动车违停,驾驶人虽在现场但拒绝纠正违法行为、立即驶离的。由此可见,当违停机动车驾驶人在场时,处罚应以驾驶人不服从指挥,拒绝立即驶离为前提,而拒绝驶离的"拒绝"二字,其内在的逻辑前提就应是驾驶人已经收到交通管理部门令其立即驶离的行政命令,以此为前提驾驶人才能做出拒绝的意思表示。基于此推论,本文认为第93条第1款所规定的令其驶离应是处罚之前的必经程序。

(二)能否用交通标志代替口头警告

在上文所引述的"周某诉上海市公安局浦东分局交通警察支队行政处罚案"中,法院判决认为交通标志与口头警告有着本质的区别,从而认定交警部门依靠警示牌作出处罚违反法定程序。但在司法实践存在大量判决意见完全相反的案例。

同样是上海市发生的一起案例,在"傅某诉上海市公安局徐汇分局交通警察支队交通一案"二审[1]中,法院认为在禁止临时停车区域设有"前方电子监控管理,停车行为违法,请立即驶离"的醒目警告标示牌,警告标示牌起到了指出行为人违法停车并责令立即驶离的作用。这样的观点在司法适用中是普遍存在的。

对于交通标志的法律属性在此不多做探讨,但可以明确的是,交通标志是在违法行为发生前便已产生效力的行为,其从设立之时起就对不特定的所有的驶入该区域驾驶人发生着效力,因此有观点认为交通标志具有抽象的法

---

[1] 参见上海市第一中级人民法院[2017]沪01行终1037号。

规命令属性。[1]而上述判决认为交通警示牌起到了针对违法行为的责令纠正作用，是用一个抽象性的行政行为代替了具体行政命令中的程序。省略了法律为行政处罚所设立的必要先行为，这样的判决忽视了《道路交通安全法》对罚款处罚所设置的法定程序，与法律文本所要表达的内容差异较大，判决结果往往不能得到相对人的理解与认同。

（三）如何认定相对人"拒绝立即驶离"

随着交通管理部门越来越普遍地使用电子监控、交通警示牌等设施代替执法人员对违停车辆进行警告、责令，其必然会引起的一个问题是，究竟如何认定相对人有不服从管理部门的劝诫，拒绝立即驶离的意思表示。因实践中常常并非由交通警察直接对驾驶人作出立即驶离的责令，导致驾驶人并没有对执法人员明确表达拒绝或服从管理的机会。在无法明确收到相对人意思表示的情况下，有的执法人员仅凭一些对违法行为的远距离观测就推定了相对人拒绝驶离。违法停放机动车的驾驶人甚至在全程毫不知情的情况下就被认定为受到口头警告并拒绝驶离了，这样的执法程序与裁量方式是荒谬的，却也是实践中普遍存在的问题。

例如，在"任某武不服凌源市公安局交通警察大队对其作出的交通管理行政处罚行政行为案"[2]中，法院认为依据《辽宁省公安机关交通管理部门交通技术监控设备设置应用管理工作规范》，可以凭借监控设备的记录对驾驶人拒绝驶离行为进行认定。具体认定标准为，违停车辆在禁止临时停车区域内停留3分钟以内就驶离的，视为遵守交通指令，及时改正违法行为，从而不予处罚。但如若违停车辆在该区域停留了3分钟以上，即使驾驶人在场，也视为其拒绝立即驶离，交警部门有权对其作出处罚。这样的认定标准也是《道路交通安全法》第93条在适用中最为人所不解的地方。仅仅通过交通标志的警告与电子监控的记录就能得出违停相对人"拒绝立即驶离"的结论，这在法条规定中与常理认知上均难使人接受。

我国《道路交通安全法》于2003年通过，其后的数次修改都并未对第93条进行改动。而15年前的立法者并没有考虑到如今的交通管理事务数量之庞

---

[1] 陈敏："交通标志之法律问题"，载翁岳生教授祝寿论文编辑委员会编：《当代公法新论（中册）》，元照出版有限公司2002年版，第187页。

[2] 参见辽宁省凌源市人民法院［2018］辽1382行初4号。

杂、电子化管理设备发展之迅速。若按照其原法条所规定的程序，需要交通警察对每一个违法停车相对人进行口头责令，将耗费巨大的人力。而根据该法第 123 条的规定："省、自治区、直辖市人民代表大会常务委员会可以根据本地区的实际情况，在本法规定的罚款幅度内，规定具体的执行标准。"地方性法规可依据当地实际情况对如何处罚制定综合性的执行标准，因此各地方相关法规可对第 93 条罚款处罚的裁量标准进行具体设定，交通执法人员可依据地方法规判断相对人的违法停放车辆行为能否适用《道路交通安全法》第 93 条第 2 款中的罚款处罚。从"形式法治"的角度来说，这样的观点并不能使人信服。

三、基于行政过程论的分析

在对于《道路交通安全法》第 93 条理解与适用的考察过程中，上文提及了一些关于口头警告、责令驶离行为的疑惑。在实践中这些具体的疑问包括：法院因何会将口头警告与警告处罚混淆？为何实践中交通管理部门以警告牌、停放时间长短来代替口头警告的违反法定程序行为常常得到支持？笔者认为，这与传统行政法理论过于强调以行政行为为中心建构行政法体系不无关系。为了更好地理解与适用第 93 条所规定的行政管理活动，应当以行政过程论的视角进行解析。

（一）行政行为论的局限性

在传统的行政行为中心理论中，研究者往往更加关注于那些能对相对人产生终局性权利义务影响的行政行为。"口头警告"恰恰在设立之时就并非是作为终局性的行为，而是作为罚款处罚的程序而存在的过程性的行为。这种程序上的先行为与依据这一行为产生的终局行为之间的关系，是行政行为论视角所难以界清的。

行政行为本意是行政主体运用行政权，实施行政目的的一切管理活动的总称。[1]而我们在对行政主体的活动进行研究时，往往会将一个连续的、动态的互动过程划分为一个个以行政行为为单位的片段，在这样的单独的行政行为中，权力的运行是静止的，被描述为对相对人造成的固定而终局的影响。

---

[1] 胡建淼、江利红：《行政法学》（第 2 版），中国人民大学出版社 2014 年版，第 134 页。

且无法将相对人的能动作用与主体地位考虑在内。[1]

一个行政法律规范要想在适用中起到应有的效果，需要能建立起相应的稳定规则。而实际中，法律规则与法律规范往往不是一一对应的关系，一个法律规则也许需要多个法律规范的效力形成合力来维持。同样，一个行政目的也绝不会只依靠某种单一的行为模式，或一种固定的执法方式来达成。而在实践中，现行制定法将行政行为统分为处罚、许可、强制三类，导致司法过程中，法院也倾向于将那些尚无法明确归类的行政活动、那些复合型的行政行为都化约为一个行政处罚或行政许可、行政强制，从而能适用相应的行政行为法。这也是法院在实践中愿意将《道路交通安全法》中的口头警告归类为警告处罚的原因。

以行政行为为中心的理论体系还会形成一个以行政行为为中心的司法审查过程。法院在审查行政机关所作的一系列活动时，往往会先以处分权利义务的那个最终行为作为审查的重心。而在这个最终行为之前所作的行为，即过程性的先行为则只是作为后一个行为的法定程序进行审查，其审查力度较最终的那个处分行为审查是较弱的。这使得对行政行为的司法审查更专注于执法结果，而往往轻视甚至忽略执法过程的正当性。

（二）行政过程论的特点

行政过程论是于20世纪50年代中后期由日本行政法学者提出的。日本学者基于对"形式法治"的崇尚而开始对传统行政法理论展开批判，从而发展出了行政过程论。行政过程论致力于研究行政主体依据法律赋予的职权实施的一系列行政活动集合而成的法律状态或事实状态。[2]其具有以下几个基本特质：

第一，行为上的复数性。行政过程包含了行政主体为达成特定管理目的而行使行政权力的全过程，这一过程并非是单个行政行为所能涵盖的。行政主体在调查、协商、决策、决定、命令、执行等一系列行为之中完成行政目的，这一系列行为具有时间上的连续性、行为上的多重性，唯一贯穿始终的是对行政权力的行使，而不是只关注作为终局的某一个行政行为。第二，方

---

〔1〕 彭超："构建以行政过程论为中心的中国行政法学体系——以江国华教授编著《中国行政法（总论）》为例"，载《云南大学学报（法学版）》2016年第1期。

〔2〕 江国华编著：《中国行政法（总论）》，武汉大学出版社2012年版，第176页。

式上的多元化。这是行为的复数性所带来的特点。当行政主体为达成某单一行政目的而适用多个行政程序与行为时,对于适用与否、适用何种方式的问题,行政主体均可在法律授权范围内选择最适合达成目的之手段,这使得行政主体打破了单一的行为模式,实现了执法方式上的多元化。第三,观察视角的动态性。由于行政过程具有时间上的连续性、方式上的多元性,对行政过程的观察不能再仅限于某一单独的行为。研究者的目光要流转于行政权运行的各个过程,同时也要关注行政相对人的回应。行政相对人不再是行政权力的单纯承受者,其活动同样也影响着行政过程的中续与走向。

(三)基于行政过程论的分析

在对行政过程论的特点进行的简单介绍后,我们可以基于这一新的视角,对《道路交通安全法》第93条第1款、第2款进行分析,以解释在行政行为论中难以厘清的行政行为。

首先应当明确,该条款赋予交通管理部门职权所欲达成的行政目的。依据《道路交通安全法》第1条规定可知,维护交通秩序、提高通行效率、保障人身安全等均为此类行政活动的行政目的。为此,第93条赋予了交通管理部门在一定情形下作出行政命令、行政处罚的权力。当机动车驾驶人违法停放机动车时,为实现维护交通秩序、提高通行效率的行政目的,最佳的执法手段应是给予驾驶人立即改正的行政命令,以求在最短时间内纠正违法状态,保持道路畅通。因此,在可以对相对人作出行政命令的场合,应优先责令其立即改正。这样的执法手段更加有利于行政目的的实现,也能给予相对人改正的机会。只有当行政命令无法传达给相对人,实现行政目的的最优途径无法实现时,行政主体才需要选择其他方式,即对驾驶人作出罚款处罚。这样的过程接续使行政主体行使行政权力的方式具有多样性、灵活性。且通过行政命令使相对人立即纠正违法行为也符合《行政处罚法》第5条所规定的"教育与惩罚相结合原则"。当行政处罚已作出,违停车辆依然存在妨碍车辆、行人通行,损害交通秩序的风险时,第93条赋予了管理人员拖移机动车至其他地点的权力。

综合来看,第93条前两款所规定的是从行政命令到行政处罚再到强制措施的连续性行政行为,且前一个行为都是作为后一个行为不可省略的程序性要件。而后一个行为是否适用,则取决于相对人的状态与实际环境因素。通过一个行政过程的观察,我们可以看到这是一个完整而递进的、需要与相对人互动的执法过程。

当观察者的眼光审视于整个行政过程时，对行政权运行的审查力度也会随之加强。作为程序的前一个行为，与作为结局的后一个行为都具有同等的重要性，都应接受来自司法的全面审查。当一个完整的行政活动被拆分为复数个行政行为时，实际上是对该行政活动进行了内部性的、过程性的审查。这种"过程性审查"是对行政管理活动遵循正当程序的最佳保障。[1]

结　语

通过对《道路交通安全法》第93条的理解与适用的考察，我们可以发现，转化视角使用与传统理论不同的另一种进路便能较好地解释司法实践中存在的问题。理论是灰色的，而生命之树常青。[2] "行政行为论"与"行政过程论"是理解行政法学体系的两种不同路径。在理论上的不同选择与倾向，有时会导致对相同法条作出不同的理解，从而在适用中形成大不相同的裁判结果。一套科学的理论应当时刻关注司法实践中的个案。因此，对理论的思索与探究最终都是对实践的一种关怀。

点　评

应将《道路交通安全法》第87条第2款规定的"对于情节轻微，未影响道路通行的，指出违法行为，给予口头警告后放行"与第93条结合起来理解。首先，临时停靠原则上是不处罚的，但是不能违停；其次，为了让交警正常履行职责以维护交通秩序，给予交警一定的执法手段，即可以口头警告和责令驶离，此处的"可以……"是特别授权，口头警告是前置手段，拖车则是后置手段，这两种手段都不是行政处罚。口头警告是一个执法手段，警示牌只是一个带有指导性质的交通标识。另外，公法领域更应该注重对立法宗旨、立法目的的理解，比如应把第93条中的"可以"置于整个《道路交通安全法》中进行考量，对于临时停车一般是不处罚的，而第93条是个特殊授权，目的是维护公共秩序而非增加相对人的负担。

（点评人：武汉大学法学院　江国华教授）

---

〔1〕 刘东亮："过程性审查：行政行为司法审查方法研究"，载《中国法学》2018年第5期。

〔2〕 ［德］歌德：《浮士德》，绿原译，人民文学出版社1997年版，第57页。

要案检视

辽源王某忠涉嫌枉法裁判案的司法困惑与思考

符 迪*

内容提要： "辽源王某忠涉嫌枉法裁判案"集中反映了"民事枉法裁判罪"在司法实践中存在的一些不明。主要涉及对法官审判责任的追究是采用行为模式还是结果模式？对于"枉法裁判行为"的判定是基于客观事实还是法律事实？是遵循实体正义还是程序正义？王某忠的相关行为是否符合"民事枉法裁判罪"的认定标准，即是否构成"情节严重"？立基于以上司法困惑，笔者尝试对王某忠的行为作法律分析。

关键词： 法官办案责任　枉法裁判行为　民事枉法裁判罪

引　言

"王某忠案"是 2017 年发生于吉林省辽源市的一起特殊职务犯罪案件。王某忠本是辽源市中级人民法院的一名法官，2017 年 5 月，其在审理"郭某贵诉郭某兴合同纠纷二审案"时，郭某兴持其自行委托作出的案涉林权交易价值评估报告请求法院判令采信林业局备案合同的证据效力，认定合同价款为 60 万元。被上诉人郭某贵辩称郭某兴的委托代理人李某辉与其代理人李某岩签订的 600 万元的合同是双方真实意思表示，合同有效，请求法院维持一审判决，判令郭某兴立即给付拖欠的林地转让款 542 万元。承办法官王某忠认为该备案合同的价款与林地林权的实际价值明显不符，属无效合同，判令驳回上诉，维持原判。后辽源市中级人民法院审判委员会认为该民事案件二审判决确有错误，作出对该案进行再审的裁定，其后法官王某忠被检察院以

---

* 符迪，武汉大学法学院 2017 级宪法学与行政法学硕士研究生。

"涉嫌民事枉法裁判罪"提起公诉,一审法院判决被告人王某忠犯民事枉法裁判罪,判处有期徒刑3年。

本案引起了司法界的广泛关注,关于本案,大家众说纷纭,莫衷一是。有人认为,王某忠在审理郭某兴与郭某贵及李某辉合同纠纷一案时,没有故意违背事实和法律,因此不构成民事枉法裁判罪。也有人认为王某忠主观上有徇私情的故意,客观上对应当采信的证据不予采信,违反了法定程序,因此符合民事枉法裁判罪的构成要件。还有人认为王某忠在二审中的表现只是疑似可左可右地作出了对于请托人有利的选择,且尚未造成损失,其在行政(即纪律)方面构成审判差错应当受到惩戒,但是尚不满足民事枉法裁判罪的构成要件。

面对上述争议,本文将从本案的分歧出发,从三个方面即法官办案责任的认定、"枉法裁判行为"的认定以及"民事枉法裁判罪"的认定来论述本案引发的司法困惑,并试评析王某忠的做法。

一、案情介绍

(一)案件缘起

2017年3月23日,吉林省东辽县人民法院(简称"东辽法院")依法公开审理了原告郭某贵与被告郭某兴、第三人李某辉合同纠纷一案。经过法庭调查、质证、辩论等环节,最终一审东辽县人民法院认定:2015年11月12日,郭某贵与郭某兴签订《林地林权转让协议书》,约定郭某贵将其所有的位于东辽县建安镇的1150亩林地林权转让给郭某兴,未约定价款,该协议由郭某贵代理人李某岩与郭某兴签订。同日,李某岩和郭某兴授权的第三人李某辉又签订了一份转让协议书,约定转让价款为600万元。第二天,在辽东县林业局的批准下,涉案林地产权由郭某贵变更登记到郭某兴名下,备案登记的协议中转让价款为60万元。一个林地林权的转让过程,出现了三份不同的协议,这是该民事案件双方争议的焦点问题。东辽法院认为,庭审中核实郭某兴知道并同意第三人李某辉签订协议,只是价格不清楚,李某辉签完协议告知后,郭某兴并未对转让价款600万元作出明确否认表示,应视为同意,该合同对郭某兴发生法律效力。根据以上意见,东辽法院作出判决:"被告郭某兴于本判决发生法律效力之日起立即给付原告郭某贵林地林权转让款542万元。"

因不服一审判决，郭某兴上诉到辽源市中级人民法院（简称"辽源中院"），按照数字法院业务系统，本案二审承办法官本应是民四庭法官赵某霞，但是法院执行局的金某华通过找立案庭相关人员说情，最终将案件调配给王某忠承办。二审中，上诉人郭某兴表示，李某辉代为签订价款为600万元的合同并没有得到他的授权，他得知后拒绝追认，该合同对其不发生法律效力。如认定双方买卖合同成立，应采信林业局备案登记的合同即60万元的合同。同时，二审期间，郭某兴委托评估公司和林权交易公司对该林地作出了评估报告，以2017年6月为基准日，案涉林木现值为187万余元，案涉林地使用价值为51万余元，案涉林权交易价格为161万元。郭某兴想通过这些评估报告证明一审采信合同价款为600万元与评估价值相差甚远，显失公平。2017年6月26日，辽源中院作出终审判决，驳回上诉，维持原判。判决认为，郭某兴超过举证期限后未向人民法院申请，自行委托相关机构所作出的鉴定意见不属于新证据，故对上述证据不予采纳。一审查明的事实基本属实，予以确认。判决书称，李某岩为郭某贵的代理人，李某辉为郭某兴的代理人，两人实施的签订协议书的法律行为由各自的被代理人承担相应的法律后果，故应认定郭某贵与郭某兴之间为林木、林地转让合同关系。同时，李某岩与李某辉作为郭某贵、郭某兴的代理人，两人签订的转让协议明确约定转让价款为600万元，所以应当认定郭某贵与郭某兴之间的转让价款为600万元。对于林业局备案的60万元转让协议价款，判决书称，协议价款与实际价值明显不符，是双方为了规避法律而虚假出具的，并非双方真实意思表示，属于无效协议，并不具有约束力。

2017年9月1日，辽源中院审判委员会认为该民事案件二审判决确有错误，作出对该案进行再审的裁定。两天后，承办法官王某忠因涉嫌民事枉法裁判罪被刑事拘留。2018年1月16日，辽源市西安区人民法院对王某忠涉嫌民事枉法裁判一案公开审理，一审判决被告人王某忠犯民事枉法裁判罪，判处有期徒刑3年。王某忠不服一审判决，提出上诉，二审法院为其原供职单位——辽源市中级人民法院，尚未作出判决。

（二）案件处理过程

1. 控辩双方观点

（1）控方观点。检察院以涉嫌民事枉法裁判罪将王某忠起诉至法院认为：①被告人王某忠在审理郭某贵诉郭某兴合同纠纷二审案件中，接受辽源市中级人民法院常务副院长金某岩、执行局干警金某华的授意，有徇私情、私利的行为；②被告人王某忠因徇私情、私利，故意对应当采信的证据不予采信，故意违反法定程序，作枉法裁判，其行为符合民事枉法裁判罪的构成要件。

（2）辩方观点。针对检察院的指控，王某忠及其辩护律师认为：①王某忠主观上并没有犯罪的故意，在该案审判前王某忠向主管领导汇报了，该案裁定再审以后，再审判决尚未作出，未有执行回转的事实，客观上并未造成损失，即使再审改判，也应当审查再审的原因，王某忠只能对其审理的案件事实和证据负责；②本案的争议焦点是两份有价"林地林权转让协议"采用哪一份的问题，两份合同均不是由公共管理机关制定的，故不能认定60万元备案的证明力高于600万元的证明力，故王某忠运用自由心证原则，认为备案用的60万元的转让价明显过低，而采纳600万元的合同是合理的；③王某忠所审理的民事案件的本质是案外人即涉案林地所有权人李某岩涉嫌诈骗，民事审判无法调整刑事犯罪，因而只能由诈骗人承担法律后果，不能同时构成民事枉法裁判。

2. 法院的观点

一审法院认为，被告人王某忠身为司法机关工作人员，在民事审判活动中徇私情，故意对应当采信的证据不予采信，故意违反法定程序，作出枉法裁判，侵犯了国家司法机关的正常秩序，其行为构成民事枉法裁判罪。

由于本案尚未审结，属于未决案件，且案涉民事案件的再审判决也尚未作出，所以本案的许多细节情况尚不得知，故本文仅就理论层面的几个问题作出一些探讨。

二、法官办案责任的认定

随着司法体制改革的不断深化，法官的许多不当行为被曝光，很多习以为常的行为被质疑，归根结底是因为法官的这些行为触及了司法的底线——公正。因此，十八届三中全会以后，我国进一步提出要完善主审法官办案责任制，让审理者裁判，让裁判者负责。然而，办案责任制的实行虽然在一定程度上遏制了法官的滥权专权，但是观之近年来诸多法官办案责任追究的案件，我们可以发现我国现有的法律、制度等相关规定在法官办案责任追究的责任事由方面存在明显的不一致性。具体体现如表1所示。

表 1　关于法官办案责任追究的部分规定

序号	文件名称	法官办案责任追究的主要内容	法官办案不予追究责任的情形
1	《刑法》第 397、398、399、401 条	滥用职权、玩忽职守、徇私枉法、民事行政枉法裁判、执行判决、裁定失职	未规定
2	《法官法》	故意违反法律法规；重大过失导致裁判结果错误并造成严重后果	未规定
3	《人民法院审判人员违法审判责任追究办法（试行）》（1998 年 8 月 26 日）	故意违反与审判工作有关的法律、法规因过失违反与审判工作有关的法律、法规造成严重后果	因为法律、法规理解和认识上的偏差而导致裁判错误的；因对案件事实和证据认识上的偏差而导致裁判错误的；因出现新的证据而改变裁判的；因国家法律的修订或者政策调整而改变裁判的；其他
4	河南省、安徽省、湖南省永州市等地出台了错案责任追究办法	错案责任：以裁判结果正确与否作为追究法官司法责任的标准之一	各地规定不一：主要包括以下几点： (1) 认识偏差； (2) 当事人原因； (3) 证据或者法律被修改； (4) 裁判所依据的法律文书被撤销或者变更； (5) 其他
5	《最高人民法院、最高人民检察院关于建立法官、检察官惩戒制度的意见（试行）》（2016 年 10 月）	故意违反审判职责的行为重大过失违反审判职责导致案件错误并造成严重后果	
6	《最高人民法院关于完善人民法院司法责任制的若干意见》（2015 年 9 月）	故意违反法律法规重大过失导致裁判错误并造成严重后果	对法律法规的理解不同，对案件基本事实存在争议，且根据证据规则能够予以合理说明因当事人原因导致事实发生变化出现新证据或是法律被修改裁判所依据的其他法律文书被撤销或者变更的，其他

从上表可以看出，我国对于法官审判责任追究的责任事由可以分为行为以及结果两种不同的模式。具体而言就是：①对违法审判行为的追责，即对有故意违反相关法律法规或者其他文件规定的审判职责的行为予以追责；②对错误裁判结果的追责，即对造成了错案的结果予以追责[1]。

(一) 责任事由两种模式的分析

第一，结果责任模式也可以被称为错案责任追究。"错案"并不是一定严格的法律概念，迄今为止相关法律法规和学界并未对"错案"一词作出明确具体的定义。有些地方将错案界定为审判人员在审理案件过程中，违反实体法或程序法，致使案件出现明显错误或造成不良影响，应由审判人员承担责任的案件。有的则将认定的基本事实错误，是非责任颠倒，造成裁判严重不公，适用法律明显错误，导致错误裁判，严重违反诉讼程序，影响案件实体审理公正裁判等情况列为错案[2]。

法官办案责任制设立的初衷是规制法官的行为，提升法官的专业性和职业性，从而避免冤假错案的发生。司法审判的本质是一种判断权，法官在作出裁判结果时除了依靠法律法规的规定，还要根据自身的法律修养和实践经验进行自由裁量，如若对于实践中相当一部分由于法官自身认识偏差或者其他案外因素等而导致的"错案"也采用结果主义的追责模式，显然是对法官办案责任制设立本意的违背。除此之外，结果责任模式还有可能加重司法人员的职业风险，束缚其工作的积极性[3]，并且，司法人员会为了将这种职业风险转移而将司法办案的权力转移给审委会等，从而在一定程度上妨碍司法权的独立行使[4]。

第二，行为责任模式也可以被称为违法审判责任追究，与结果责任不同，违法审判责任是建立在司法人员存在程序性违法行为的基础之上的。具体而言包括三种类型：其一，司法人员违反诉讼法规定的行为，如对应当回避的

---

[1] 叶三方、彭建华、欧阳福生："反思与防范：法官办案责任的不当追究"，载广州审判网：http://www.gzcourt.org.cn/stgg/ck484/2017/08/7502863913172431.html，访问日期：2017年8月11日。

[2] 熊秋红："司法公正与法官责任追究"，载中国法学网：http://www.iolaw.org.cn/showNews.aspx?id=3750，访问日期：2008年7月3日。

[3] 参见魏胜强："错案追究何去何从？——关于我国法官责任追究制度的思考"，载《法学》2012年第9期。

[4] 参见张玉洁："错案追究终身制的发展难题——制度缺陷、逆向刺激与实用主义重构"，载《北方法学》2014年第5期。

情形不予回避，对当事人请求法院调查收集的证据不予调查收集，对应当采取强制措施的情形不予采取等。其二，司法人员违反法院组织法关于司法决策方式的规定，如拖延或拒不执行合议庭或者审判委员会的决定，向合议庭、审判委员会隐瞒、谎报案件情况、主要证据等。其三，司法人员存在其他违反法律法规的司法行为，如因徇私情、私利迫使当事人撤诉、调解、和解，拖延办案等[1]。

法官办案责任制的功能在于维护司法公信力，对于法官办案责任的追究应当围绕其行为是否造成公众对于司法公信产生怀疑而展开，因为只要法官实施了违法或者不当的行为，就有可能致使裁判结果错误从而引起公众对于司法权威的不信任。但是即使裁判结果正确，其行为本身也足以引起公众对于司法公信的合理怀疑[2]，因此相较于结果责任模式，行为责任模式更加全面。除此之外，行为责任模式还有利于对司法人员主观过错的认定。《最高人民法院关于完善人民法院司法责任制的若干意见》指出，推进司法责任制，要坚持主观过错与客观行为相结合的原则，因此对于司法人员在实施违法审判行为时故意或者过失的认定也是必不可少的。相较于结果责任模式主观过错的难以认定，行为责任模式中所认定的违法行为与违法故意之间存在一种事实上的推定关系，最高人民法院实施的办法和处分条例规定，对于法官违反法律法规的行为，通常直接认定为法官故意违法。[3]最后，行为责任模式较之结果责任模式更为明确具体，具有可操作性。结果责任模式中的"错案"是一个较为模糊且具有较大争议的概念，但是行为责任模式中的"违法行为"是可以由法律法规等来予以明确规定的。

综上所述，对于司法人员的审判责任的追究应当走出"裁判结果中心主义"的怪圈，而逐渐走向"裁判行为中心主义"。纵观表1所载规定可以看出，我国目前对于法官办案责任追究也呈现出从侧重追究错案责任到侧重追究违法审判责任的转变。

（二）本案评析

从我国《刑法》第399条第2款规定的民事、行政枉法裁判罪的构成要

---

[1] 陈瑞华："法官责任制度的三种模式"，载《中国检察官》2015年第23期。
[2] 江必新："关于法官审判责任追究若干问题的探讨"，载《法制日报》2015年10月28日。
[3] 陈瑞华："法官责任制度的三种模式"，载《中国检察官》2015年第23期。

件来看，其本质上是以行为的违法性作为追究法官责任的标准，即"司法人员在民事、行政审判活动中有故意违背事实和法律的行为"，所谓的"作出枉法裁判"这一结果标准，是指只要司法人员在民事、行政审判活动中有违法审判的行为，那么其作出的裁判就是枉法裁判，枉法裁判的结果并不一定是说这个裁判结果一定是错误的，这是符合我国目前法官审判责任的追究模式的。适用到本案中，如果王某忠在民事案件的审理过程中违反法定程序如应当对郭某兴提供的新证据予以采纳而未予以采纳，或者有故意违背事实的行为，如可能存有片面采信郭某贵与李某岩的陈述，而对郭某兴和李某辉的陈述断章取义等行为，那么即使最终他审理的案件结果经再审予以维持，依据行为责任的追责模式也应当以枉法裁判罪追究其刑事责任。但是，如果王某忠在案件审理过程中，没有上述违法审判行为，那么即使其裁判结果被再审否定，我们也还需要考虑再审的原因，不应当认定其构成民事枉法裁判罪。

三、"枉法裁判行为"的认定标准

通过上述论证，我们可以发现法官办案责任的认定应当采用行为责任模式，即法官只有在实施了相应的违法审判行为，其才承担责任，那么所谓"枉法裁判行为"又包括哪些？

(一) 客观事实与法律事实的冲突选择

客观事实是指现实发生，不以人的意志为转移的事实真相，而法律事实则是依照法定程序，被合法证据证明了的事实。有的时候法律事实几乎等同于客观事实，但也有的时候法律事实与客观事实完全相悖[1]。这是由于客观事实的过去性、人类认识的局限性以及社会生产力水平的有限性决定了人们对于客观事实可能产生法律认识上的偏差，但是法律事实由于其主客观性和高度盖然性具有相对的确定性，其是法官或者某些机关在客观事实的基础之上通过证据采信等程序而作出一种主观认定，我们永远无法衡量法官所认定的事实是否就是客观事实，但是法律事实可以最大限度地反映案件事实，因此其应当作为民事裁判的基础。[2]我国《最高人民法院关于民事诉讼证据的

---

[1] 黄宏生："客观事实与法律事实的关系及意义"，载《福建论坛（人文社会科学版）》2007年第7期。

[2] 姜孟亚："客观事实、案件事实与法律事实之辨析——法文化解释学的重新解读"，载《中共南京市委党校南京市行政学院学报》2007年第4期。

若干规定》（2008年）第73条明确了以法律事实作为民事裁判的基础："双方当事人对同一事实分别举出相反的证据，但都没有足够的依据否定对方证据的，人民法院应当结合案件情况，判断一方提供证据的证明力是否明显大于另一方提供证据的证明力，并对证明力较大的证据予以确认。"显而易见，根据这一规定，法官所认定的案件事实必然没有达到客观事实的标准，但是其仍然可以被认定，就是因为这种法律事实的认定方式更有利于实现诉讼效率并具有可操作性，因而其被以法律规定的形式确立。[1]因此，应当以法律事实而非客观事实作为"枉法裁判"的认定标准。

(二) 程序正义与实体正义的统一

程序正义强调司法过程的形式公正，而实体正义则更为看重审判结果的实质公正。有些学者认为在民事、行政审判活动中，少数审判人员由于素质不高或者为追求审判效率等原因，或多或少地存在着程序违法的行为，如应当回避而未回避等。但是其作出的裁判结果并非不公，因此不能仅凭其程序违法的行为认定其枉法裁判。本文认为，无论是违反实体法的规定，还是违反程序法的规定均是对国家司法机关的正常秩序的侵犯，同时程序正义具有独立于实体正义的价值，[2]遵循程序正义可以保障公众利益以看得见的方式得到维护，并且能够最大限度地保证实体的正义，缺乏了程序正义的实体正义是畸形的正义，其可能会对整个司法秩序造成不可磨灭的不良影响，因此我们应当遵循程序正义与实体正义的统一。2006年最高人民检察院公布的《关于渎职侵权犯罪案件立案标准的规定》第6项将"故意违反法定程序"作为民事、行政枉法裁判罪的立案标准之一。

(三) 本案评析

民事枉法裁判罪中的枉法裁判行为是指故意违背事实和法律的行为。首先故意违背的事实应当仅是法律事实，而非客观事实。从本案来看，客观事实可能是由于李某岩诈骗使得郭某兴与郭某贵签订的600万林地林权买卖合同为虚假合同，作为承办法官的王某忠应当采信的是60万的合同，并判决郭某兴胜诉。但是，根据当时民事案件二审的证据情况，上诉人郭某兴仅仅提供了一份自行鉴定的评估报告，该评估报告证明案涉林权交易价格为161万

---

[1] 韩凤琪："莫兆军案的司法困惑与思考"，沈阳师范大学2015年硕士学位论文。

[2] 黄毅："论程序公正的独立价值"，载《沧桑》2009年第2期。

元，其想通过这一评估报告证明一审采信合同价款为 600 万元与评估价值相差甚远，但是同样的 161 万元与 60 万元的合同价款也存在着一定的差距。而且，王某忠作为承办法官认为郭某兴超过举证期限未向人民法院申请，自行委托相关机构所作出的鉴定意见不属于新证据，故对评估报告不予采纳，并且依据自由裁量权分析认定了 600 万元的合同更符合客观事实，而作出了维持原判的裁判，并无不当。如前所述，对于具体案件而言，只能以法律事实作为认定案件事实的基础，也就是以案件审理过程中依据双方提供的证据所能认定的事实作为认定案件事实的基础，因此本案中尽管有可能王某忠的裁判结果与客观事实情况不符，进而被认定为"错案"，但是只要遵从了法律事实，就不能认定其存在故意违背事实的行为[1]。

其次故意违背法律的行为应当既包括违反实体法的行为，也包括违反程序法的行为。从本案来看，王某忠可能并不存在违反实体法的行为，但是其在审判过程中可能违反了程序法的规定，如当事人因客观原因不能自行收集的证据向人民法院申请调查收集，人民法院不予调查收集，那么如若其行为造成了情节严重的后果，其也应当构成民事枉法裁判罪。

四、"民事枉法裁判罪"的认定

根据上述对于"枉法裁判行为"的分析，可以发现枉法裁判行为是指故意违背事实和法律的行为，但是存在违法审判行为并不必然构成民事枉法裁判罪，枉法裁判的行为必须达到情节严重才能构罪。虽有枉法裁判的行为，但尚未达到情节严重，仅属违法违纪行为，应以行政纪律手段处理。

（一）刑事责任与行政纪律责任的区别

刑事责任是指行政人员因普通犯罪行为及职务犯罪行为构成违法的内容所应承担的责任，而行政纪律责任则是行政人员对在执行公务过程中犯有尚未构成违法或虽已构成违法但情节较为轻微而不追究刑事责任的违纪行为的制裁，一般由国家行政机关按照行政程序而予以行政处分。《法官法》第 46 条规定："法官有下列行为之一的，应当给予处分；构成犯罪的，依法追究刑事责任：……贪污受贿、徇私舞弊、枉法裁判……"由此可见，行政纪律责任主要针对的是法官的一般违法行为，而刑事责任主要针对的是法官的犯罪

---

[1] 韩凤琪："莫兆军案的司法困惑与思考"，沈阳师范大学 2015 年硕士学位论文。

行为,也就是说法官承担刑事责任的情节要比承担行政纪律责任的情节更为严重。如枉法裁判罪的构成要件就不仅包括故意违背事实和法律的行为,还包括作枉法裁判导致情节严重的后果。如果法官的违法审判行为并没有发生情节严重的后果(例如仅是一般程序违法),那么其行为虽然对我国的司法审判秩序造成了一定的不良影响,也不应当认定其构成民事枉法裁判罪,仅应当以行政纪律手段来处理[1]。

1999年9月16日最高人民检察院发布的《最高人民检察院关于人民检察院直接受理立案侦查案件立案标准的规定(试行)》关于民事、行政枉法裁判罪规定:"涉嫌下列情形之一的,应予立案:1.枉法裁判,致使公民财产损失或者法人或者其他组织财产损失重大的;2.枉法裁判,引起当事人及其亲属自杀、伤残、精神失常的;3.伪造有关材料、证据,制造假案枉法裁判的;4.串通当事人制造伪证,毁灭证据或者篡改庭审笔录而枉法裁判的;5.其他情节严重的情形。"2006年7月26日最高人民检察院公布的《最高人民检察院关于渎职侵权犯罪案件立案标准的规定》关于民事、行政枉法裁判案的规定:"涉嫌下列情形之一的,应予立案:1.枉法裁判,致使当事人或者其近亲属自杀、自残造成重伤、死亡,或者精神失常的;2.枉法裁判,造成个人财产直接经济损失10万元以上,或者直接经济损失不满10万元,但间接经济损失50万元以上的;3.枉法裁判,造成法人或者其他组织财产直接经济损失20万元以上,或者直接经济损失不满20万元,但间接经济损失100万元以上的;4.伪造、变造有关材料、证据,制造假案枉法裁判的;5.串通当事人制造伪证,毁灭证据或者篡改庭审笔录而枉法裁判的;6.徇私情、私利,明知是伪造、变造的证据予以采信,或者故意对应当采信的证据不予采信,或者故意违反法定程序,或者故意错误适用法律而枉法裁判的;7.其他情节严重的情形。"上述规定是人民检察院关于民事枉法裁判案件就构成"情节严重"后果的具体的立案标准,同时根据《刑事诉讼法》第112条之规定,"人民法院、人民检察院或者公安机关对于报案、控告、举报和自首的材料,应当按照管辖范围,迅速进行审查,认为有犯罪事实需要追究刑事责任的时候,应当立案",可以看出立案的标准与追究刑事责任的标准是一致的。因此民事

---

[1] 参见张平:"论民事、行政枉法裁判罪",载《中国刑事法杂志》1999年第4期;朱本欣、赵慧:"民事、行政枉法裁判罪若干问题研究",载《中国法学会刑法学研究会2005年学术年会》。

枉法裁判罪中关于情节严重的标准可以参照上述最高人民检察院的相关规定。

(二) 本案评析

本案中，根据对上述"情节严重"标准的分析，王某忠的行为距离"民事枉法裁判罪"的构成尚存在两个疑点：一是王某忠的行为是否造成郭某兴直接经济损失 10 万元以上，或者间接经济损失 50 万元以上？关于这一点辽源市西安区人民法院在进行刑事一审时说明由于民事再审程序尚未结论，故未有证据证明被害人郭某兴受到经济损失，所以不能据此认定王某忠的行为造成了情节严重的后果。二是王某忠的行为是否是徇私情、私利，明知是伪造、变造的证据予以采信，或者故意对应当采信的证据不予采信，又或者故意违反法定程序？关于这一点首先刑事一审判决排除了其与李某岩合谋诈骗的可能，因此其不可能是对伪造、变造的证据予以采信，而所谓的对应当采信的证据不予采信的故意意图也并非十分的明显，因为本案中 60 万和 600 万的两份合同均具有一定的合理性，600 万元的合同虽然是双方代理人签订，郭某贵称签订 60 万元合同是因为李某岩说这样可以过户的时候少交税，所以 60 万元的合同是假的。而李某辉则称签订 600 万元的合同是因为李某岩说为了逃避债主的催款，所以 600 万元的合同是假的，双方的证言互相抵消至事实不清，因此应当采信的证据在本案中很难有明确的概念，所以不能据此认定王某忠采信 600 万元的合同就是对应当采信的证据不予采信。唯一存在问题的就是王某忠是否存在故意违反法定程序的行为？《最高人民法院关于人民法院合议庭工作的若干规定》第 10 条规定："合议庭评议案件时，先由承办法官对认定案件事实、证据是否确实、充分以及适用法律等发表意见，审判长最后发表意见；审判长作为承办法官的，由审判长最后发表意见。对案件的裁判结果进行评议时，由审判长最后发表意见。"本案中，相关人员的证言可以证明王某忠在民事案件二审合议庭评议之前曾经暗示合议庭其他人员，该案被上诉人郭某贵系该法院副院长金某岩及同事金某华的亲属，而且在合议庭评议过程中，其也违反了上述最高人民法院关于合议庭工作的若干规定，存在有作为审判长先发言的违反法定程序的行为。据此可以认定法官王某忠的行为存在故意违反法定程序而枉法裁判之嫌，但是否情节严重还有待考证，因此一审判决认定王某忠构成民事枉法裁判罪似乎还需商榷。

结　语

本文通过对民事、行政枉法裁判罪在司法认定中存在问题的分析，在尊重立法原意与精神的基础之上，把握该罪的司法认定并分析王某忠的相关行为。首先，对于法官办案责任的追究仅应当是针对违法审判行为而非错误裁判结果；其次，对于法官"枉法裁判行为"的认定应当是基于法律事实，并且应当遵循实体正义与程序正义的统一；最后，"民事枉法裁判罪"的认定还要求法官违法办案行为达到情节严重的程度，如若未达到情节严重的标准，其仅应被追究行政纪律责任。

点 评

首先，此罪名主体是特殊主体——法官，对法官以行贿、受贿以外的行为来定罪量刑，对整个司法和法官队伍来说，都非常敏感。其次，此罪是行为犯，其罪与非罪的界限是非常清楚的，需要达到一定的量的高度和程度才触犯刑法——按照现行规定是造成一定后果。结果是法院在认定其是否构成犯罪的重要考量因素，在此案中，尤应考量程度和临界点问题。最后，在行政和司法领域，都出现了刑法的扩张问题。行政法与刑法之间存在交叉、衔接和竞合关系，同一行为可能同时触犯行政法与刑法，二者间的适用应注重平衡。对法官的责任追究，应当以穷尽其他处罚和救济为原则，将其他问责作为前置性条件或程序，再进入刑事领域。

(点评人：武汉大学法学院　江国华教授)

重复起诉的认定

——以"侯某两诉海门市住建局案"为例

张 雷*

内容提要：目前，重复起诉行为在行政诉讼领域愈发频繁。由于缺乏实践经验，以及学术界存在观点纷争而无法给予有力的理论支撑，在许多情况下，重复起诉行为都无法被准确识别，出现了同案不同判的现象，造成了对审判机关权威性和公正性的冲击，甚至给行政管理秩序也带来了波动。所以，如何有效识别与遏制愈发泛滥的重复起诉行为成了行政诉讼领域中的一个棘手的问题。在此，本文选择 2017 年江苏省南通市中级人民法院审理的"侯某两诉海门市住建局案"作为研究切入点，得以正确厘清行政诉讼的诉讼标的与行政判决的既判力问题，进而准确认定重复起诉行为。

关键词：重复起诉 诉讼标的 既判力

一、问题的提出

1998 年 3 月 17 日，海门市国土规划管理局制定了编号 CGS98026 关于海门市三厂镇粮油市场拆迁安置房的规划。根据该规划，海门市三厂镇综合市场西侧、东方酒楼南侧的土地应被修建为一处停车场。然而，1999 年 4 月，这个理想中的停车场建设计划永久地搁置在规划文件中，取而代之的是原三厂街办下属企业中海房地产开发有限公司（以下简称"中海公司"）拔地而起的一栋业务大楼。东方酒楼的老板侯某对此一直心有不甘，通过不断地申

---

* 张雷，武汉大学法学院 2017 级法律硕士研究生。

请政府信息公开,最终于 2014 年 10 月 17 日得知海门市国土规划局在 1998 年 9 月 8 日向三产办颁发的 98136 号《建设工程规划许可证》中许可建设的范围不包括中海公司的这栋业务大楼,并且海门市建设委员会分别于 1999 年 9 月 6 日和 2001 年 7 月 30 日就中海公司违反《江苏省实施〈中华人民共和国城市规划法〉办法》的违法行为作出了罚款、限期拆除、补办有关手续等行政处罚。海门市住房和城乡建设局(以下简称"海门市住建局")随后于 2001 年 8 月 2 日向中海公司补办了建设规模为 1922 平方米的《建设工程规划许可证》。侯某认为海门市住建局作出的 2001087 号《建设工程规划许可证》的行政许可行为违法,于是向江苏省南通市港闸区人民法院提起了行政撤销之诉。2015 年 1 月 29 日,法院经过事实查明,根据《行政诉讼法》第 54 条第 2 项第 1、2、3 目的规定,判决被告海门市住建局此前作出的行政许可行为认定事实不清、违反法定程序、适用法律不当,应当予以撤销。

海门市住建局在被判败诉后,于 2015 年 3 月 12 日向三厂街道第三产业办公室发出《催告通知书》,要求其在接到通知书之日起 30 日内申请办理业务楼共计 305.4 平方米的规划许可手续。同年 3 月 26 日,侯某寄信至海门市住建局下属事业单位海门市城建监察执法大队,要求拆除业务楼及其周围的违章建筑,但是海门市城建监察执法大队在收到该信函后并未在法定期限内予以任何答复。所以,2015 年 6 月 5 日,侯某向江苏省南通市港闸区人民法院提起了行政诉讼,请求法院责令海门市住建局拆除业务楼及其周围违章建筑。南通市港闸区人民法院审查认为海门市住建局违反了《城乡规划法》《行政诉讼法》中的有关规定,作出[2015]港行初字第 00251 号行政判决书,责令海门市住建局在此次判决生效之日起 2 个月内对侯某先前递交的申请予以核查处理。

可是,经过一年多的等待,侯某并未等来自己想要的结果。2017 年 3 月 17 日,海门市住建局对侯某国、侯某父子作出了海住建信访复字[2017] 11、14、26、30 号《关于反映三厂粮油地块违章建筑问题信访事项答复意见书》。其中,海门市住建局认为尽管原先颁发的 192 平方米的规划许可证被撤销,但根据此前仍然有效的行政处罚决定书,三厂办有权向规划行政主管部门重新申请规划审定,再次办理规划许可。可事实上,侯某等人获悉,海门市行政审批局在 2017 年 1 月 6 日就三厂工业园区提出的办理业务楼规划许可申请一事向海门市三厂街道社会事务办公室作出了《不予受理通知书》,并且同年2月13日，三厂工业园区规划建设管理局向海门市城建监察大队作出了《关于办理三厂中海房产业务楼规划许可手续的情况说明复函》，其中明确提到无法给该栋大楼办理工程规划许可。所以，海门市住建局的这份《答复意见书》激怒了侯某父子，其随后便向江苏省如皋市人民法院提起了行政诉讼，要求被告海门市住建局拆除案涉业务楼及其周围违章建筑。法院依照《行政诉讼法》第72条、第69条规定，作出了与2年前南通市港闸区人民法院极其相似的一审行政判决。

海门市住建局对该判决表示不服，遂上诉至南通市中级人民法院。南通市中级人民法院在对一审判决认定的事实和采信的证据予以确认后，认为侯某向港闸区人民法院两诉海门市住建局构成了重复起诉。根据《行政诉讼法》第89条第1款第2项以及《最高人民法院关于适用〈中华人民共和国行政诉讼法〉若干问题的解释》（法释〔2015〕9号）第3条第1款第6项的规定，重复起诉已有立案的，法院应当裁定驳回起诉。故南通市中级人民法院裁定撤销如皋市人民法院〔2017〕苏0682行初55号行政判决，驳回被上诉人侯某的起诉。

为什么江苏省南通市中级人民法院最终裁定侯某与海门市住建局不履行法定职责一案为重复起诉行为？重复起诉的认定标准是什么？二审法院在其所作出的行政裁定书中提到"认定一个诉讼是否为重复起诉，除了判断起诉人、诉讼请求等主观要素是否同一外，另外一个重要标准是判断前后两诉的客观要素即诉讼标的是否同一。由于诉讼标的决定着判决的约束力，因此准确厘定诉讼标的尤为重要"。受此启发，本文将从行政诉讼的诉讼标的以及行政判决的既判力两个方面来分析行政诉讼中如何判断认定重复起诉的问题。

二、行政诉讼的诉讼标的

（一）诉讼标的的发展历史与含义

1. 诉讼标的的概念史考察

诉讼标的（Streitgegenstand）一词最早出自德国民事诉讼领域，其后被日本等国家和地区的学者所借鉴、推广。但实际上，诉讼标的这一概念最初并未被视为诉讼法上的概念，而是被当作实体法规范的概念加以使用。[1]也就

---

[1] 参见张卫平："论诉讼标的及识别标准"，载《法学研究》1997年第4期。

是说，诉讼标的脱胎于实体法，与请求权密切相关。这主要是因为，在早期的民事诉讼法中，诉的类型极为单一，只有给付之诉、确认之诉和形成之诉等，其他诉讼类型均未出现。诉讼上的请求都是基于实体上的请求而产生的，实体法与诉讼法没有严格的分野。

然而，随着社会不断地发展进步，诉讼类型开始多元化，与诉讼法有关的理论和规范也在逐渐丰富，以实体法上的请求权作为诉讼标的的做法已经无法有效解释新的诉讼现象。例如，在离婚诉讼中，原告提起民事诉讼的目的在于通过法院的裁判解除与被告之间存在的婚姻关系，属于形成之诉。在这种情况下，原告提起诉讼时主张的并非是实体法上的权利，而是既存的法律关系经过法院判决后的某种形成效果。为了解决出现的种种冲突与矛盾，德国学者赫尔维希首次正式从诉讼法角度提出并阐释了诉讼标的的含义。

自此以后，诉讼标的开始成为法学界炙手可热的研究对象，学者们各抒己见，表达自己对诉讼标的的独特见解，进而推动诉讼标的理论走向系统化、规范化。另外，在实务中的任何一个诉讼活动中，法院都要有明确的审判对象及范围，确定法院裁判对当事人的效力范围，所以引入诉讼法上的技术性概念作为支撑是大势所趋。大陆法系的国家和地区将这一技术性概念称为"诉讼标的"。[1]理论界和实务界的发展与需要最终决定了其在整个诉讼程序中具有基础性地位。

具体到我国的行政诉讼领域，受到大陆法系国家关于诉讼标的的研究的影响，我国法学界对民事诉讼以及刑事诉讼中诉讼标的的理论构建相对较早，发展更为成熟，而对行政诉讼的诉讼标的的关注偏少，理论著作也不及前两者。在司法实践中，我国最早在行政诉讼领域将诉讼标的作为法律术语使用是在1999年最高人民法院颁布的《最高人民法院关于执行〈中华人民共和国行政诉讼法〉若干问题的解释》第44条第1款第10项，[2]距今仅有20年。

2. 诉讼标的的规范意涵

尽管诉讼标的作为技术性概念在我国立法活动中予以确认，并被广泛使用，但是由于理论界和实务界对其究竟如何定义一直存在着不同的声音，所

---

[1] 参见马立群："论行政诉讼标的——以行政撤销诉讼为中心的考察"，载《南京大学法律评论》2011年第1期。

[2] 参见马立群："论行政诉讼标的——以行政撤销诉讼为中心的考察"，载《南京大学法律评论》2011年第1期。

以诉讼标的的具体内涵并未在法律上被明确规定。大陆法系国家和地区虽然也是如此，但目前学理界已经暂时形成了较为一致的意见。比如，德国诉讼法学界通说认为，原告提出的法律上的主张即为诉讼标的；以高桥宏志为代表的日本学者们则将诉讼标的定义为"在本案判决如下中，应当被作出判断之事项的最小基本单位"，由当事人具体的诉请声明构成，要求诉讼标的精细化；我国学者对诉讼标的的形成的统一认识是当事人之间基于争执而提起诉讼，请求法院予以裁判的对象。[1]

通过整理我国法学界现有的关于诉讼标的的研究，不难发现，我国学者主要是从两个角度去界定诉讼标的的具体含义：一是从诉的构成角度来说，无论是民事诉讼，或者刑事诉讼，还是行政诉讼，每一个完整的诉都必须具备主观要素和客观要素。其中，主观要素是指诉讼当事人，一般是以自己名义就特定的纠纷请求法院行使审判权以保护自身实体权利的人及其相对人。客观要素则主要是指事的要素，也被理解为诉讼标的，即诉讼一方当事人请求法院审理判决的具体对象。[2]二是从诉讼功能的角度出发，诉讼制度本身的主要功能在于保护公民个人法定权利以及维护法律规定的秩序，所以，尽管诉讼标的目前被视为诉讼法上的一个技术性概念，但是我们在对诉讼标的进行内涵厘清时，需要加上对诉讼功能的考量，也即综合程序与实体两个层面来界定其具体概念，认为诉讼标的就是双方当事人之间发生争议后提请法院予以处理的实体法律关系。[3]根据这个概念，行政诉讼的诉讼标的可以被定义为行政相对人与行政机关请求法院裁判的具体行政行为合法性以及由此产生的实体权利主张。[4]

（二）行政诉讼标的的分类

根据概念范畴划分，行政诉讼标的有广义与狭义之别。其中，广义的行政诉讼标的包含"程序标的"（Verfahrensgegenstand）与"诉讼标的"（Streitgegenstand），而狭义的行政诉讼标的仅仅指的是"诉讼标的"（Streitgegen-

---

[1] 参见汪汉斌："行政判决既判力研究"，南京师范大学2008年博士学位论文；[日] 高桥宏志：《民事诉讼法——制度与理论的深层分析》，林剑锋译，法律出版社2003年版，第22页。

[2] 参见马立群："行政诉讼标的理论研究——以实体与程序连接为中心"，武汉大学2011年博士学位论文。

[3] 参见张兰芳、邓继好："既判力的基准时与重复起诉的识别"，载《山西大同大学学报（社会科学版）》2016年第1期。

[4] 参见李小霞："行政判决既判力研究"，西南政法大学2006年硕士学位论文。

stand)。[1] 在我国行政诉讼法学界以及司法实践中，普遍将行政诉讼的"程序标的"默认为"诉讼标的"，但其实两者之间是有所区别的，具体表现在以下四个方面：[2]

1. 具体内涵不同

"程序标的"主要是指原告可以针对行政行为提出的行政诉讼的范围或者在行政诉讼程序中所要攻击的对象，是行政诉讼制度本身想要予以纠正的客体。而所谓的"诉讼标的"是指原、被告之间因为发生争执而请求人民法院运用审判权裁判的具体内容，比如具体行政行为的合法性、被告所实施的行政行为使原告所遭受的权利损害等等。简单来说，程序标的一般被视作诉讼对象，是可以使法院知悉原告系对何事提起诉讼；而诉讼标的则属于法院的审判对象，意在说明判决确定力的所及范围。

2. 支配原则不同

根据上述具体内涵，二者在支配原则上也有所不同。程序标的往往等同于行政诉讼的诉讼种类，受到立法规定的严格限制，即"程序标的法定"原则。也就是说，即使行政相对人认为行政机关作出的行政行为侵害了自身的合法权益，他也只能在法定的、客观存在的行政行为类型中择一提起诉讼，请求行政司法救济。诉讼标的更多地体现的是处分权主义，是主观性认识行为。这主要是因为原告提起行政诉讼时，一般是主动递交涵盖诉讼标的内容与范围的诉状，人民法院只能在原告所声明的范围内进行审判、作出裁决，不得诉外裁判。所以，诉讼标的是受到"处分权"原则支配的。

3. 产生时间不同

由于程序标的受法定原则的支配，立法者在制定相关实体法律时，已经设计了与相关行政行为能够基本匹配的行政诉讼程序标的。而诉讼标的是原告自由决定的诉讼内容及范围，通常是在适格主体成为当事人提起诉讼时才会出现的。所以，程序标的产生的时间早于对应的行政诉讼提起的时间，也就是早于诉讼标的出现的时间。

---

[1] 参见蔡志方：《行政救济法新论》，元照出版公司2001年版，第222页。
[2] 参见黄旖旎："行政诉讼'程序标的'与'诉讼标的'之辨析"，载《法治与社会》2011年第16期；马立群："行政诉讼标的理论研究——以实体与程序连接为中心"，武汉大学2011年博士学位论文。

4. 发挥功能不同

这主要是就行政诉讼活动而言。程序标的的功能在于认定原告对行政机关的哪些行为不服可以提起行政诉讼，明确法院受理行政诉讼案件的受案范围。除此之外，程序标的还有构建行政诉讼的类型、确立行政诉讼提起的原因事实等功能。诉讼标的的概念内涵则决定了其主要功能在于划定法院审理和裁判的范围，由此确定法院生效裁判的效力范围，判断当事人先后提起的多次诉讼是否重复、诉能否被合并或者变更，等等。

（三）我国目前关于行政诉讼标的的理论[1]

普遍认为，行政诉讼的产生晚于民事诉讼，并且受到民事诉讼的极大影响。所以，各国关于行政诉讼标的的理论研究往往也是在逐渐完善的民事诉讼标的理论的基础上产生和发展的。目前，我国法学界对于行政诉讼标的的理解有以下三种，具体表述如下：

1. 具体行政行为说

具体行政行为说是自我国实行行政诉讼法以来理论界认可度较高的一种观点，主要是从诉的构成以及法院审判对象的角度进行理解。应松年主编并被各高校广为采用的教材提到："诉讼客体就是诉讼标的，诉讼标的一般由原告的请求决定。行政诉讼标的只能是具体行政行为。虽然在行政诉讼过程中，行政机关在一定条件下有权改变具体行政行为，使行为内容发生一定变化，但行政诉讼的标的始终是被诉具体行政行为。"[2]《法律辞典》提及了对行政诉讼标的的认识："在行政诉讼中，请求作为之诉、赔偿侵权损害之诉的诉讼标的是原告根据一定的法律关系要求被告履行其主张的行政义务，为某种行为，或付给赔偿的财物；在撤销违法之诉中，是原告请求审判机关撤销其主张的行政机关违法的具体行政行为。"[3]

但是，具体行政行为说也有自己的不足之处。一是随着社会的发展变迁，行政机关的治理手段也在发生着变化，许多时候，行政机关与公民个体之间并不存在具体的行政行为，行政相对人提起诉讼也许是因为意识到行政机关

---

[1] 参见马立群："行政诉讼标的理论研究——以实体与程序连结为中心"，武汉大学2011年博士学位论文；汪汉斌："行政判决既判力研究"，南京师范大学2008年博士学位论文；向忠诚："论行政判决既判力的效力范围"，载《政法论丛》2008年第1期。

[2] 应松年主编：《行政诉讼法学》，中国政法大学出版社2007年版，第150～151页。

[3] 浦法仁：《法律辞典》，上海辞书出版社2009年版，第268页。

实施的抽象行政行为损害了自身的权益；二是具体行政行为说在面对一个具体行政行为同时侵犯了多个行政相对人的权利时往往存在宽泛、笼统的问题，使得诉讼不可能精细、特定；三是具体行政行为说无法有效遏制行政机关的重复行政行为，即使人民法院判决行政机关败诉并要求其重新作出行政行为，但是行政机关完全有可能基于不同的事实和理由再次作出与被诉行政行为一致的"新行政行为"，行政相对人仍然对该"新行政行为"不满而提起新一轮行政诉讼，但这次就很有可能被人民法院审查认定为重复起诉行为，进而不予审理。

2. 行政法律关系说

与前述学说相比，我国仅有少数学者认为行政诉讼标的应该是行政法律关系。这一观点主要是受到民事诉讼法领域中传统诉讼标的理论的影响，主张行政诉讼也需要考虑双方当事人之间所争议的行政法律关系。范德浩曾在其撰写的文章中提出过这样一种观点："诉讼标的一词，在行政诉讼中虽未作明文规定，但其在诉讼上的含义是指法律关系，而且是双方当事人发生争议要求法院作出裁判的法律关系。如果这种含义的诉讼标的可以适用司法审查及行政诉讼，那么诉讼中的标的是因具体行政行为产生的行政法律关系，而不是具体行政行为本身。"[1]

以行政法律关系作为行政诉讼标的尽管在一定程度上避免了具体行政行为说在司法实践中出现的问题，但是由于其本质决定了法院从事审判活动时主要审查的是双方当事人之间的实体权利义务关系，会存在同传统诉讼标的理论类似的缺陷，如请求权竞合问题。另外，行政诉讼与民事诉讼之间的分野不应被模糊，二者有着明显的不同之处，行政诉讼程序设置的核心在于对行政机关行政行为的审查和监督，行政法律关系并不是其重点。

3. 行政行为违法性说

目前，我国行政诉讼主要是以行政机关作出的行政行为是否违法为审判对象。因此，我国行政诉讼法学界的另一主流观点就是将诉讼标的视为被诉行政行为的违法性，即"诉讼标的是指当事人之间争议的，请求人民法院裁判的实体法律关系，在行政诉讼中指原告和被告争议的具体行政行为的合法

---

[1] 范德浩："浅论我国司法审查的对象"，载《法学评论》1993 年第 4 期。

性或者适当性问题。行政案件的审理对象即行政诉讼的诉讼标的"。[1]这种观点是从双方当事人的实体法律关系出发,审理被诉的行政行为是否违法。这里所说的诉讼标的不含有主观认知,只是作为一种客观的存在。

然而,从行政诉讼制度建立的目的和功能方面来看,行政行为违法性说与我国行政诉讼的立法目的之间存在些许出入。根据《行政诉讼法》第1条之规定:"为保证人民法院公正、及时审理行政案件,解决行政争议,保护公民、法人和其他组织的合法权益,监督行政机关依法行使行政职权,根据宪法,制定本法。"不难发现,我国制定行政诉讼制度是兼具保护行政相对人权利与监督行政机关行政行为的双重目的和功能的。行政相对人在提起诉讼时作出的诉的声明往往是围绕着自身实体权益的损害展开的,而行政行为违法性说着重强调的是法院发挥监督行政机关行政行为的功能。两者重心的冲突可能使得法院在审判过程中忽视原告的保护请求,仅审查行政行为是否违法出现"诉—审—判"三者脱节的情况。这样是不符合诉讼法理的。

(四) 小结

诉讼标的理论自提出至今呈现出了百家争鸣、百花齐放的局面,各种学说都在不断地发展完善,但是每一种理论都有着不容轻视的缺陷。综合上述观点,笔者也想就行政诉讼标的谈谈自己的看法。

根据诉讼标的的发展历史,诉讼标的是在实体请求权无法有效解释新的诉讼现象时作为技术性概念被引入具体诉讼活动中的,以明确法院审判的对象及范围,确定法院裁判对当事人的效力范围。由此可见,诉讼标的与诉讼行为密切相关。而由于诉讼行为作为诉讼制度的重要构成部分与诉讼目的有着紧密联系,所以,可以推导出诉讼标的与诉讼目的之间一定存在着某种对应关系。我国制定行政诉讼法的目的在于保护行政相对人法定的权益与监督行政机关的行政行为,那么,诉讼标的的识别标准的构建便也应该考虑到这两种目的。但是,在多年的司法实践中,我国行政诉讼制度更多的是借助原告所提出的实体权利主张以启动诉讼程序审查行政行为,维护和监督国家的行政管理秩序,所以,我国目前无论是理论界还是实务界,一般都将具体行政行

---

[1] 林莉红:《行政诉讼法学》(第3版),武汉大学出版社2009年版,第48页。

为合法性视作行政诉讼标的，[1] 行政相对人基于违法行政行为主观提出的实体请求权却未被纳入诉讼标的的认识范围内。

另外，自古以来，我国社会一直有着浓厚的无讼、守弱的文化氛围。在行政诉讼中，双方当事人拥有的权力（利）力量严重不对称，行政相对人往往处于弱势地位。古人有云："讼之一道，身家所系，非抱不白之冤，不是戴天之仇，切忌轻举，以贻后患"，并且"一涉讼，无论成败未定，即使操必胜之术，亦不过中饱衙吏，得不偿失"。[2] 如果对原告的诉讼请求（一般是实体上的权益主张）置之不理，仅仅只对行政机关作出的行政行为的合法与否进行判断，举讼方基于理性人假设进行成本-收益分析，也极有可能选择偃旗息鼓，间接压制行政相对人的主观诉讼行为，导致行政诉讼的立法目的不可能得到根本实现。

因此，笔者认为我国行政诉讼标的应该同时考虑诉讼法与实体法，包括具体行政行为违法性和原告向被告主张的实体权利，或者说是提请人民法院审判的具体诉讼请求两个方面。在本案中，侯某与海门市住建局前后三次对簿公堂，其中第一次是行政撤销之诉，其程序标的是海门市住建局的行政许可行为违法，诉讼标的是请求法院撤销海门市住建局作出的《建设工程规划许可证》；侯某提起的后面两起行政诉讼，其程序标的都是海门市住建局的行政不作为具有违法性，诉讼标的则是请求法院责令海门市住建局拆除业务大楼及其周边违章建筑。

三、判决既判力的问题

（一）既判力的概念

在大陆法系国家，既判力是诉讼理论中的一个基础性概念。其发展历史与诉讼标的类似，都是源起于德国民事诉讼法领域，后推广延伸至刑事诉讼和行政诉讼领域。根据罗森贝克等德国学者的观点，既判力属于判决效力的一种，是判决的确定力。这个概念一经提出，即受到了各国诉讼法学界学者们的认可，并且至今已经发展得更为细致和成熟。我国法学界普遍认为既判力是指"法院不得就已经裁判并已确定的实体争议事项再行审理和裁判，当

---

〔1〕 参见李晓定："关注行政行为'不法'还是原告之'损害'——勘定《行政诉讼法》第1条修改后的行政诉讼标的"，载《行政与法》2016年第8期。

〔2〕 龚汝富：《明清讼学研究》，商务印书馆2008年版，第199页。

事人也不得就已经裁判并已确定的实体争议事项再行起诉。这种效力是相对于当事人不得对该判决申明不服,具有终结诉讼程序的形式上的约束力(形式上的确定力)而言的,判决确定之后所具有的上述效力在理论上被称为'实质上的确定力',即'既判力'"。[1]

通说认为,既判力的定义主要涉及主观范围与客观范围两个方面。其中,主观范围又被称为主体界限,主要包括诉讼双方当事人及其相关的人,比如权利继受人等,还有后诉法院及其法官;客观范围,按照大陆法系的普遍观点,既判力以判决主文中的判断事项为限,而诉讼标的是判决主文形成的核心支撑,所以,在逻辑上能够得出这样一个公式,即"诉讼标的的界限=判决主文中判断的范围=既判力的客观范围"。[2]

我国行政诉讼法学界对既判力理论的研究也是按照上述发展轨迹进行的,并且,观点与民事诉讼法领域大致相同,认为行政诉讼标的的范围决定了行政判决的客观效力范围,[3]行政判决既判力主观范围则涵盖了行政相对人、被诉行政机关以及审理法院等主体。既判力一词首次在书面文件中被明确提出,是在最高人民法院下发的《最高人民法院关于加强和改进行政审判工作的意见》(法发〔2007〕19号)文件的第20条。然而,在我国现行的行政诉讼法立法与实践中,既判力的概念并未被具体厘清与说明,只有关于行政判决效力的寥寥数条法律法规条文。

既判力作为一种禁止当事人就同一纠纷向审判机关反复提起诉讼的强制性效力,一方面,可以禁止法院就同一争议作出不同(甚至是相互矛盾)的判决,以维护审判机关的权威性和公正性,进而使行政管理秩序处于较为稳定的状态;另一方面,可以抑制行政相对人的重复起诉,减少行政审判资源的浪费。

(二)既判力基准点的问题

对既判力的研究除了上述提及的主观范围与客观范围之外,还有一个非

---

[1] 张卫平:"既判力相对性原则:根据、例外与制度化",载《法学研究》2015年第1期。
[2] 参见骆永家:《既判力之研究》,三民书局1975年版,第31页;江伟、肖建国:"论既判力的客观范围",载《法学研究》1996年第4期,转引自林剑锋:《民事判决既判力客观范围研究》,厦门大学出版社2006年版,第49页。
[3] 参见马立群:"论行政诉讼标的——以行政撤销诉讼为中心的考察",载《南京大学法律评论》2011年第1期。

常重要的方面——既判力的时间范围，也被称为既判力的基准时间或者时间界限。它是指确定判决赋予当事人之间权利义务状态的时间，即判决在什么时间点上所确定的权利义务可以对后诉产生拘束力。[1]既判力基准时的识别对于判断前后诉讼是否构成重复起诉起到了极为重要的作用，主要原因在于尽管诉讼双方当事人之间的权利义务状态会呈现出不断变化的动态趋势，但是基准时是一个静态的时间点，其可以在该时间点上对动态变化的实体法律关系加以分割、固定。[2]也就是说，审判机关的生效判决只在一定的时间范围内发挥作用。如果举讼方就判决产生既判力的时间点之前存在的任一事项，对具有既判力的判决提出争议，进而反复多次提起诉讼，是不被允许的；如果既判力基准时以后法律关系发生了新的变化，产生了新的自然事实，举讼方以此提起诉讼，则是被允许的，[3]不受既判力时间界限的影响。

目前，我国行政诉讼法学界对行政诉讼判决既判力基准点的研究，通过整理总结现有文献资料，主要存在以下三种认识：

1. 事实审的法庭辩论终结时说

该学说的产生与发展一脉相承于民事诉讼领域中的既判力基准点理论，认为在事实审的口头辩论终结之前，诉讼双方当事人可以提出与案件相关的事实理由进行辩论，最终法院也必须在法庭辩论终结前原、被告所有提出的资料的基础之上作出判决，确定当事人之间的实体法律关系状态，既判力自始产生。但是，行政诉讼与民事诉讼并非完全一样，两者的性质、程序特征等都存在较大差异。这种行政诉讼既判力基准点的判断标准完全参照民事诉讼的做法和观点，随着实践的检验和理论的发展，如今已经招致了不少质疑之声。

2. 行政判决作出时说

在对事实审的法庭辩论终结时说的有效性产生怀疑后，行政诉讼法学界提出要摆脱民事诉讼法有关理论的影响，结合行政诉讼自身的特点进行理论的创新与尝试。在此背景下，有的学者提出行政判决既判力的基准时应以

---

[1] 参见邓辉辉：《既判力理论研究》，中国政法大学出版社2005年版，第195页。

[2] 参见张兰芳、邓继好："既判力的基准时与重复起诉的识别"，载《山西大同大学学报（社会科学版）》2016年第1期。

[3] 参见 [日] 兼子一、竹下守夫：《民事诉讼法》，白绿铉译，法律出版社1995年版，第159页。

"判决作出之时"为准。[1]然而,这种说法如果放置于司法实践的检验中,也会表露出一定的弊端。比如,"判决作出之时"中的"判决"应该作何定义,是一般的判决即可,还是确定的终审判决。如果是终审判决,那么在实行"三审终审"的国家和地区,确定的终审判决往往是由第三审法院作出。然而,第三审法院一般只会进行法律审而非事实审,按照既判力基准时的定义,关于事实的辩论和判断必不可少。所以,第三审无法满足这个构成要件,此时既判力的基准时如何确定便成了棘手的问题。

3. 具体行政行为生效时说

就目前我国的实际情况来说,具体行政行为生效时说是我国众多从事行政诉讼法学领域研究的学者们普遍认可的关于既判力基准点判断标准的观点。首先,根据最高人民法院行政诉讼司法解释的有关规定可以得出,我国行政诉讼判决既判力的基准时应当是具体行政行为生效时这一结论。[2]另外,由于我国行政诉讼活动中法院主要是对被诉的具体行政行为违法与否作出判断,而法院作出判决所依据的证据一般是由被告方行政机关所举证的实施具体行政行为时在行政案卷中记录的证据,所以,行政判决的既判力时间范围应被认定在具体行政行为生效之时。[3]

(三) 小结

随着社会的不断发展,行政机关与行政相对人之间的冲突与矛盾可能并不只是由具体行政行为引发的,抽象行政行为也开始受到关注和监督。这种现象投射到行政诉讼领域,主要表现为诉讼类型在逐渐走向多元化。在这种情况下,原有的以具体行政行为生效之时为行政判决既判力基准点的理论学说已经无法涵盖全部的行政诉讼活动。所以,有关行政判决既判力基准点的理论观点也要有所更新。笔者认为,可以根据行政诉讼的种类具体划分每个诉讼类型既判力的基准点,比如行政撤销诉讼可以按照具体行政行为生效时来确立其判决生效的基准时;行政给付诉讼由于法院审判的重点不仅在于审查行政主体不作为行为的违法性与不合理性,还需要关注行政相对人有无请求行政主体作出相应行政行为的权利,与民事诉讼有一定的相似性,因而可

---

[1] 参见李金勇、吕成:"论行政判决的既判力——兼与民事判决既判力比较",载《南华大学学报(社会科学版)》2005年第6期。

[2] 参见杨建顺:"论行政诉讼判决的既判力",载《中国人民大学学报》2005年第5期。

[3] 参见向忠诚:"论行政判决既判力的效力范围",载《政法论丛》2008年第1期。

以选择以事实审法庭辩论终结时说作为既判力基准点的判断标准。[1]在本案中，侯某于2015年和2017年提起的行政诉讼属于行政给付诉讼，海门市住建局未在法定期间内对行政相对人的申请予以核查处理，构成了行政不作为，作为行政相对人的侯某有权利请求海门市住建局行政作为。既然2015年南通市港闸区人民法院对侯某的诉讼请求已经作出了行政判决，并且由于此后2年内并无新的自然事实发生，那么，2015年第一次行政诉讼事实审法庭辩论终结时形成的既判力当然地延伸至2017年。

结　语

2015年6月5日，侯某第一次向江苏省南通市港闸区人民法院提起了请求为法院责令海门市住建局拆除业务楼及其周围违章建筑的行政诉讼。法院在审理查明事实后，作出了责令海门市住建局对侯某先前递交的要求拆除案涉业务楼及周围违章建筑的申请予以核查处理的生效判决。但是，此后近2年的时间内，侯某始终未等到期盼的结果。于是，侯某于2017年再次向江苏省如皋市人民法院提起行政诉讼，诉讼请求内容与2015年相同，要求海门市住建局拆除业务楼及其周围违章建筑。

首先，从诉讼标的方面来看，本案中侯某先后两次向人民法院提出的行政诉讼的诉讼标的都是基于要求海门市住建局拆除业务楼及其周围违章建筑的实体请求权而提出的，也就是说，侯某前后两诉对被告方海门市住建局主张的实体权利相同。此外，两次行政诉讼的程序标的也都指向了被诉行政机关拖延履行行政义务的违法性。尽管2017年海门市住建局曾对侯某国、侯某父子作出了《答复意见书》，但是按照有关法律规定，该信访意见并不具备可诉性，因为其主要是对申诉咨询内容作出的明确说明，是一种告知行为；而且住建局对案涉业务楼作出的要求三厂街道第三产业办公室补办业务楼规划许可手续的《催告通知书》也更多地被认定为是行政机关在作出行政行为之前作出的准备行为。也就是说，自2015年南通市港闸区人民法院行政判决之后，海门市住建局的两次行为都属于对相对人权利义务不产生实际影响的行为，根据《行政诉讼法》及其司法解释，二者皆不可诉。所以，可以认为，被诉行政机关海门市住建局自前诉判决生效以来没有采取任何具体行政行为，

---

[1] 参见汪汉斌："行政判决既判力研究"，南京师范大学2008年博士学位论文。

未能在法定期限内履行应当履行的有关职责。所以，侯某对海门市住建局前后提起的两次行政诉讼的诉讼标的（包括程序标的和狭义上的诉讼标的）可以被认定为是相同的。

其次，侯某两次行政诉讼在诉讼类型划分上均属于行政给付之诉。根据既判力理论原则，判决效力应以事实审法庭辩论终结之时为基准时开始产生，在该时间点所确定的权利义务状态对后诉存在拘束力，后诉除非是涉及实体法律关系的新变化，否则是不能再就前诉已经判断的事项加以重复评价的。从2015年港闸区人民法院作出责令海门市住建局对侯某的申请作出核查处理的判决，到2017年相似判决的再次出现的一年多的时间内，尽管案涉业务大楼已经被拆除了一部分，但是拆除行为并非是由海门市住建局作出的，事实上海门市住建局也没有作出任何与行政相对人有关的新具体行政行为，没有发生新的自然事实，两者间的权利义务状态并未发生改变。所以，后诉理应继续受到前诉既判力的影响与约束，而后诉法院不应违反禁止重复评价原则，使海门市住建局因实际意义上的同一违法行为承担两次相同的责任。

综上所述，江苏省南通市中级人民法院认为侯某两诉海门市住建局案属于重复起诉的最终裁决是有其法理依据的。侯某在面对海门市住建局不履行执行法院作出的生效判决的行为时，最好的解决办法应该是根据《最高人民法院关于执行〈中华人民共和国行政诉讼法〉若干问题的解释》第83条的有关规定，依法申请人民法院强制执行，而不是采用再次启动诉讼程序的方式。

点　评

一个完整的诉，需要满足当事人适格、诉讼请求明确、诉讼标的等多个条件，其中诉讼当事人、诉讼标的、诉讼请求是判断是否"同一诉"的主要标准。显然，第一次与第二次诉讼彼此独立，第二次与第三次诉讼为重复之诉。此外，本案侯某的重复起诉行为事出有因，法院和行政机关所作出的决定有避免案涉违法建筑被拆除之嫌。在法院通过"判决一"撤销规划许可证后，住建局不但未拆除违建，反而催告补充办理许可手续，意图使违法行为合法化。在第二次起诉中，法院则回避了原告的诉讼请求，让住建局自行核查处理。

（点评人：武汉大学法学院　江国华教授）

立法解读

论虚假诉讼罪的规制

王雨亭*

内容提要：2018年9月26日，《最高人民法院、最高人民检察院关于办理虚假诉讼刑事案件适用法律若干问题的解释》出台，其细化了《刑法修正法案（九）》关于虚假诉讼的条文，进一步阐释了虚假诉讼罪的构成、既遂标准、相关程序等。虚假诉讼罪的受案范围、犯罪主体、保护法益、既遂标准、程序设计等几个基本问题需要重新进行审视与思考。另外，刑法的谦抑性与现实必要性之间需要进行协调，刑事追诉权进入民事裁判权应具有正当性。

关键词：虚假诉讼 受案范围 犯罪构成 既遂标准 程序设计

2003年后，虚假诉讼逐渐出现在人们的视野中，河南、浙江、黑龙江等地摸索着出台了相关地方立法。其后，2012年《民事诉讼法》进行修改，在基本原则中加入了诚实信用原则，并在制度设置中增添了第三人撤销之诉，于第112、113条对诉讼行为进行了规制[1]，虚假诉讼至此被首次纳入全国性立法。2015年立案登记制全面取代立案审核制，在"立案难"情况被打破的同时虚假诉讼显现出频发、高发的趋势。针对这样的社会背景，2015年11月，《刑法修正案（九）》正式实施，虚假诉讼罪入刑。2016年6月《最高人民法院关于防范和制裁虚假诉讼的指导意见》的出台标志着我国构建起虚假诉讼的多角度全方位制裁体系。2018年9月26日，《最高人民法院、最高

---

* 王雨亭，武汉大学法学院2018级宪法学与行政法学硕士研究生。

[1] 洪冬英："论虚假诉讼的厘定与规制——兼谈规制虚假诉讼的刑民事程序协调"，载《法学》2016年第11期。

人民检察院关于办理虚假诉讼刑事案件适用法律若干问题的解释》(以下简称《解释》),并于2018年10月1日起施行。

《解释》主要是对《刑法修正案(九)》的进一步阐释,试图厘清"虚假诉讼罪"的构成、既遂标准、与相关犯罪概念之间的关系、相关程序等,现笔者试对《解释》中的几个主要问题进行分析。

一、虚假诉讼罪的受案范围

《刑法》条文宽泛地规定了"以捏造的事实提起民事诉讼"的案件认定范围,其在司法实践中遭遇了应用困境。学者们对于"捏造"的行为方式、"捏造"的程度等各有不同的看法。《解释》第1条明确列明"捏造"的方式是采取伪造证据、虚假陈述等手段,同时列举了7种常见的典型虚假诉讼行为。对虚假诉讼行为的列举,暗含着对"捏造"程度的界定,实践中争议最大的虚构债务案件,虚增金额需要多的认识大的疑惑被解开,《解释》使得我们能对"捏造"这个关键词的定性具有更为清晰的认识。

沈德咏认为,"捏造"是无中生有、凭空编造。[1]如果纠纷客观存在,只是对部分事实、证据作隐瞒或者虚构,或者滥用诉权、漫天要价的,都不是捏造,不能构成本罪。而张明楷教授认为捏造的事实是作为诉讼标的的法律关系发生、变更或者消灭的事实。只要事实是真实的,即使理由是虚假的也不构成本罪,自己捏造事实,利用他人捏造事实都可以构成本罪。"捏造的事实"既包括捏造全部虚假事实(即虚构民事法律关系),也包括在客观存在民事纠纷的情况下捏造部分虚假事实。张明楷教授认为,对于行为人所提起的"部分篡改的虚假诉讼",法官反而可能更难查明真相,对司法秩序的破坏会更严重。其次,行为人"部分篡改"的如果是重要事实或关键事实,对裁判结论产生的影响与"全盘捏造"可能是完全相同的。我们区分部分捏造和全部捏造的前提是认为部分捏造对他人的合法权益的侵害程度较低,但这是一个凭空得出的推论,缺乏合理依据。张明楷教授认为,捏造的部分事实只要能够足以影响到公正裁决,就应该属于捏造的事实。[2]两种观点从表面上看争议之处在于"部分捏造"算不算捏造,但实际上两者是具有内在一致性

---

〔1〕 最高人民法院修改后民事诉讼法贯彻实施工作领导小组编著,沈德咏主编:《最高人民法院民事诉讼法司法解释理解与适用》(下),人民法院出版社2015年版,第939~940页。

〔2〕 张明楷:"虚假诉讼罪的基本问题",载《法学》2017年第1期。

的，张明楷教授认为的"部分捏造"指的是足以影响公正裁决的部分捏造，这与沈德咏提到的漫天要价、滥用诉权的"部分捏造"的内涵是明显不同的。张明楷教授的观点不能被误读为捏造任何事实都是虚假诉讼罪中的"捏造"。

针对实践中债务问题多发的考虑，《解释》第1条第2款提到了"隐瞒债务已经全部清偿"的事实的情形。这意味着只有当行为人"隐瞒债务已经全部清偿"的事实时，才构成本罪，行为人如若隐瞒被告已偿还部分金额，仍要求起诉归还全部债务则不追究刑事责任。因为只有当"隐瞒债务已经全部清偿"时，被诉的法律关系才是真正不存在的。从这款规定我们可以读出，只有当"捏造的事实"实际上影响到了法律关系产生、变更与消灭时，才可认定为虚假诉讼罪，笔者认为这并不等同于肯定了"捏造的事实"必须是全部的事实。其目的实际上在于与实践中民事诉讼当事人惯用的夸大行为进行区分。

从第1条第2款我们可以看到，《解释》实际上肯定了"隐瞒真相"也可构成虚假诉讼的行为方式。结合第1条第1款"伪造证据、虚假陈述"的手段列举，我们可以得知，虚假诉讼的行为可以是作为也可以是不作为，隐瞒真相后提起诉讼也可以构成虚假诉讼。

《解释》第1条第3款是对虚假诉讼范围的阐释。《刑法》仅用"民事诉讼"一词，在这里明确执行过程中涉及的虚假仲裁裁决、公证、执行异议等均被纳入本罪的调整范畴。从学理上分析，民事诉讼程序本身就包括执行程序，执行申请书有虚假事实时应当认定为虚假民事诉讼。

笔者在这里还想讨论确认程序是否可以被纳入虚假诉讼罪规制的范围。司法确认程序在立法体例中不属于民事诉讼的范畴，为非讼程序。司法确认的启动和执行申请取决于当事人的合意，与诉讼两造对抗的情形有明显不同。但笔者关注到，确认程序的非讼性恰好迎合了虚假诉讼，即当事人合意很可能沦为当事人串通的渠道。[1] 由此，笔者认为，司法确认程序可以参照民事诉讼受虚假诉讼罪的调整。

我们可以看到，《解释》第1条细化了"捏造的事实"的认定范围，通过列举的方式明晰了捏造事实的表现方式，结合该条第2款可以对虚假诉讼罪中"捏造"的程度有一个大致的感知。但同时，《解释》的条文规定仍有不

---

[1] 刘君博："论虚假诉讼的规范性质与程序架构"，载《当代法学》2019年第4期。

足。《解释》仅举例了"隐瞒债务"的情形，没有对整体的"捏造"界限作出概括性规定，容易引起实务中认定上的混乱。

二、虚假诉讼罪的犯罪主体

虚假诉讼罪的犯罪主体在《刑法修正案（九）》颁布实施后也引起了一定的讨论。学界主要针对"是否需要诉讼参与人串通"和"审判人员是否可入此罪"两个问题展开分析。有学者认为，虚假诉讼罪应当限定于诉讼参与人恶意串通的情形。这是因为两造的对抗性是民事诉讼的根本属性与核心特征，当事人没有恶意串通时两造对抗的情形并没有被打破。持这样观点的学者认为，当两者不串通时，法官不易"上当"，同时，后续的二审、审判监督、执行异议程序能够实现当事人权利的充分救济。民事诉讼中当事人"夸大其词""漫天要价"本来就属于惯用伎俩，这往往是出于当事人趋利避害的本能反应，如果不将虚假诉讼罪的适用仅局限于恶意串通的情形便容易造成混淆，会严重危害到刑法的谦抑性，不利于对公民权利的保障。

至于对审判人员能否作为本罪的犯罪主体，反对的学者认为，司法背离中立性，成为破坏司法秩序的同谋者的行为显然比当事人之间的串通行为更为恶劣，与当事人间的串通的性质存在本质不同，不应通过虚假诉讼罪进行约束。

以上两种观点均将虚假诉讼罪的主体限于提起虚假诉讼、捏造虚假事实的诉讼参与人（考虑双方恶意串通的情形，此处的参与人不限于提起虚假诉讼的原告）。《解释》列举的7种具体捏造行为中，第1、2、3、4、5、6、7项均为恶意串通的情形，但第4、5项则并非双方恶意串通的情况。由此可见，《解释》并未采纳虚假诉讼罪中必须双方恶意串通的说法。

《解释》第5条规定了司法工作人员利用职权的情形，将司法工作人员的违法犯罪行为纳入了本罪的调整范畴内。司法工作人员这个特殊身份是从重处罚的依据。当司法工作人员的行为同时触犯"滥用职权罪、民事枉法裁判罪、执行判决、裁定滥用职权罪"等犯罪时，想象竞合择一重罪论处。

笔者认为，《解释》的规定是符合逻辑与现实的。一方虚假诉讼比起双方恶意诉讼的危害小的观点是不成立的。单方的虚假诉讼也可能造成严重的后果。例如，一方通过捏造事实，伪造大量证据，提起虚假诉讼，造成另一方措手不及，难以拿出证据来洗脱根本莫须有的罪名。反观双方恶意串通时，两方已经提前"对词",诉讼过程往往非常流畅。有经验的法官常常会发现其中"暗藏玄机",再对证据进行针对性排查,质问双方当事人,谣言反倒易于击破。一方虚假诉讼与双方恶意串通的危害性在个案中有不同的表现,不能概而论之,简单比较的结论是缺乏科学性与合理性的。

同时,将司法工作人员纳入规制范围内也是确有必要的。虚假诉讼现象与法院审理中的自认规则、调解结案偏好脱不开干系。[1]司法工作人员参与到虚假诉讼中,国家公权力与私权利相勾结,其性质的确更为恶劣,但其是符合"虚假诉讼罪"的构成与特征的,不能为了区分"诉讼参与人"及"司法工作人员"就将司法工作人员排除在外。司法工作人员参与虚假诉讼严重危害了司法的纯洁性,因此将其作为量刑的从重情节加以考虑是合理的。

三、虚假诉讼罪保护的法益

《刑法修正案(九)》首次提出了虚假诉讼罪所保护的法益,具体体现在《刑法》第 307 条之一中,即"妨害司法秩序或者严重侵害他人合法权益"。依据《刑法》条文,本罪保护的客体是复杂客体,且表现为选择客体的形式。《解释》第 2 条再度明晰了此观点。

"或者"的表述意味着"司法秩序"与"他人合法权益"在本罪的犯罪构成中处于同等地位。有些学者认为的虚假诉讼罪保护的主要是"他人合法权益"的观点是错误的。这个观点可以从两个角度予以辩驳:一方面,笔者关注到虚假诉讼罪被放入了刑法分则"妨害司法罪"篇章,这是暗藏深意的。首先,从背景上来看,虚假诉讼罪入刑正是由于实务中虚假诉讼频发,严重破坏司法秩序,浪费司法资源。其次,相比于第三人的合法权益,作为公法的刑法优先保护司法程序运转的基础——良好的司法秩序。[2]这个观点来源于贝卡里亚的"罪刑阶梯"思想,犯罪所侵犯的客体(即法益)是不同的,犯罪可以被分为侵害公共利益的公罪和侵害私人利益的私罪,或者可表述为侵害国家法益的犯罪、社会法益的犯罪和个人法益的犯罪。虽然"虚假诉讼罪"同时涉及公共利益和私人利益,但根据罪刑阶梯理论,国家利益处于更为上层的地位。最后,虚假诉讼侵害他人的合法权益时,既可能是财产权利,

---

[1] 蓝寿荣:"民间借贷虚假诉讼的逆向选择与司法应对",载《政法论丛》2019 年第 1 期。
[2] 武晓红、武少安:"也论虚假诉讼的刑法规制——兼析《刑法修正案(九)》第三十五条",载《兰州大学学报(社会科学版)》2016 年第 5 期。

也可能是人身权益，放入分则的其他分章也显得不合适。

另一方面，"侵犯司法秩序"与"侵害他人合法权益"之间的关系也值得探讨。[1] 虚假诉讼在侵害他人合法权益的同时，往往也会侵犯司法秩序，这是因为司法秩序本身包含着保护他人合法权益不受侵害的意思。与此同时，侵犯司法秩序不一定会侵害他人利益，例如，实践中针对某些不合理规定的"应对措施"。如独生子女继承死亡父母遗产时，仅仅是知道父母在银行有存款，但没有任何的凭证，银行往往会拒绝提供查询。这时候，继承人会找来亲戚"演绎"一场诉讼，目的是诉至法院让法院调查取证，在这个过程中能够向银行查询存款信息。[2] 这样的案子里常常没有第三人的合法权益受到侵害，但确实造成了审判权被不正当地利用，浪费了司法资源。如果司法秩序不能独立成立"虚假诉讼罪"所保护的客体，那么这些虚假诉讼就无法被纳入规制范畴。

四、虚假诉讼罪中的既遂标准

《刑法修正案（九）》出台后学者们对于虚假诉讼罪的既遂标准展开了讨论。其中，以张明楷为代表的学者认为，虚假诉讼罪对于"妨害司法秩序"来说，是行为犯；对于"侵害他人利益"来说，是结果犯。这是因为司法秩序的核心在于司法的纯洁性，而虚假诉讼一旦以捏造的事实向法院提起了民事诉讼，就侵害了司法过程的纯洁性，就已经妨害了司法秩序。法院受理、审理前准备、开庭审理等都是民事诉讼的必要环节，都是司法秩序，[3] 诉讼一旦提起犯罪就已经既遂。而当法官"识破"虚假诉讼时，他人的权益是不会被侵害的，因此对于他人的权益来说，只有出现了确定的判决，虚假诉讼罪才既遂。于海生也认为，行为人只要向法院提起恶意诉讼，就对司法秩序进行了破坏。如果法官受到虚假证据的影响作出了错误的判决，则该结果只能作为结果加重情节对行为人加重处罚。[4]

---

[1] 苏永生："虚假诉讼罪的'严重侵害他人合法权益'——从定罪条件到注意规定"，载《法学杂志》2019 年第 7 期。

[2] 洪冬英："论虚假诉讼的厘定与规制——兼谈规制虚假诉讼的刑民事程序协调"，载《法学》2016 年第 11 期。

[3] 张明楷："虚假诉讼罪的基本问题"，载《法学》2017 年第 1 期。

[4] 于海生："论诉讼欺诈行为的刑法评价——以《刑法修正案（九）（草案）》第 33 条为研究视角"，载《学术交流》2015 年第 9 期。

而以沈德咏为代表的学者认为，虚假诉讼罪是结果犯。他认为"妨害司法程序"指的是造成了司法机关多次审理，调查取证，甚至导致错误判决，实际上浪费了大量司法资源、降低了司法公信力的情况，[1]与他持相同观点的杨兴培、田冉认为既遂标准是诉讼欺诈行为严重妨害了司法秩序以及诉讼欺诈行为严重损害了他人的合法权益。[2]他们的观点让虚假诉讼罪保护的法益在前后严重程度上形成了一种相似性。

对此，《解释》第2条给予了回应，明确了本罪的既遂标准，确定虚假诉讼罪为结果犯，包括"财产保全、开庭审理、判决执行、多次捏造、同类前科"等情形。

笔者认为，《解释》的处理是看到了"虚假诉讼"与"虚假诉讼罪"的界限。虚假诉讼原本是通过民事诉讼法规定的，当事人承担的是民事责任，而虚假诉讼罪要求入罪当事人承担刑事责任，刑法需要有其谦抑性，我们不应该扩大虚假诉讼罪的范围，要让"上帝的归上帝，恺撒的归恺撒"。只有当违法行为无法通过别的手段有效惩处时，才有刑法介入的必要性。

虚假诉讼首先出现在民事诉讼中，对于不构成虚假诉讼罪的行为，我们力求通过民事诉讼的手段来充分救济。民事诉讼属于公法，其立法的第一目的是维护法律秩序，其次是权利保护和纠纷解决，民事诉讼需要处理好诉权和审判权的关系，维护法律秩序。民事诉讼当中已为救济虚假诉讼设计了第三人撤销之诉、案外人执行异议之诉、案外人申请再审等制度，在诉讼过程中法院还可以采取强制措施，通过以上制度及措施能够对当事人形成较为有力的民事权益保护屏障。当涉及虚假诉讼罪时，虚假诉讼行为就同时处在民事诉讼和刑事诉讼两个程序中，实际上是公权力的追诉权进入民事审判，两者是有一定冲突的。当虚假诉讼不至入罪时，通过民事诉讼解决问题是更为科学、合理的方式。

五、虚假诉讼罪中的程序设计

《解释》第10条规定了虚假诉讼刑事案件的管辖法院，这是《解释》的

---

[1] 最高人民法院修改后民事诉讼法贯彻实施工作领导小组编著，沈德咏主编：《最高人民法院民事诉讼法司法解释理解与适用》（下），人民法院出版社2015年版，第939~940页。

[2] 杨兴培、田冉："诉讼欺诈按诈骗罪论处是非探讨——兼论《刑法修正案（九）》之诉讼欺诈罪"，载《法治研究》2015年第6期。

一大亮点,通过程序设计解决实践中的一大难题。上文已提到虚假诉讼罪入刑实际上是公权力介入民事审判中,其中暗含着两层法律关系:第一层次是私主体之间的权利义务关系;第二层次是公权力与公民权利之间的关系。在《解释》出现之前,司法实践中出现了民事案件与刑事案件关系紧张的问题。民事案件的被告在当地控告原告涉嫌虚假诉讼,当地的司法机关受理后直接强制介入民事案件,民事案件实际上被置于一个进退两难的尴尬位置,有时这甚至会导致民事案件无法继续审理。实践中甚至出现了当事人在民事法庭上被被告所在地的公安机关当场带走的情况。在这个环节中,地方保护主义势力容易介入,当事人的权利得不到充分保障。《解释》将虚假诉讼罪的管辖法院原则上确定为虚假诉讼案件的受理法院所在地人民法院。

《解释》出台之前,为了应对这个问题,有学者提出虚假诉讼的追诉机关应为检察机关而不是公安机关,在此时剥离公安机关的权力有利于防止公安机关僭越司法审判权。学者提出此观点的出发点在于检察机关的审判监督职能,对民事错案进行追究本身就是其职能之一。

很显然,《解释》并没有采用这样的观点,而是对受理法院进行了技术性处理,笔者认为这是比较合理的。审判监督权确实是检察院的重要职能之一,但我们应辨别此时并非审判监督适用的一般情形。第一,审判监督往往适用于已有的生效的错误判决,是一种事后救济。而虚假诉讼被案件提起时,民事案件经常还在进行之中,这与审判监督程序是截然不同的。第二,审判监督程序是对原本生效的判决提出抗诉,进入的是再审程序。涉虚假诉讼的刑事案件与原本的民事法律关系实际上属于两个案子,虽两者之间存在紧密的联系但明显不同于审判监督程序涉及的前后案件(实际上是同一案)的关系。

《解释》没有对刑事追诉权的介入方式、介入时间进行规定,但细化这一点是非常重要的。[1]追诉权的介入能够打击虚假诉讼,但如果没有处理好介入的时机,可能会破坏司法的公信力、司法的独立性,甚至会直接造成法庭的难堪。笔者建议,虚假诉讼的启动可以分情况考虑:第一,民事裁判法官可随时启动。此时不存在司法公信力被破坏的可能性,"随时"启动有利于高效纠错。法官可以中止民事诉讼或中止执行,转为刑事诉讼。此时,公安机关不该贸然介入,以防止危害司法的独立性,产生妨碍司法的可能性。当确

---

[1] 牛颖秀:"民事虚假诉讼识别的二元控制模式研究",载《北京社会科学》2019年第1期。

实存在虚假诉讼的可能性时，可考虑引入权利保护制度等方式防止损失的扩大。第二，当已经产生生效的判决时，可由公安机关介入，主动启动侦查程序。

余　论

虚假诉讼行为受规制的方式是随着社会的发展而不断演进的。虚假诉讼罪入刑实质上是刑事追诉权进入民事裁判权的表现。其何时介入、如何介入、介入程度如何均需经过仔细衡量才能够处理好民事救济与刑事救济两者的关系。在思考两者的界限时，我们首先要讨论刑事追诉权介入的合理性。

虚假诉讼罪入刑的现实背景是民事诉讼手段的"失调"。我国在民事诉讼中规定了虚假诉讼的规制手段及相应制度，但在实践中缺乏实质性效果，民事诉讼的各项手段显现疲态。刑事规制的手段至此被引入似乎是一种"不得不"的手段。正如朱苏力教授曾言："我国目前处在制度改革、经济体制有序改革的时期，这种时期的法律规避显现的增多不可避免……更重要的是这是一种创新的重要途径。"[1]虚假诉讼罪刑事立法在这样的环境下出现确实是有创新意义的，也显现出了必要性。但同时，刑法应该具有谦抑性。陈兴良教授认为："刑法的谦抑性是指立法者应当力求以最小的支出——少用甚至不用刑罚（而用其他刑罚替代措施），获取最大的社会效益——有效地预防和控制犯罪。"[2]刑法的谦抑性与现实必要性间需要进行协调。

刑法与社会问题的解决之间的关系是复杂的。第一，刑法作用的范围的扩大，自然会降低削减其他规范的有效性。第二，刑法立竿见影的快速处理问题的效果往往会掩盖浅层次问题，让深层次问题不断发酵。第三，刑法代表着国家公权力，公权力有膨胀的风险，缺乏有效的防范机制。虚假诉讼罪入刑，必然会大大打击虚假诉讼行为，但如果不界分清楚虚假诉讼与虚假诉讼罪的界限，实际上会把民事诉讼解决虚假诉讼行为的机制搁置，积极运用刑法的背后必然是对其他手段的忽视。虚假诉讼罪如果被放大，当事人一些本能的反应也会轻易被划进"犯罪行为"。

《解释》对于笔者的疑虑尝试作出了某种回应，例如在第1条的第1款明确列举了捏造的方式，第2款把隐瞒债务部分偿还的情形排除在虚假诉讼之

---

[1]　朱苏力：《法治及其本土资源》，中国政法大学出版社1996年版，第61页。
[2]　陈兴良：《刑法的价值构造》，中国人民大学出版社2006年版，第292~337页。

外。第2条对"妨害司法秩序或严重侵害他人合法权益"的情形进行列举，第6项虽为兜底条款，但也应该具备与前5项相似的程度，明确了本罪的既遂标准，防止把所有虚假诉讼行为都囊括进来。第3条规定了确定的量刑标准，本罪的量刑在《刑法》中区分为三年以下有期徒刑、拘役或者管制以及三年以上七年以下有期徒刑。第3条确立后，量刑标准中自由裁量的范围被限缩，在一定程度上保护了当事人的利益。第9条对虚假诉讼中行为人系初犯的情形进行规定，行为人具结悔过、积极退赃、退赔的，可以认定为犯罪情节轻微，不起诉或者免予刑事处罚，在一定程度上缩小了打击面。但是《解释》对于虚假诉讼和虚假诉讼罪的区分仍然是不明确的，列举式的立法技巧不能囊括实践中复杂的情形。实践中要求法官拥有丰富的经验，正确理解《解释》各条中的兜底条款。

刑法条文若因事而出，则会显示出碎片化的特点，缺乏整体的制度设计与考量，这与刑法的价值是冲突的，其是否符合刑法立法本意也是有待探讨的。

点　评

该司法解释与刑法领域密切相关，而学科间的知识是相互融通和交叉的，要跨越传统部门法界限，到部门法中找问题、找研究的立足点；从问题中找知识，从问题中找书本。在所有的部门法中，刑法与宪法的关系最为密切。宪法列举了很多基本权利，而刑法可以剥夺这些权利，再由刑事诉讼法规定如何剥夺，那么自然要考量刑法和刑诉法的正当性，即是否能剥夺以及如何去剥夺这些权利，否则宪法列举的权利将形同虚设。因此，我们要依靠宪法为刑法设置某种界限。对刑法而言，如何正当地行使刑与法之权力，其正当性的标准也来源于宪法。

（点评人：武汉大学法学院　江国华教授）

刑事缺席审判制度的设立动机、性质及其救济制度

何敏菊[*]

内容提要： 2018年《监察法》出台，在国家监察体制在国家宪法和法律层面上正式确立的大背景下，如何进一步完善国家监察体制以完善反腐败机制成了关键所在。新《刑事诉讼法》增加了缺席审判制度，与《联合国反腐败公约》以及《监察法》相衔接，使国际反腐败法律制度链条形成了闭合。缺席审判制度的建立对基本人权有一定的减损，但制度的构建须有正当性。正当性在于效率与公正存在契合性，在特定情况下允许"效率侧重"的例外。但例外不能成为常态，缺席审判制度除具有普通程序的特性外，也具有严格适用的法定情形。为增强和补充缺席审判制度的正当性，缺席审判制度的救济制度是不可或缺的，主要包括知情权制度、强制辩护制度以及重新审理制度。

关键词： 缺席审判制度　设立动机　正当性　救济制度

引　言

新《刑事诉讼法》增加了缺席审判制度，是将深化国家监察体制改革的实践成果法治化和完善反腐败国际合作法律机制的体现，与2003年签署的《联合国腐败公约》、2018年新修改的《宪法》、新制定的《监察法》和《国际刑事司法协助法》等构成了一套完整的反腐败国际合作法律机制。《联合国反腐败公约》的签订是我国反腐败国际合作立法的肇始。该公约要求各缔约方应对贪污贿赂犯罪等进行相应的制裁，缺席审判制度则是对潜逃的犯罪嫌

---

[*] 何敏菊，武汉大学法学院2017级宪法学与行政法学硕士研究生。

疑人、被告人定罪制裁的有力制度措施。自此，学术界对缺席审判制度的研究逐渐增多。2012年修订的《刑事诉讼法》规定了犯罪嫌疑人、被告人逃匿、死亡案件违法所得的没收程序，并于2017年出台司法解释。该程序的设置，完善了我国的相关立法，对于依法惩治贪污贿赂犯罪，及时处置犯罪嫌疑人、被告人逃匿或死亡案件的涉案财产具有积极意义，[1]也为缺席审判制度的建立提供了实践经验。为了进一步打击贪污贿赂犯罪活动的逃匿行为，缺席审判制度应运而生。本文拟从缺席审判制度的设立动机、性质以及其救济制度论证其设立的正当性，以便夯实该制度构建的理论基础。

一、刑事缺席审判制度的设立动机

在完善国家监察体制的大背景下，我国设立刑事缺席审判制度的重要动机是形成国际反腐败法律制度链条的闭合，堵住反腐败国际追逃制度的最后一个漏洞，从而使得我国国内的反腐败机制得以完善，进而有力地打击贪污腐败犯罪和外逃贪官。这与我国《刑事诉讼法》的基本价值目标——惩罚犯罪——相契合。当然其制度的设计应体现人权保障的理念。

从时间的维度出发，国际反腐败法律制度主要分为事前预防腐败制度与事后惩罚腐败制度。一方面，在事前预防腐败上，《宪法》增设了监察委员会这一新的国家机构，为《监察法》的制定提供了宪法依据；《监察法》以专章形式规定了国际反腐败国际合作，要求国家监察委员会对于重大贪污贿赂、失职渎职等职务犯罪案件开展境外追逃合作；原先反预防腐败局的职责并入了监察委员会，由监察委员会统一进行预防腐败的工作。总而言之，事前的反腐败法律制度链条闭合已形成。另一方面，在事后惩罚腐败法律制度上，我国仅存在被告人不到庭无法审判这一反腐漏洞，而缺席审判制度恰恰把这最后一个漏洞堵住了。事后惩罚腐败法律制度主要包括检举、逮捕、定罪、惩罚与执行等环节，经由监察委员会、检察机关与法院具体实施。但是，当腐败犯罪人员逃往国外时，国际追逃追赃成了一大难题。境外追逃主要包括引渡、非法移民遣返、异地追诉和劝返四种措施。例如，引渡是以双边引渡条约和双方引渡法为前提；非法移民遣返是以犯罪嫌疑人所在地国的移民法

---

[1] 钱文杰："我国刑事司法中的缺席审判——基于刑事诉讼特别没收程序的观察与思考"，载《河北法学》2018年第4期。

为基础；异地追诉则是以犯罪嫌疑人所在地国的刑事法律为基础。[1]反腐败国际合作仍存在一系列的法律障碍：一是我国与犯罪嫌疑人所在国无密切的引渡或遣返的关系，例如双方并无引渡或遣返的条约或协定；二是犯罪嫌疑人可能会利用其所在国的法律条件对抗引渡或遣返的行动，例如犯罪嫌疑人所在国的刑事法律并不支持异地追诉。在这些情况下，由于犯罪嫌疑人的罪犯身份尚未确定，犯罪嫌疑人所在国可能拒绝我国引渡或遣返的请求，从而使犯罪分子逃脱司法审判。

习近平总书记在十九大报告中指出，不管腐败分子逃到哪里，都要缉拿归案、绳之以法。确立缺席审判制度对于反腐败国际合作的主要意义体现在：第一，确认罪犯身份，其意义可分解为四点：一是有利于对罪犯的财物进行追缴或没收，有利于社会公众利益的维护；二是为被害人的下一步维权（如提起附带民事诉讼）提供保障[2]；三是能够更好地运用引渡、非法移民遣返、异地追诉等措施进行追逃，在一定程度上扫除反腐败国际合作的法律障碍；四是倒逼罪犯回国服罪。罪犯身份一旦得以确定，判决生效后即交付执行，司法机关将通过一系列的国际合作以及司法协助的措施影响罪犯在国外的生活，从而使其认识到逃避已无济于事，回国服罪才是唯一的救赎。第二，与《联合国反腐败公约》相衔接。《联合国反腐败公约》第57条第3款规定，对于该公约所涵盖的腐败犯罪所得的财产，被请求国在对相关财产予以没收后，应基于请求缔约国的生效判决，才能将没收的财产返还请求缔约方。[3]因此，确立刑事缺席审判制度，可以避免因缺少生效判决而无法向他国申请引渡、没收财产等刑罚措施的尴尬境地，堵住了反腐败国际合作制度的最后一个漏洞，是完善国家反腐败机制的一大制度举措。第三，与《监察法》相衔接。我国《监察法》第52条第1款规定，对于重大贪污贿赂、失职渎职等职务犯罪案件，被调查人逃匿到国（境）外、掌握证据比较确凿的，通过开展境外追逃合作，追捕归案。由于缺席审判制度确认了罪犯身份，扫清了追逃面临的法律障碍，为国家监察委员会加强对反腐败国际追逃追赃和防逃工作的组织协调、督促有关单位做好相关工作提供了有利的法律环境。

---

[1] 张磊：“境外追逃追赃良性循环理念的界定与论证”，载《当代法学》2018年第2期。
[2] 杨明、王峥："论刑事缺席审判"，载《中国刑事法杂志》2003年第1期。
[3] 陈光中、胡铭："《联合国反腐败公约》与刑事诉讼法再修改"，载《政法论坛》2006年第1期。

二、刑事缺席审判制度的性质

刑事缺席审判制度是 2018 年新《刑事诉讼法》确立的制度。学者钱丹凤认为，刑事缺席审判程序，是指在特定刑事案件中，被告人因逃匿、严重疾病、死亡等原因缺席庭审，人民法院根据控诉方的起诉对案件进行审理，依法追究缺席被告人刑事责任的一种特殊审判程序。[1] 学者刘根菊认为，缺席审判，是指被告人不（不能或者不愿）到法庭接受审判，由法官主持，控方和被告人的辩护人（辩护律师或者被告人委托的近亲属等）参加并进行的法庭审判。[2] 学者刘柏纯认为，缺席审判的含义是指法院在一方当事人没有到庭陈述、辩论的情况下，在查明案件事实的基础上依法作出判决的制度。[3] 还有学者认为，刑事缺席审判是指在法院开庭审理期日，辩方（一般指被告人本人，而不包括辩护律师）未出席法庭的情况下，法院依法对案件进行审理并作出判决的诉讼制度。[4] 学者欧卫安认为，所谓刑事缺席审判是指被告人在言词辩论期日不在场的情况下所进行的刑事审判活动。[5] 从以上定义可见，缺席审判制度的主要特点包括适用案件类型特定、被告人不在庭等等，其基本性质可从以下几个方面剖析：

（一）正当性

构建刑事缺席审判制度应有正当性基础，因为只有具有正当性的刑事司法程序才可以使刑事审判结果具有可接受性，这也是树立刑事司法权威的内在机理。同时，这意味着刑事缺席审判制度并非天然具有正当性，而是亟待论证。作为一项刑事诉讼制度，其正当性应基于并未减损或违背刑事诉讼的本质。我国《刑事诉讼法》第 1 条规定了刑事诉讼法的目的主要是"惩罚犯罪"和"保护人民"。"保护人民"在"惩罚犯罪"之后，这意味着人权保障应被置于优先地位。从人本主义价值观而言，刑事诉讼的本质是以保障人的

---

[1] 钱丹凤："刑事缺席审判程序的价值定位与实践取向"，载《人民法治》2019 年第 2 期。

[2] 刘根菊、李秀娟："构建缺席审判外逃贪官制度探析"，载《人民检察》2005 年第 16 期。

[3] 刘柏纯："构建刑事诉讼缺席审判制度的思考"，载《政法学刊》2003 年第 6 期。

[4] 夏锦文、邱飞："论我国刑事缺席审判制度的构建——以《联合国反腐败公约》资产追回机制为切入点"，载《南京师大学报（社会科学版）》2006 年第 6 期。

[5] 欧卫安："略谈刑事缺席审判制度的类型——以西方国家刑事审判为例"，载《河南师范大学学报（哲学社会科学版）》2005 年第 5 期。

权利与自由为根本目的的社会冲突解决方式,[1]而非仅仅是国家刑罚权的实现方式。惩罚犯罪不仅是目的,也是保护人民的手段,因此人权保障才是其根本目的所在。在刑事审判活动过程中,庭审在场权是保障被告人一方人权的重要诉讼权利。适用刑事缺席审判制度,意味着被告人一方缺席,即被告人一方缺失了庭审在场权。庭审在场权是否可被放弃以及放弃庭审在场权是否减损对被告人一方的人权保障是论证缺席审判制度的正当性的两大关键问题。

1. 庭审在场权的可被放弃性

在权利义务体系中,可被放弃的只有权利,义务是不能被放弃的。庭审在场权应被视为刑事被告人的诉讼权利,而不是诉讼义务,被告人可以放弃出庭。[2]当然,庭审在场权并非自其诞生时即为一项诉讼权利。在早期的诉讼活动中,由于诉讼活动的基础要素——诉讼争点、审判人员——都由双方当事人共同确定,因此一旦有一方缺席,诉讼活动即不能成立,因此被告人一方是必须出席的。后来,随着国家权力的扩张,审判权成了国家的专有权力之一,出席审判被看作是当事人的一项诉讼义务,是对国家权力的尊重,不出席就当然地会导致不利的法律后果。随着新自然法学说的兴起,国家权力在一定程度上受到了国民权利的限制。当事人出席法庭不仅被认为是一种义务,更被当作是一种当事人可以自由处分的一种诉讼权利。[3]对于贪污贿赂犯罪、严重危害国家安全犯罪、恐怖活动犯罪的案件,犯罪嫌疑人、被告人在境外,适用刑事缺席审判制度,从表面上看是被剥夺了庭审在场权,但实质上往往是由于其主动逃往境外而放弃了庭审在场权。基于被告人一方的自由意志,被告人一方有权在法律许可的范围内自主决定诉讼命运,并承担相应的法律后果,对此法庭应当予以尊重。[4]可见,刑事缺席审判制度正当性可体现为被告人自主弃权。

---

〔1〕 孙锐:《冲突与调适:国家在刑事诉讼中的角色分析》,中国检察出版社2012年版,第74~75页。

〔2〕 周国均、姚莉、倪爱静:"《联合国反腐败公约》与我国刑事诉讼制度构建",载《人民检察》2005年第19期。

〔3〕 夏锦文、邱飞:"论我国刑事缺席审判制度的构建——以《联合国反腐败公约》资产追回机制为切入点",载《南京师大学报(社会科学版)》2006年第6期。

〔4〕 参见陈卫东、胡之芳:"关于刑事诉讼当事人处分权的思考",载《政治与法律》2004年第4期。

2. 在场权的放弃是否会减损对被告人的人权保障

首先，在场权的放弃并不意味着被告人不参与庭审。被告人的人权保障在刑事诉讼活动中主要体现在对其诉讼主体地位的保障。而对诉讼主体地位的保障主要体现在三方面：第一，获得有效的律师帮助的权利；第二，权力制衡与司法审查帮助实现诉讼主体地位，具体表现在控审分离、控辩平等、检察监督等诉讼原则；第三，诉讼主体的有效程序参与。[1]而程序参与可进一步分解为：①知情权——参与的前提，从2018年《刑事诉讼法》第292条规定可看出，被告人的知情权可通过司法协助方式或其他方式送达传票、起诉状副本通知被告人等进行保障。②形式的参与——在场权，即被告人在诉讼过程中有权在场见证诉讼的过程，有权在诉讼过程中亲自行使辩护、陈述等权利；③实质的参与——诉权[2]，诉权是指被告人能够参与司法决策的作出，影响决策的形成，具体表现在被告人行使应诉权，有权在法庭上进行陈述，向控方以及证人发问，有权举证、质证等。《刑事诉讼法》第293、294条强制辩护制度可保障被告人的实质诉权。虽然被告人本人不参与庭审，但是其有辩护人代为行使应诉权，在庭审中发表维护被告一方的意见，行使相当于被告人出庭的其他诉讼权利。因此，通过对缺席审判进行合理的制度设计，被告人的程序参与权实质缺失的只有形式上的程序在场权。"谷口安平教授认为，诉讼制度上确保的利害关系者的参与根据形态和程度不同，可以分为直接的参与、参与机会的保障和间接的参与三种。保障被告人亲自在审判期日出庭接受审判是直接参与的要求。此外，还存在即使当事人实际上没有参与诉讼，但只要被给予了参与的机会即视为达到了参与的目的。"[3]因此，虽然被告人缺席在形式意义上表现为直接不参与，但其参与机会通过其他制度得以保障，且其参与目的——影响庭审——也通过公告通知、辩护人等方式得以实现，放弃在场权并不等同于不遵循刑事诉讼的参与原则。

其次，在场权的放弃在一定程度上减损了人权保障。虽然放弃在场权与

---

[1] 参见肖波：《刑事庭审调查制度的正当性》，上海人民出版社2015年版，第19~20页。
[2] 参见程春华、高峰、孙寒梅："论刑事缺席审判制度——以东莞市共同犯罪案件为考察对象"，载《南昌大学学报（人文社会科学版）》2007年第5期。
[3] 参见程春华、高峰、孙寒梅："论刑事缺席审判制度——以东莞市共同犯罪案件为考察对象"，载《南昌大学学报（人文社会科学版）》2007年第5期。

被告人参与庭审两者不能等同，但是形式上的程序在场权也是有意义的，其意义在于被告人亲历诉讼的过程是其人格尊严得到尊重的体现，使其更易于接受判决的结果，对程序公正的认可度更高，被告人作为诉讼的主体得以凸显。而缺席审判虽然委托了辩护人，被告人也间接参与了庭审过程，但这终究与"亲历"的效果存在差距。这是缺席审判制度备受诟病之所在，也是我国迟迟不建立缺席审判制度的关键所在。因此，在立法上，对缺席审判制度的建立需要持审慎的态度。

最后，缺席审判的正当性源于诉讼效率的提高，即效率在某些层面上意味着公正。正如波斯纳所言："正义的第二种含义——也许是最普通的含义——是效率。"[1]效率与公正在某些情形下存在契合性。被告人之所以能够缺席审判是因为审判能使司法进程加快。况且，在贪污贿赂犯罪、危害国家安全犯罪、恐怖活动犯罪等案件中，因为被告人的主动逃避追诉而缺席进而诉讼活动中止，其带来的弊端远超于缺席审理带来的弊端。正如意大利著名刑法学家贝卡里亚所言："惩罚犯罪的刑罚越是迅速和及时，就越是公正和有益。"[2]建立缺席审判制度的背后蕴含着两大价值的博弈——公正与效率。被告人形式上参与庭审是程序公正的体现，而缺席审判制度则体现了诉讼效率。但公正与效率并非是完全对立的。虽然公正是司法的生命线，是刑事诉讼的核心价值追求，但是效率要求司法能在最短的时间对进入诉讼程序的纠纷予以盖棺定论，尽快地恢复法律的秩序，这何尝不是对被害人的公正、对国家财产追回的公正？正如英国法谚所云："迟来的正义非正义。"司法效率是司法公正的题中之意，公正与效率在一定程度上是契合的。但值得注意的是切忌因噎废食，即效率虽非首要目标，但在例外选择效率优先时不能用不理性的方式牺牲公正。[3]总而言之，在公正与效率的博弈中，缺席审判制度的建立意味着效率侧重，也意味着在例外情况下效率与公正的契合，其正当性源于效率的提高，有利于公正的实现。

---

[1] [美]理查德·波斯纳：《法律的经济分析》（中文第2版），蒋兆康译，法律出版社2012年版，第31页，转引自王敏远主编：《刑事诉讼法学》（上），知识产权出版社2013年版，第181页。

[2] [意]切萨雷·贝卡里亚：《论犯罪与刑罚》，黄风译，北京大学出版社2014年版，第57页。

[3] 江国华：《中国司法学》，武汉大学出版社2016年版，第324页。

(二) 共性与特性相统一

缺席审判制度最大的特殊性在于被告人缺席,但是缺席审判制度并非一种新的程序,并未超出刑事诉讼制度的范围,从本质上讲也是刑事诉讼活动中的一种程序安排,仍属于刑事诉讼的范畴。对于缺席审判制度不仅应从其特殊性着手,还应从其与普通程序的共性理解,方能更全面地理解这一程序的性质。

1. 共性

从定位上而言,刑事缺席审判制度是《刑事诉讼法》规定的一类刑事特别程序。其与其他刑事特别程序的共性可从"刑事"与"程序"两个语词分而解之。

其一,刑事司法性,即缺席审判制度是归属于刑事诉讼的一种制度,区别于民事诉讼程序与行政诉讼程序。刑事缺席审判程序仍属于"刑事"的范畴,属于刑事司法领域,[1]在遵循刑事诉讼法惩罚犯罪与保障人权的基本目标外,其刑事司法性主要体现在:①纠纷性质。刑事缺席审判程序是要解决国家与某些特定案件的被追诉人之间关于定罪、量刑的刑事责任问题而产生的纠纷,涉及的是国家刑罚权的实现与保障公民基本权利等重大内容。[2]②举证责任归咎原则。缺席审判程序属于刑事程序的一种,应遵循罪行法定、无罪推定、控审分离、禁止重复追究等原则;③诉讼主体构成。缺席审判程序的诉讼主体主要是控辩双方,被告人缺席不妨碍实质控辩构造的形成,即被告人一方仍有其代表人与检察机关形成控辩对抗的格局;④诉讼结果履行。缺席审判形成的判决,应依据《刑事诉讼法》的规定执行;被告人虽不在场,但在缺席审判后仍承担相应的刑事责任。刑事司法性的属性概括性范围最大,其不仅是刑事特别程序的共性,还是其他刑事程序的共性。

其二,诉讼程序属性。首先,缺席审判程序是一种"程序"。"程序是从事法律行为、作出某种决定的过程、方式和关系。就其本体而言程序是这样一种普遍形态:人们遵循法定的时限和时序并按照法定的方式和关系进行法律行为。"[3]刑事审判程序是法院审理和裁判刑事案件所应遵循的步骤与规则

---

〔1〕 吕晓刚:"刑事特别程序辨义",载《湘潭大学学报(哲学社会科学版)》2016年第5期。
〔2〕 姚小林:《司法社会学引论》,厦门大学出版社2014年版,第171页。
〔3〕 孙笑侠:《程序的法理》,商务印书馆2005年版,第17页。

的总称。[1]而刑事缺席审判程序属于刑事特别审理程序，其在本质上认为一种程序须依法遵循特定的起诉、受理、审理与执行的过程，违反程序可能导致程序无效，从而进入再审程序。其次，缺席审判程序是一种与普通程序相对应的"诉讼程序"。诉讼程序是在司法机关和案件当事人在其他诉讼参与人的配合下，为解决案件而分阶段又相连贯地顺次进行的全部活动以及由此产生的各种诉讼关系的综合。[2]刑事缺席审判程序的诉讼程序属性具体表现在程序相对完整性。虽然并未以"诉讼程序"加以命名，但是检察院认为符合特定条件可向法院提起公诉；法院经审查对符合条件的案件开庭审理，在将传票和起诉书副本送达后，被告人未到案的，法院可以对其进行判决；发生法律效力的判决、裁定应当交付执行。从提起公诉—送达—开庭审理—交付执行等一系列的诉讼活动可见，每一阶段的诉讼活动按顺序相互衔接，因此缺席审判程序并不因被告人缺席而不具备程序的完整性。当然，对于撤诉、诉讼中止等其他的诉讼制度，适用缺席审判的案件仍须依赖于普通程序的规定。

2. 特殊性

作为一项刑事特别程序，缺席审判程序的特殊性主要体现在法定的适用情形上，包括三类适用情形：一是因特殊类型的缺席审判；二是因被告人患病的缺席审判；三是因被告人死亡的缺席审判。在因特殊类型的缺席审判中，其适用情形包括"三个条件"和"一个入口"。三个条件包括：①案件类型严格限定，仅适用于"贪污贿赂犯罪以及需要及时进行审判，经最高人民检察院核准的严重危害国家安全犯罪、恐怖活动犯罪案件"；②犯罪嫌疑人、被告人的地域要求，即"犯罪嫌疑人、被告人在境外"；③案件状态较为明确，即监察机关和公安机关的充分调查并移送起诉后，经人民检察院审查确定该案的犯罪事实已经查清，证据确实、充分，依法应当追究犯罪嫌疑人、被告人的刑事责任的案件。"一个入口"则指案件的准入由法院最终决定。由于缺席审判制度严重关涉被告人的人权，刑事缺席审判应当只作为例外，[3]是普通程序的例外与补充。因此，适用缺席审判的"入口"把控是相当严格的，

---

[1] 叶青主编：《刑事诉讼法学》（第3版），上海人民出版社2013年版，第326~327页。
[2] 张志京主编：《法律文化纲要》，复旦大学出版社2014年版，第202页。
[3] 陈光中、胡铭："《联合国反腐败公约》与刑事诉讼法再修改"，载《政法论坛》2006年第1期。

即使人民检察院在案件满足法定条件后可启动诉讼程序,但人民法院却能直接决定案件是否能进入审判程序。法院不仅需要审查起诉书是否有明确的指控事实,还需要审查案件是否符合缺席审判程序的适用条件。只有同时满足这两个条件,法院才能最终作出开庭审判的程序性决定。这一规定直接反映了缺席审判程序适用条件的严谨性以及立法机关对设立缺席审判制度的立法态度的审慎性。

三、刑事缺席审判制度的救济制度

于法理而言,刑事缺席审判制度的正当性论证是基于被告人的自主弃权,深层次的缘由则是效率与公正存在协同性。但是,由于刑事缺席审判是在被告人一方不在庭的情况下对其进行的审判,有学者称之为具有"天然缺陷"的制度。[1]而其救济制度无疑是佐证其正当性的重要论据,具体包括保障被告人的知情权、辩护权以及异议权三项权利构建的救济制度。

(一) 知情权制度

知情权是指不在场的被告人一方有获得程序通知权的权利,属于公民知情权的范畴。[2]在讨论前述缺席审判制度的正当性时,知情权是被告人程序参与权的前提,而程序参与权是被告人诉讼主体地位的体现。对于知情权的意义,一言以蔽之,保障被告人对案件的知情权符合正当法律程序的理念,可以为刑事缺席审判制度的正当性提供支撑。因此,在刑事缺席审判制度中,被告人一方不出庭,但是应被告知其被追诉的罪名、理由以及开庭审理的时间、程序以及诉讼权利等有关的诉讼信息。在程序设计上,知情权的保障主要体现为送达程序。

送达程序是法院通过有关国际条约规定的或者外交途径提出的司法协助方式,或者被告人所在地法律允许的其他方式,将传票和检察院的起诉书副本送达被告人的一种告知程序。送达程序应与刑事诉讼的人权保障诉讼价值理念保持一致,因此对送达程序的把握有以下两层:

其一,现行规定存在的缺陷。三类缺席审判案件并无对应的送达程序。现行规定仅对被告人在境外这一情况予以相应的送达通知,但是对于因患有

---

[1] 参见王敏远:"刑事缺席审判制度探讨",载《法学杂志》2018年第8期。
[2] 陈少林、顾伟、廖礼仲:《刑事诉讼基本原则研究》,中国地质大学出版社2012年版,第64~65页。

严重疾病无法出庭以及被告人死亡而导致的缺席审判则并无相应的规定。首先，因被告人患病的缺席审判的送达程序。在被告人的病情严重至意识不清抑或全无的情况下，其诉讼权利应由近亲属直接代为行使，从而使得控辩双方的力量不至于过于失衡。在被告人恢复意识后，相关的法律文书以及诉讼信息应由被告人的近亲属代为转交或告知。其次，因被告人死亡的缺席审判。由于被告人已死亡，本身已进行的追诉行为已无意义；但是有证据证明被告人无罪时，适用缺席审判制度应有以下考虑：一是与我国自古以来"盖棺论定"的传统习俗相符合，恢复被告人的名誉，以慰藉被告人的近亲属；二是实现司法的公平正义，维护司法权威。[1]因此，《刑事诉讼法》应规定被告人应当在开庭前一定期限内将传票和人民检察院的起诉书副本等法律文书送达被告人的近亲属，法律文书中应当列明被告人涉嫌的犯罪罪名，享有的诉讼权利以及开庭时间、地点等内容。[2]

其二，知情权的衡量标准——是否实际知晓。在刑事诉讼适用缺席审判程序时，法院应穷尽司法协助或其他方式使得传票、起诉书等法律文书送达到被告人的手中，确保被告人一方对其被起诉应为"实际知晓"，而非"视为知晓"。一方面，"实际知晓"可以倒逼侦查机关不懈怠地侦查。在被告人的去向或住所无法确定时，侦查机关应当穷尽国际执法合作、联合侦查等各种方式和途径查明被告人的住址所在地。这是侦查机关的本职工作，不能直接略过充分的侦查而通过公告的方式回避通知义务的履行，仓促进行缺席审判，此实为本末倒置之举。[3]另一方面，"实际知晓"才能在最大程度上降低缺席审判对人权保障的减损。直接送达才能保证被告人知晓相关程序，知晓自身已被起诉与审判这一事实，从而增加被告人对判决和执行的"认受性"。因此，"实际知晓"才是实现被告人知情权的要义所在，也是送达程序在制度设计上的应有之义。

综上，知情权制度是适用缺席审判制度的前提，也是保障被告人程序参与权的前提。被告人的知情权保障实质上亦为广义上的救济制度的体现，应确立"实际知晓"的衡量标准，以最大限度地降低对人权保障的减损。

---

[1] 万毅："刑事缺席审判制度立法技术三题——以《中华人民共和国刑事诉讼法（修正草案）》为中心"，载《中国刑事法杂志》2018年第3期。

[2] 肖沛权："价值平衡下刑事缺席审判制度的适用"，载《法学杂志》2018年第8期。

[3] 赵常成："国际人权视野下的中国式缺席审判"，载《西部法学评论》2019年第1期。

(二) 强制辩护制度

获得辩护权是指被告人（主要由辩护人尤其是律师）针对指控，根据事实和法律，在实体上反驳指控，以及在程序上主张其所拥有的合法的诉讼权利，防止其受到不公正的待遇和不应有的侵犯，从而维护其合法权益和人格尊严的诉讼权利。一方面，被告人的辩护权是一项基本的诉讼权利。获得辩护权是刑事诉讼中被追诉人最基本的权利，是其诉讼权利体系的核心，因为他决定着被追诉人行使其他权利的能力。[1]另一方面，被告人的辩护权，不仅是一项诉讼权利，还是我国《宪法》第三章规定的一项宪法性的权利。我国《宪法》第130条规定，被告人有权获得辩护。被告人有权获得辩护一方面是指被告人有权为其自身辩护，另一方面则是指其能委托专业的辩护律师辩护。因此，被告人的辩护权是其防御的手段和重要的武器，与宪法的人权保障理念是相一致的，属于人权保障的程序性权利。这一程序性权利是维护权利的权利，是实现被告人的其他程序性权利和实体性权利的前提。

我国的刑事缺席审判制度规定的是强制辩护制度。根据2018年《刑事诉讼法》第293条的规定，被告人的辩护权主要通过委托或代为委托辩护人和通过法律援助委派辩护人两种方式实现。该条隐含的意涵是被告人的辩护人必须出庭，即使被告人或其近亲属没有委托辩护人，法院应当通知法律援助机构指派律师为其提供辩护。这不仅关系到案件的公正审理和程序正义的实现，还体现了对公权力的限制和约束及对基本人权的保障[2]，更是缺席审判制度正当性的要求。对于适用缺席审判的被告人而言，其自身的辩护权已无法得到保障，若委托辩护人仍空缺，则控辩双方力量将严重失衡，庭审将成为控方唱独角戏的舞台，严重违背人权保障的理念。虽然律师帮助在任何情况下都无法替代被告人的自行辩护，但有法律专家的存在可以更好地帮助被告人行使辩护权。[3]可见，强制辩护人出庭是有重要意义的，是撑起刑事缺席审判制度正当性大厦的重要支柱之一。因此，2018年《刑事诉讼法》第293条规定的强制辩护制度具有合理性，其合理性在于补强了刑事缺席审判制度的正当性，属于广义上的被告人救济制度。

---

[1] 尹晓红：《我国宪法中被追诉人获得辩护权之保障》，中国政法大学出版社2013年版，第20页。

[2] 杨宇冠、郑英龙："《刑事诉讼法》修改问题研究——以《监察法》的衔接为视角"，载《湖湘论坛》2018年第5期。

[3] 参见赵常成："国际人权视野下的中国式缺席审判"，载《西部法学评论》2019年第1期。

（三）重新审理制度

2018年《刑事诉讼法》第295条规定了罪犯在判决、裁定发生法律效力后到案的，在交付执行刑罚前，罪犯对判决、裁定提出异议的，人民法院应当重新审理。有学者提出这里的"重新审理"违背了司法的实质确定力（既判力），会冲击生效判决的权威性和稳定性，一旦罪犯归案并提出异议，已完成的审判程序就必须倒流，缺席审判程序会显得意义不大，反而浪费司法资源，还不如维持现状、坐等罪犯归案后再举行审判。因此，他认为应当改为"审判监督程序"。[1] 还有学者认为，"罪犯对判决、裁定提出异议的"这一启动重新审理的条件可能过于廉价，罪犯仅以异议便可以推翻整个审判程序，这相当不利于司法权威的树立。同时，刑事诉讼是一项昂贵的活动，重启便意味着之前消耗的司法资源付之东流，轻易推翻之前的判决会造成司法资源的大量浪费。[2] 从法理上而言，这涉及公正与效率的价值选择问题。刑事诉讼的目的包括惩罚犯罪与保障人权，但人权保障应排在第一位；而对于涉及犯罪和刑罚的问题，关系到公民最重要的人身自由和财产等基本权利。基于这一前提，公正才是刑事诉讼追求的最为重要的价值，而不能因为效率放弃公正，不能违背刑事诉讼法的最终价值诉求——人权保障。在缺席审判制度中，被告人一方的权利保障处于弱势地位，其救济制度应更加全面、充分。设立重新审理制度的重要考量是基于被告人缺失在场权，当被告人归案后，适用缺席审判程序的启动条件不复存在，应当重新进入正常的审判程序。这是在最大程度上保障被告人程序参与权如辩护权的举措。因此，重新审理的规定具有合理性，增强与补充了缺席审判制度的正当性。

结　语

综上，缺席审判制度的建立是反腐败国家追逃追赃背景下顺势而为的产物。被告人在场权的缺失是对其诉讼主体地位的冲击，从而有违人权保障的刑事诉讼目的，因此其正当性论证是一个复杂的过程。设立缺席审判制度的重要动机在确认罪犯身份的前提下，与《监察法》《联合国反腐败公约》相

---

[1] 万毅："刑事缺席审判制度立法技术三题——以《中华人民共和国刑事诉讼法（修正草案）》为中心"，载《中国刑事法杂志》2018年第3期。

[2] 刘腾肤："中国刑事缺席审判制度：理解与完善"，载《四川师范大学学报（社会科学版）》2019年第2期。

衔接，堵住反腐败制度的最后一个漏洞，从而使得国际反腐败法律制度链条形成闭合。缺席审判制度的性质应包括正当性、共性与特性相统一；其正当性并非是天然的，而是需要被论证的。被告人在缺席审判制度中缺失的是在场权，其性质应为一种权利，是可被放弃的。在这一前提下，被告人在场权的放弃是其自主决定的。从权利具有选择性的角度可见，缺席审判制度具有正当性。但缺失在场权确实减损了对被告人的人权保障，这涉及公正与效率两大价值的博弈。二者的关系并非是非此即彼的，在某些情况下，效率与公正存在契合的部分。而缺席审判制度的正当性恰恰体现在两大价值的契合性。当然，缺席审判制度还具有与普通程序共有的特性，也具有适用法定情形的特殊性。共性与特性相统一从侧面反映出缺席审判制度的立法审慎性，即例外不应当常态化，应加以严格限制，才能更好地降低对基本人权的减损程度。这也是正当性的重要佐证。同时，知情权制度、强制辩护制度以及重新审理制度都是为了加强被告人的人权保障而设立的特殊制度，为该制度的正当性提供了有力支撑。

点　评

　　缺席审判制度被安排在了一般程序和简易程序之外的特别程序中，而每一种特别程序都针对特别的情况，保护特别的利益，例如刑事和解、未成年人刑事案件。刑事和解制度是有中国特色的制度。起初，刑事案件被认为是不能进行和解的，但随着司法实践中一些特殊案件的出现，刑事和解在司法实践中取得了良好的社会效果，最终得到了立法的确认。这次修法对缺席审判制度的规定非常严格，适用的犯罪类型限于贪污受贿犯罪和危害国家安全的恐怖活动犯罪这两大类。缺席审判是建立在告知被告人案件即将开庭的基础之上的，在被告人拒不到庭的情况下才会缺席审判，这种拒不到庭等于是对权利的放弃。缺席审判的一审在中级人民法院进行，审级较高，具有较高的质量保障，并且还规定了异议程序，这种严格的制度设计最大限度地补足了缺席审判带来的不足。

（点评人：武汉大学法学院　江国华教授）

专题研讨

法经济学视域下的正当劝阻行为展开

杨 磊[*]

>　　**内容提要**：正当劝阻行为可以被定义为，以法定的和合理的理由规劝阻止他人实施的违法或减损公序良俗的行为。正当劝阻包含了十分明显的道德标准，而且有多种具体的表现形式，所以有必要将其与见义勇为、正当防卫这类相似行为加以区分。在审判实例中，正当劝阻行为已经成为法官可援用的免责事由。运用汉德公式可以清晰地拟出判决确认正当劝阻行为背后的经济学动因，其中既包括对劝阻行为本身的成本-收益的考量，也包括对于责任归属的判断；通过这样的数理分析也可以指出过失侵权案件中法官归责的行动逻辑。
>　　**关键词**：正当劝阻　构成要件　汉德公式　边际分析

　　2017年1月9日，河北省唐山市一名男司机在路上看到一场交通事故，肇事者驾驶红色摩托撞倒另一辆摩托车后逃走，男司机报警并追赶对方，肇事车主跑向铁轨中央被火车撞死。死者家属认为是该男子故意追赶才导致惨剧，于是索赔60万余元。2017年5月2日，河南省郑州市杨某在小区电梯里劝阻老人吸烟，事后老人因突发心脏病死亡；老人家属提出巨额赔偿。2018年3月9日，最高人民法院院长周强在第十三届全国人民代表大会第一次会议的工作报告中强调："依法审理'医生电梯内劝阻吸烟案'和'朱某彪追赶交通肇事逃逸者案'，让维护法律和公共利益的行为受到鼓励，让见义勇为者敢为，以公正裁判树立行为规则，引领社会风尚。"

---

[*] 杨磊，武汉大学法学院2017级法律硕士研究生。

一、案例回顾

(1) 案例一。2017年1月9日上午11时许，张某焕由南向北驾驶两轮摩托车，与张某来驾驶的同方向行驶的两轮摩托车追尾相撞，张某焕跌倒、张某来倒地受伤、摩托车受损，随后张某焕起身驾驶摩托车逃离现场。此事故经曹妃甸交警部门认定张某焕负主要责任。事发当时朱某彪驾车经过肇事现场，发现肇事者逃逸即驾车追赶；在追赶过程中，朱某彪多次拨打公安局110指挥中心电话报警。朱某彪驾车追赶过程中不时喊"这个人把人怼了，逃跑呢"等内容。张某焕驾驶摩托车行至西梁各庄村时，弃车从南门进入该村村民郑某深家，并从郑某深家过道里拿走菜刀一把，再从北门走出。朱某彪见张某焕拿刀，即从郑某深家中拿起一个木凳，继续追赶。郑某深赶上朱某彪，将木凳要回，朱某彪换一木棍继续追赶。走出西梁各庄村后，张某焕跑上公路，有向过往车辆冲撞的行为。在被面包车撞倒后，张某焕随即又站起来逃逸，在路上行走一段后，转向铁路方向的开阔地跑去。在此过程中，曹妃甸区交通局路政执法大队副大队长郑某亮等人加入，与朱某彪一起继续追赶，并警告路上车辆慢行。张某焕走到迁曹铁路时，翻过护栏，沿着铁路逃走，朱某彪亦翻过护栏继续跟随。朱某彪边追赶边劝阻张某焕说："被撞到的那个人没事儿，你也有家人知道了会惦记你的，你自首就中了。"不料张某焕自行走向两铁轨中间。火车上的视频显示，朱某彪挥动上衣，向驶来的列车示警。张某焕被由北向南行驶的火车撞倒，后经检查确认死亡。

(2) 案例二。2017年5月2日9时24分许，郑州市金水区某小区业主杨某从14楼乘坐小区电梯准备下楼去取快递，进入电梯后，发现一老人（段某立）正在吸烟，于是杨某出言劝阻。杨某说："老先生，吸烟对身体不好，再说电梯里空间比较密闭，烟也散不出去。"于是两人发生语言争执。电梯到达1楼，杨某按下开门键，准备让段某立出电梯，而段某立并未出电梯。杨某随后按了关门键。电梯到达负一楼，杨某准备下电梯而走至电梯门中间，段某立向前跟了一步，杨某回头继续与其对话。杨某随后走至电梯门外，段某立在电梯门里，二人继续对话，杨某重新进入电梯，按了一楼的按钮。两分钟后，双方走出电梯。单元门口监控视频显示，过了2分钟左右，双方走至单元门口，段某立情绪相对较为激动，杨某比较冷静。至此时为止段某立的香烟一直未熄灭。又过了2分钟左右，双方出现在物业办公室门口，仍然在进行言语上的交流。物业工作人员从办公室内出来,段某立情绪更为激动,边说话边向杨某靠近,被物业客服主管张某印往回拉。段某立手指杨某不停地说些什么并不断向杨某移动,再次被张某印拉回。杨某较为冷静。张某印又转过身来劝说杨某,并将杨某向着单元门口推去。杨某被物业客服主管张某印劝离后,段某立仍然手指杨某被劝离的方向,不停地说话,随后段某立被张某印劝至物业办公室休息,办公室一名工作人员正帮段某立倒水,就听到一声响,发现是段某立倒在了地上,这名工作人员马上拨打了120。这时杨某拿完快递准备回家,听到物业的工作人员说老人心脏病犯了。杨某也赶到物业(杨某是医生)摸段某立的脉搏,并给其做了心脏按压,按了十几秒钟。120车辆赶到后,医生先做了心肺复苏,又用了电击。上午10点左右,医生宣布抢救失败,段某立死亡。

  两起案件发生的具体原因和经过大相径庭,但是两起案例亦有一些相同特点。首先是一方当事人实施了不法或者有损公序良俗的行为("追肇事逃逸者致死案"中逃逸者侵犯了他人的财产权健康权,"电梯劝烟致死案"中被制止方在电梯中随意抽烟)最终意外死亡。其次,两起案件的诉讼标的都是侵犯"生命权"的民事侵权纠纷。司法机关在舆情的重大压力之下,被告方可能面临巨额赔偿及丧失人身自由的风险。例如,发生于2006年的"上海滩疑案"。菜贩刘某山见菜市场有人斗殴便上前围观,在离斗殴现场十多米的地方突发心脏病死亡。事后司法机关以涉嫌故意伤害将一斗殴者逮捕并最终定罪。"电梯劝烟致死案"中郑州金水区人民法院一审判决被告支付1.5万元作为补偿,逻辑大致如此。但最后两案中以创造性的"正当劝阻行为"[1]与"见义勇为"[2]作为免责事由使被告豁免,实际上是对侵权法"维护社会公平"目的的回归。另鉴于学界对于见义勇为行为已经做了较为纯熟的解析,所以笔者选择理论相对空白的"劝阻行为"进行简要分析并指出其背后的经济学动因。

---

  [1] [2017]豫01民终14848号河南省郑州市中级人民法院民事判决书指出:"杨某对段某立在电梯内吸烟予以劝阻合法正当,是自觉维护社会公共秩序和公共利益的行为。"
  [2] [2017]冀0224民初3480号张某福与张某凯、朱某彪生命权纠纷一审民事判决书指出:"被告朱某彪作为普通公民,挺身而出,制止正在发生的违法犯罪行为,属于见义勇为,应予以支持和鼓励。"

二、正当劝阻行为分析

劝阻，作为生活用语，表示规劝他人不要做某事或者阻止其进行某种活动。因具有维护社会秩序和社会公德的作用，所以正当劝阻行为[1]有其正当性的价值。

（一）正当劝阻行为之正当性分析

正当劝阻行为的目的是追求公序良俗免受损害或避免遭受进一步损害。这类行为是在没有法定约定义务的情况下，实现对公共利益的救济和保护。休谟曾说过，人是自私的动物，只有有限的利他性。这也就是说，尽管不是每个人都会去"损人利己"，但是根据一般的行为假定，人不太关心是否会损害别人，每个人从事各种活动都主要是想为自己谋利益，即使损害他人或社会利益也在所不惜（如经济学鼻祖亚当·斯密认为的那样，利己性可能是人性中无可救药的缺陷或弱点）。以布坎南为代表的公共选择学派把利己性假定扩展到所有人的行为。这是一个适用于每个人的一元行为假定，但是正当劝阻行为表现出向传统儒家的"重德行"回归。它彰显出了一个人的道德责任感，并且对社会形成了示范效果。以吸烟的例子来说，落实了控烟条例和确认了劝烟行为的正当性后，公共领域吸烟被取缔，抽烟不再是一件随时随地、随心所欲的事情。有资料显示，在上海市最新修订的控烟条例颁布后，市民违规吸烟被劝阻的比例高达49%。

（二）正当劝阻行为的构成要件

正当劝阻行为与正当防卫、紧急避险等类似行为在构成条件上有较多相似性。成立正当劝阻行为，要考虑多方面的因素。

1. 成立正当劝阻行为的起因条件

实施正当劝阻的起因是存在违法和违背公序良俗行为。其外延表现为个人的人身、财产或者公共秩序、善良风俗遭受到实际损害或者存在遭受实际损害的现实性危险。

---

[1] 多部法律法规均涉及劝阻行为：《公共图书馆法》第44条第2款规定："对破坏公共图书馆文献信息、设施设备，或者扰乱公共图书馆秩序的，公共图书馆工作人员有权予以劝阻、制止；经劝阻、制止无效的，公共图书馆可以停止为其提供服务。"《反家庭暴力法》第13条第3款规定："单位、个人发现正在发生的家庭暴力行为，有权及时劝阻。"此外《旅游法》《烟草专卖法》以及多地控烟条例皆对劝阻行为有明确规定。

2. 正当劝阻行为实施的时间条件

正当劝阻是针对正在进行违法和违背公序良俗行为。也就是人们由于公共道德缺失而做出的举止和动作具有现实存在性。而对于根本没有发生的违法、不文明行为，则不能实施劝阻行为。

3. 正当劝阻行为的限度条件

从维护正常社会公德的角度看，劝阻行为的实施，是行为人维护社会公共利益的表现，但是实施劝阻行为，也需要考虑到劝阻行为的"度"的问题。即应考虑劝阻行为的风险和被劝阻人的合法权益。实施劝阻行为的主要的风险是被劝阻人不听从劝阻者的规劝、阻止，进而威胁，甚至伤害、报复劝阻人。这时候劝阻人应该充分认识到行为的危险性，及时避让或者报警，以免自身受到伤害和招致不必要的麻烦。另一项风险就是被规劝者出现异常情况导致规劝者可能需要承担法律和经济风险，例如案例二就是如此。这时需要劝阻者及时报警并保护好现场。保护被劝阻人的合法权益表现在劝阻行为不能超出必要限度，在劝阻不文明行为过程中，劝阻者应该保持冷静理性，不能进行人身攻击，使用过激甚至侮辱性的言辞，更不能大打出手。

4. 正当劝阻行为与类似法律规定的区别

正当劝阻主要是要与正当防卫、无因管理区别开来。正当防卫针对的是不法侵害人的行为，而正当劝阻行为的起因不一定是面临重大侵害，没有迫不得已的要求。正当劝阻也不同于无因管理行为，无因管理是主动管理他人事务或为他人提供服务的法律事实，正当劝阻是针对正在进行的不合法、不文明而进行劝阻。无因管理是为了保护被管理者的利益，劝阻行为是为了保护自己和公众的利益。

(三) 正当劝阻行为的定义

结合前文正当劝阻行为目的的正当性，以及构成要件。正当劝阻可以被定义为以法定的和合理的理由规劝阻止他人正在进行的违法或者减损公序良俗的行为。当然，正当劝阻有多种具体表现。

三、判决确认正当劝阻行为的法律经济学原因

（一）正当劝阻行为成本-收益分析

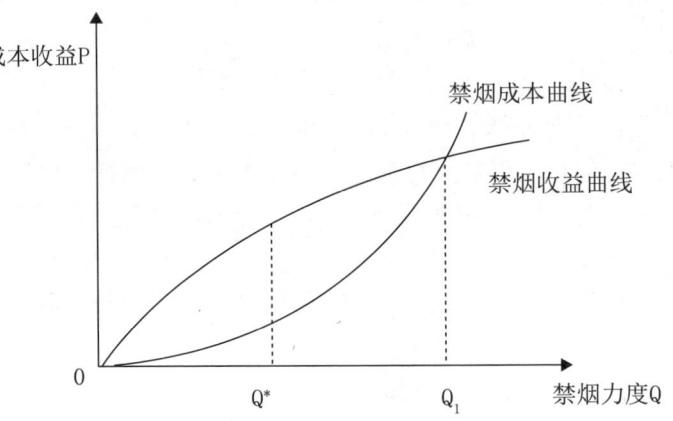

以"医生电梯内劝阻吸烟案"为例，法官通过确认劝阻吸烟行为的合法性来使医生杨某免责。其目的之一是界定在电梯这一类公共场所空间里，到底是要保护吸烟者的自由吸烟权利，还是要保护大多数不吸烟者呼吸新鲜空气的权利。从成本-收益角度理解就是对控烟活动进行均衡分析。控烟的收益主要是吸烟带来的外部性成本的减少。[控烟的收益首先是3亿烟民减少购买香烟这种上瘾物品的支出，其直接负外部性主要表现为由于被动吸烟对他人造成的健康损害，对孕妇胎儿造成的健康损害，吸烟引起火灾带来的损失等；吸烟的间接负外部性主要是长期损害非吸烟者健康产生的负面效应，主要表现为吸烟增加了非吸烟者的经济负担，吸烟者（包括二手烟）的高患病率导致吸烟者的医疗保健支出较非吸烟者更多，医疗保障日益完善，吸烟者并没有因此而承担更多的费用。]控烟的成本除了由政府承担的管制成本以外，主要的是烟叶税收的减少，烟草经营活动所带动的种植、生产、加工、运输、批发、零售等一系列的产业链活动。控烟的成本-收益大致如上图所示：[1]

可以明显看出非极端情况下控烟活动的收益是大于成本的。所以，法官确认劝阻吸烟行为合法是有经济学依据的。

---

[1] 图表来源于钟丽燕："公共场所禁烟的经济学分析"，浙江大学2011年硕士学位论文。

（二）"劝烟案"一审判决中存在的实体法问题及原因

归责原则是侵权行为法发生作用的引发机制，它一方面将法律的程序性问题引入了侵权行为法从而限定了侵权行为法的适用方式，另一方面在更为基础的角度上决定了侵权行为法的适用范围及其社会功能。[1]《侵权责任法》第6条规定，"行为人因过错侵害他人民事权益，应当承担侵权责任"，即侵权责任法对于过失侵权行为确立了过错责任归责原则。然而，传统司法实践中对于过错归责原则运用以及对于不同归责原则的关系界定十分紊乱。

1. 适用公平责任适用条件单一

《侵权责任法》第24条规定："受害人和行为人对损害的发生都没有过错的，可以根据实际情况，由双方分担损失。"由此，郑州市金水区人民法院以段某立在与杨某发生言语争执后猝死为由，适用公平责任判决杨某补偿1.5万元。在大量司法实践中，法院仅以双方均无过错作为适用条件判决一方当事人分担一定的损失。《侵权责任法》中有关公平责任规定适用的一个先决条件是：双方当事人对损害的发生都没有过错，但一个隐含的条件是在双方当事人都没有过错，也不能适用其他责任规定时，才可以根据实际情况适用。如果行为人的行为与受害人的损害没有因果关系，或者受害人的损害完全是意外事件则不能适用公平责任条款。案例二中郑州金水区人民法院认定段某立的死亡与杨某的劝阻并无因果关系，而且没有主观过错，就没有了公平责任适用的余地。遗憾的是，在这种情况下一审法院还是适用公平责任判令行为人分担损失。

2. 案例中适用公平责任的原因

法理学中关于因果关系的界定十分复杂，所以这一难题同样存在于侵权归责中。在过失侵权案件中，因果关系是指行为与损害结果之间的作用与被作用问题，是纯粹的事实问题，由原告提出证据加以证明。卡多佐法官强调说："认定过失的标准不是行为人对特定他人负有注意义务，而是对一切人负有的注意义务。每个人都有义务保护社会免受不必要危险的损害。如果损害确认因我们的过失行为而产生，我们将为此负责。"[2]但是，这里还有一个限

---

[1] 张文显、王轶："构建中国的侵权行为法归责原则体系——《侵权行为法归责原则研究》介评"，载《法学评论》1995年第6期。

[2] 转引自郑永宽："论侵权过失判定标准的构造与适用"，载《法律科学（西北政法大学学报）》2013年第2期。

制，那就是过失必须是损害结果的近因。在"电梯内劝阻吸烟案"中，虽然从时间上看，杨某劝阻段某立的吸烟行为与段某立死亡的后果是先后发生的，但两者之间并不存在法律上的因果关系。案例中，一审法院其实已经准确地认定了杨某的劝阻行为与段某立的死亡之并无法律上的因果关系，但他们不敢就此判定被告杨某免责转而适用公平责任。一方面可能是基于舆论和错判等法外后果因素的考量，另一方面可能是侵权责任法对意外事件这一免责事由没有做出明确规定，但更重要的是他们没有认清归责中事实因果关系是法律因果关系的前提。

总之，立法的模糊是司法混乱的直接原因，立法者模糊，司法者只好模糊处理。但是，如果对于以上问题搁置不理，最终将导致司法实践无所适从，既然如此，可否找到其他理论来明晰侵权责任法的因果关系、主观过错呢？著名哲学家罗素认为："学科的进步正是以精确的数学概念取代模糊的'因果关系'而达成的。"[1]所以，法经济学理论或许对此有所助益。[2]

（三）汉德公式的引入

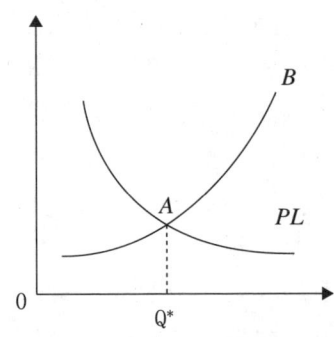

汉德公式是侵权法律经济分析中一个非常著名的公式；它建立在非常简单的元素基础之上。过失侵权中复杂的因果关系和被告是否具有过失被归结为"B是否小于PL"这样一个简明而深邃的结论。[3]汉德公式源于一个著名

---

[1] [英]罗素：《宗教与科学》，徐奕春、林国夫译，商务印书馆2010年版，第21页。

[2] [美]罗伯特·考特、托马斯·尤伦：《法和经济学》（第6版），史晋川等译，格致出版社2012年版，第178页。

[3] [美]理查德·A.波斯纳：《法律的经济分析》（上），蒋兆康译，中国大百科全书出版社1997年版，第211页。

的判决——"美国诉唐宁公司案"。被告的一只拖轮将一只驳船拖出港口，由于驳船上没有人，被告拖轮的船员就自己动手要松开驳船，由于没有调整好，脱离拖绳的驳船撞上了另一只船，连同货物一起沉入海底。汉德法官认为，每只船都有可能冲出泊位，一旦冲出，便会构成对周围船只的威胁，船主预防损害发生的责任，是三个变量的函数：①船只冲出泊位的概率即可能 P；②船只冲出泊位造成的实际损失额 L；③充分预防的成本 B。是否构成过失就取决于 B 是否小于 L 乘 P。在本案中，驳船船员连续 21 小时不在船上，使得发生事故的概率升高，从而导致预防成本小于预期成本，应认定为有过失。汉德公式首先要解决的是每次事故损失由哪一方担责的问题。其实，责任归属属于"零和"游戏，一旦损失已经发生，必有一方要承担损害后果。"电梯内劝阻吸烟案"中段某立的意外死亡是理性人不可预见的，因为意外死亡发生的概率 P 是非常低的。换言之，昂贵的信息成本阻止了一方当事人采取措施预防所发生的特定事故。直接导致的是汉德公式中的预防成本（B）（劝阻者要获知被劝阻者意外死亡的成本近乎无穷大）过高而对预防具有抑制作用。总之，正是由于 P×L 之中被劝阻者意外死亡的概率如此之低，我们才可以准确地认定劝阻人并不构成过失。

（四）最小化事故的社会成本

如王泽鉴所言："侵权行为法的重要机能在于填补损害及预防损害。"[1]司法裁判不仅是对个案的处理，通常也会影响人们在未来面临类似纠纷时的行为选择。科斯定理指出，应该将产权界定给有利于实现社会资源最大产值的一方。[2]汉德法官随后指出了预防成本与预期成本之间的关系，但是对此缺乏进一步的阐述。卡拉布雷希对这一法则的创新之处在于将受害人的预期成本和侵害人的预防成本一并当成社会损失，预期成本和预防成本不再仅仅针对具体当事人。它们共同构成了过失侵权事件社会总预期成本。即"社会总预期成本=预防成本+预期成本"。对于过失侵权，更多一点预防就会相应减少损害的预期成本，即边际汉德法则（类似于厂商利润最大化的一个必要条件，在完全竞争条件下，边际收益等于边际成本，此时边际利润等于零，达到利润最大化）。简单来说，边际汉德法则取得的目的是测算最小化事故的

---

[1] 王泽鉴：《侵权行为法》（第 1 册），中国政法大学出版社 2001 年版，第 34 页。
[2] ［英］R. H. 科斯："社会成本问题"，载《法律与经济学杂志》（第 3 卷）1960 年第 0 期。

社会成本。在两案中,被告人均采取了平和的手段来劝阻他人。充分考虑了劝阻行为的限度的问题,对损害结果的出现做了充分预防。在"电梯内劝阻吸烟案"中,杨某劝阻段某立吸烟行为未超出必要限度。劝阻段某立吸烟的整个过程杨某都保持了理性平和的心态进行劝阻,双方之间也没有发生肢体冲突和拉扯行为。在"朱某彪追赶交通肇事逃逸者案"中,从朱某彪的行为过程看,其并没有侵害张某焕生命权的故意,双方始终未发生身体接触。在张某焕声称撞车自杀,意图阻止他人追赶的情况下,朱某彪和路政人员进行了劝阻并提醒来往车辆。在追赶过程中有时喊话传递的信息不准确或语言不文明,但没有引发张某焕情绪失控,不构成民事侵权。张某焕为逃避追赶,跨越铁路围栏、进入火车运行区间之后,被告朱某彪及时予以高声劝阻提醒,同时挥动外衣向火车司机示警,仍未能阻止张某焕死亡结果的发生。故法官将产权界定给了被告,既杜绝了错案引起的机会成本,又使维护公共利益的行为受到了鼓励。实现了社会成本的最小化。

结　语

哈贝马斯在论证司法合理性的时候指出:"为了实现法律秩序的社会整合和法律的合法性主张,法庭判决必须同时满足判决的自洽性和合理的可接受性两个条件……"[1]事实上,两起案例使社会公德得到了维护,并且得到了社会公众的认可,但有一点谁也不能否认,两个鲜活的生命因此而逝去。每个人在社会上生存若干年以后,都会形成一套行为模式和认知方式。无论他的这套行为模式与社会的发展是否相符,对于他自身一定是自洽的和可接受的,也就是所谓的"江山易改,本性难移"。一个老人习惯性地在电梯点上一支烟,可能他基本每次乘坐电梯都会点上一支烟,尽管电梯厢内贴着"禁止吸烟"的标语。肇事者在被追赶的途中已经有直接冲撞车辆的危险举动,而且他之所以亡命逃窜也许是想到被撞者可能被撞成重伤或者死亡,自己将面临巨额赔偿和牢狱之灾,这是法律和经济模型所无法评价和衡量的。或许当我们在占领道德制高点之后,仍能体会到每个人的不易并适时收手,这更加需要善良的滋养。

---

[1] [德]哈贝马斯:《在事实与规范之间》,童世骏译,生活·读书·新知三联书店2003年版,第244~245页。

点　评

在两案中，被劝阻人的死亡与劝阻人都有一定程度上的因果关系，但事实上的因果关系与法律上的因果关系需要进行论证，而通过阅读裁判文书可以发现，这一论证的前提都是建立在此种劝阻行为是正当的基础之上的。因此，在判断正当劝阻行为与危害后果的责任承担时应当注意以下因素：第一，侵犯的权益必须是合法权益，这是侵权的前提。因此，在分析是否是正当劝阻行为前需要对被制止行为进行行为上正当性的判断，本案中老人在禁烟场所抽烟的行为不属于合法权益保障的范围，因此对其加以制止，不具有侵权性。第二，制止行为的适当性。适当性类似于行政法上的比例原则，即制止行为应有一定限度，到达劝阻效果即可，如果语言劝阻能到达效果，那么肢体接触就不再必要。第三，合目的性。劝烟是维护社会公德之行为，如果对其进行责罚，有违法的一般目的。

（点评人：武汉大学法学院　江国华教授）

正当防卫在我国的适用现状及反思

徐梦丹[*]

>**内容提要**：近年来，关于正当防卫认定方面的案件出现了多起有争议判决，引起了社会上的广泛关注。我国刑法规定，认定防卫过当需同时满足明显超过必要限度和造成重大损害两个条件，而司法实践中"唯结果论"的倾向在一定程度上导致了明显超过必要限度这一条件的虚置，制约了正当防卫制度功能的发挥。对正当防卫在我国的适用现状进行分析及反思，有助于促进正当防卫制度功能的实现。
>
>**关键词**：正当防卫　防卫过当　防卫意图

一、引入——典型案例回顾

（一）"于欢案"

1. 案情简介

"于欢案"，又称"聊城于欢案"，是指2016年4月14日14时，发生在山东省聊城冠县的刑事案件。2017年2月17日，山东省聊城市中级人民法院一审以故意伤害罪判处于欢无期徒刑。原告人杜某章、许某灵、李某新等人和被告人于欢不服一审判决，分别提出上诉，山东省高级人民法院于2017年3月24日立案受理。2017年6月23日，山东省高级人民法院对备受社会关注的"于欢案"二审公开审理并作出终审判决，认定于欢的行为系防卫过当，构成故意伤害罪，予以减轻处罚，判处有期徒刑5年。

---

[*] 徐梦丹，武汉大学法学院2018级宪法学与行政法学硕士研究生。

2. "于欢案"二审判决思路

山东省高级人民法院经审理认为，于欢在防卫意图的支配下，在不法侵害正在进行的过程中，针对不法侵害人实施反击行为，具备正当防卫意义上的防卫前提，其行为具有防卫的性质。于欢的防卫行为与不法侵害行为在手段、强度等方面明显不相适应，且造成了多人伤亡的严重后果，明显超过必要限度，造成了重大损害，应依法认定为防卫过当。"于欢案"存在的不法侵害不属于"行凶、杀人、抢劫、强奸、绑架以及其他严重危及人身安全的暴力犯罪"，于欢不具有实施特殊防卫的前提，不能适用《刑法》第20条第3款判决其无罪。于欢主观上属于复合罪过的情形，捅刺相关被害人时具有伤害他人的概括故意，但对杜某死亡结果的发生应是过失的。综上，山东省高级人民法院最终将该案定性为防卫过当下的故意伤害致死的犯罪。

（二）"于海明案"

1. 案情简介

"于海明案"，是指2018年8月27日21时许，发生在江苏省昆山市震川路的刑事案件。该案主要针对的是特殊防卫的问题，明确了"行凶"和"其他严重危及人身安全的暴力犯罪"的认定标准。

2. "于海明案"中的检方意见与公安机关意见

在"于海明案"中，检察机关的意见与公安机关的处理意见基本一致，可概括为以下三点：

第一，关于刘某的行为是否属于"行凶"的问题。对行凶的认定，应当遵循《刑法》第20条第3款的规定，以"严重危及人身安全的暴力犯罪"作为把握的标准。刘某在开始阶段的推搡、踢打行为不属于"行凶"，但从持砍刀击打后，行为性质已经升级为暴力犯罪。刘某攻击行为凶狠，所持凶器可轻易致人死伤，随着事态发展，后续的损害后果难以预料，于海明的人身安全处于现实的、急迫的和严重的危险之下。刘某具体持杀人的故意还是伤害的故意不确定。因此，刘某的行为符合"行凶"的认定标准，应当认定为"行凶"。

第二，关于刘某的侵害行为是否属于"正在进行"的问题。判断侵害行为是否已经结束，应看侵害人是否已经实质性脱离现场以及是否还有继续攻击或再次发动攻击的可能。于海明抢到砍刀后，刘某立刻上前争夺，侵害行为没有停止，刘某受伤后又立刻跑向之前藏匿砍刀的汽车，于海明此时作不间断的追击也符合防卫的需要。于海明追砍两刀均未砍中,刘某从汽车旁边跑开后,于海明也未再追击。因此,在于海明抢得砍刀顺势反击时,刘某既未放弃攻击行为也未实质性脱离现场,不能认为侵害行为已经停止。

第三,关于于海明的行为是否属于正当防卫的问题。不法侵害行为既包括实害行为也包括危险行为,对于危险行为同样可以实施正当防卫。认为"于海明与刘某的伤情对比不相适应"的意见,只注意到了实害行为而忽视了危险行为,这种意见实际上是要求防卫人应等到暴力犯罪造成一定的伤害后果才能实施防卫,这不符合及时制止犯罪、让犯罪不能得逞的防卫需要,也不适当地缩小了正当防卫的依法成立范围,是不正确的。本案中,在刘某的行为因具有危险性而属于"行凶"的前提下,于海明采取防卫行为致其死亡,依法不属于防卫过当,不负刑事责任,于海明本人是否受伤或伤情轻重,对正当防卫的认定没有影响。

二、正当防卫制度概述

(一) 正当防卫的概念及成立要件

根据《刑法》第20条的规定,正当防卫是指为了保护国家、公共利益、本人或他人的人身、财产和其他权利免受正在进行的不法侵害,采取对不法侵害人造成或者可能造成损害的方法,制止其不法侵害的行为。[1]根据《刑法》第20条第1款及第3款的不同规定,正当防卫又分为一般正当防卫与特殊正当防卫。一般正当防卫指的是防卫人针对一般程度的不法侵害所采取的防止其损害国家利益、公共利益、本人或他人的人身权、财产权以及其他权利的行为。特殊正当防卫指的是防卫人针对严重的不法侵害所采取的防止其损害国家、公共利益、本人或他人权利的行为。一般的正当防卫不宜过限,而特殊正当防卫则没有限度要求,又被称为无过当防卫。

目前,刑法理论界的通说认为,正当防卫有以下五个成立要件:其一,有实际的不法侵害存在,这是防卫的前提。其二,不法侵害必须正在进行。其三,目的是使国家、公共利益、本人或者他人的人身、财产和其他权利免受不法侵害。其四,防卫行为必须针对不法侵害人进行。其五,防卫的限度必须尚未明显超过必要限度造成重大损害。[2]

---

[1] 张明楷:《刑法学》(上册)(第5版),法律出版社2016年版,第197页。
[2] 张明楷:"防卫过当:判断标准与过当类型",载《法学》2019年第1期。

(二) 正当防卫条款的沿革及立法精神的变迁

"正当防卫"首次出现在我国刑法中是在1979年《刑法》第17条："为了使公共利益、本人或者他人的人身和其他权利免受正在进行的不法侵害，而采取的正当防卫行为，不负刑事责任。"1994年，我国准备开始对刑法进行大规模修订，正当防卫成了其中迫切需要解决的重点问题之一。1983年"严打"以后，在正当防卫的认定上出现了明显偏差，尤其是指控机关，往往不敢轻易地认定正当防卫，甚至防卫过当都不敢认定，正当防卫制度在司法适用中遇到阻力。1996年5月，全国人大法工委就修改刑法的10个重点问题征求"两高"意见时，如何强化公民正当防卫权利的保护问题就在其列。立法机关在听取了各方意见的基础上，对正当防卫制度作了较大幅度的修改。我国现行刑法的正当防卫条款（即《刑法》第20条）一共有3款，分别对一般防卫条件、防卫限度及特殊防卫权作出了规定。我国于1979年《刑法》关于正当防卫的理念可以被概括为"超过必要限度造成不应有的危害"。我国于1997年修订《刑法》时对第20条作出了修改，即在必要限度前加上了"明显"二字，这使其保护防卫人防卫积极性的价值取向更加明确。1997年《刑法》的修改体现出了我国立法精神的变迁，一方面，不仅是在强化正当防卫权，鼓励公民勇于实施正当防卫，另一方面，还提出了限制认定防卫过当的要求。

三、正当防卫在我国的适用现状

正当防卫是刑法赋予我国公民在法律手段无法在紧急情况下起到保护作用时，公民个人所实行的保护国家、他人和自身合法利益的一种权利，是法定的违法阻却性事由。其目的是制止不法侵害，保护公共利益和公民的人身财产安全。一般认为，正当防卫是国家救济的一种补充，是一种私力救济。正当防卫应当且仅当在国家的力量无法对公民的人身财产安全进行现时保护的紧急情况下，方能采取的行为。有鉴于此，世界各国均明确规定了正当防卫的成立条件，要求公民在法律许可的范围内行使正当防卫权，同时要求司法机关秉承严谨的态度认定正当防卫类案件，但从近年来正当防卫的适用现状来看，司法机关对于正当防卫类案件的认定显然存在一些问题。

(一) 正当防卫适用现状的实证分析

以"正当防卫"为关键词在裁判文书网搜集案件并进行分类可以发现，

正当防卫类案件绝大部分属于以下四种类型：[1]①故意伤害致人死亡或故意杀人案件，被告人或辩护人往往以正当防卫或防卫过当为由进行辩护；②被告人被以防卫过当而构成故意伤害罪起诉，被告人或辩护人以正当防卫为由进行辩护；③被告人被人民检察机关以故意犯罪起诉，被人民法院认定存在防卫过当，从而减轻或免除处罚；④被告人被人民检察机关以故意犯罪或防卫过当起诉，被人民法院认定为正当防卫，宣告无罪。其中最具有讨论意义的是后两种，即涉及控、审意见分歧的情况。

从适用现状的核心趋势来看，构成正当防卫的比例在逐步下降，被认定为防卫过当的案例比例有所上升。在司法实践中存在"对正当防卫掌握过严，对防卫过当适用过宽"的现象。最高人民法院常务原副院长沈德咏认为："从若干年的司法实践来看，对于正当防卫制度的适用仍趋保守，不敢或者不善于适用正当防卫制度，将本属于正当防卫的行为认定为防卫过当，甚至认定为普通的故意伤害、故意杀人的现象，仍然客观存在。"

具体而言，一方面，司法机关认定成立正当防卫的案件数量偏少且呈现逐步减少的趋势。正当防卫制度作为公民在紧急情况下保护自身权益不受不法侵害的有效手段，在1997年以后，随着刑法条文的不断修改，其成立的门槛在逐步降低。但在司法实践中，被认定为正当防卫的案件不但没有增加，反而不断减少。另一方面，司法机关对于正当防卫认定标准的把握与普通民众对于正当防卫的认知存在较大矛盾。正当防卫类案件相比较于其他类型的刑事案件，受到了社会舆论及民众的关注较高。每一起正当防卫类案件的发生，往往都伴随着较大的争议和讨论。之前发生的"黄中权案""张福林案"，近年发生的"于欢案""于海明案"莫不如此。这些案件，都是防卫人处于明显弱势的一方，对侵害采用了激烈的防卫方式，造成了被害人死亡或者重伤的法律后果。民众普遍主张扩大正当防卫认定的适用范围，对于公民个人利益的保护最大化，但司法机关对于正当防卫的认定一直趋于保守，被认定为正当防卫的案件较少；司法机关对于正当防卫的认定与广大民众的认知存在较大的差异。[2]民意与司法机关在正当防卫认定问题上的对峙，

---

[1] 尹子文："防卫过当的实务认定与反思——基于722份刑事判决的分析"，载《现代法学》2018年第1期。

[2] 参见张明楷："正当防卫的原理及其运用——对二元论的批判性考察"，载《环球法律评论》2018年第2期。

使得正当防卫的认定不仅仅是一个法律问题，更上升为广受舆论关注的社会问题。

（二）正当防卫适用现状中存在的问题

1. 主观成立条件掌握过严

司法机关对正当防卫的主观成立条件掌握过严，是导致正当防卫制度适用困境的原因之一。众所周知，正当防卫是法定的违法阻却性事由，属于私力救济，因而正当防卫就必须得限制性地使用，否则公民便容易滥用正当防卫权。以该立场为出发点，司法机关对于正当防卫成立条件的把握历来十分严格，主张在正当防卫的认定上对于成立条件应该严格把握，对于正当防卫成立的主观要件要求更甚。

提及正当防卫的主观要件，必然会涉及防卫意图这一概念。所谓"防卫意图"是指防卫人在主观上意识到不法侵害已经发生，为了保护国家、社会公共利益、本人或者他人的人身、财产等合法权利，而决意制止正在进行的不法侵害的心理状态。防卫意图包括防卫认识和防卫目的。防卫认识是指防卫人认识到不法侵害正在进行；防卫目的是指防卫人出于保护国家、公共利益、本人或者他人的人身、财产和其他权利免受正在进行的不法侵害的目的。我国司法机关在对于正当防卫主观要件的把握上要求正当防卫应当具有防卫意图，即同时具备防卫认识、防卫目的两方面，缺一不可。在司法实践中，司法机关对于防卫意图的把握标准是极为严苛的。司法机关在认定正当防卫案件时坚持理论界中的防卫意图必要说，防卫人的防卫行为不应当具有侵害意图，只能存在防卫意图，否则一概不能被认定为正当防卫。[1]司法机关在司法裁判中对于正当防卫的认定即体现着只有纯粹的具有防卫意图，才能被认定成立正当防卫的法律观念。在实践中，只要行为人在防卫的起因或者矛盾激化的过程中存在过错、在实施行为的过程中存在回避可能性，并非在"无路可退"的情况下或者具有提前准备工具等情形，并发生损害后果，便均会被认为并非纯粹的具有防卫意图，而是带有攻击意图，从而被认定为不符合正当防卫的主观要件。在这样的法律理念影响下，司法机关在实践中产生

---

[1] 潘星丞："正当防卫中的'紧迫性'判断——激活我国正当防卫制度适用的教义学思考"，载《法商研究》2019年第2期。

了一些固化的判断标准,如起因有责性[1]、防卫的不得已性[2]、"备械自卫"一般不成立正当防卫[3]等。

2. 认定标准存在"唯结果论"倾向

在大多数案件中,司法机关都是根据防卫人最后造成了值得处罚的损害后果来认定其构成防卫过当。也即在实务操作中,司法机关主要是通过防卫行为最后造成的损害后果来判断防卫行为是否"明显超过必要限度造成重大损害"。但是,这种认定标准的"唯结果论"倾向是对正当防卫立法目的的背离,值得深刻反思。一方面,从正当防卫条款的规定来看,正当防卫是公民为了避免自己、他人或者国家、公共利益受损而实施的制止不法侵害的行为。据此,明显应该以制止不法侵害、保护合法权益的实际需要来确定正当防卫的必要限度。另一方面,从司法机关的态度来看,最高人民法院、最高人民检察院、公安部、司法部于2015年3月2日公布的《关于依法办理家庭暴力犯罪案件的意见》第19条第2款明确指出:"认定防卫行为是否'明显超过必要限度',应当以足以制止并使防卫人免受家庭暴力不法侵害的需要为标准,根据……等进行综合判断。"总之,从立法目的及最高司法机关的态度综合来看,对正当防卫必要限度的判断应该以足以制止不法侵害的需要为标准。而实务中这种唯结果论的做法却在相当程度上阻碍了公民通过正当防卫来制止不法侵害、保护合法权益,导致正当防卫的立法目的落空。

3. 对"造成重大损害"的理解存在差异

一般而言,防卫行为给不法侵害人造成的损害都是对身体、生命的伤害。而就人身损害来说,通说认为,《刑法》第20条第2款中的"重大损害"是指造成不法侵害人重伤或死亡。但通过梳理前述案例可以发现,大部分法院均认为防卫行为给不法侵害人造成轻伤的也属于"造成重大损害"。这一现象说明了实务部门和理论界关于"重大损害"的理解并不完全一致,存在理论

---

[1] 司法机关根据自卫者是否对不法侵害起因有责任来判定是否成立正当防卫,经常被称为"起因有责性"。参见杨毅伟:"自我防卫与相互斗殴的刑事司法判定研究——以个案为线索的分析",载《西南政法大学学报》2012年第6期。

[2] 防卫不得已性这一概念的出现,实际是在1954年《中华人民共和国刑法指导原则草案》第5条"为了防卫公共利益或者个人的人身和财产权利免受正在进行的犯罪侵害,不得已而对犯罪人实行的正当防卫行为,不认为是犯罪"。虽然这一概念在刑法不断的修改、完善下已经不再被使用,但在实际的司法实践中,司法机关仍然将这一理念应用在正当防卫案件的判断中,并将其更加具体化。

[3] 陈兴良:"正当防卫:指导性案例以及研析",载《东方法学》2012年第2期。

与现实脱节的现象。

从体系解释的角度来讲,"重大损害"应该是指重伤及以上后果。根据《刑法》第 20 条第 1 款的规定,正当防卫是"对不法侵害人造成损害"的行为。按照三阶层的犯罪论体系看,能够进入违法性阶层讨论的行为都是符合构成要件的行为。但是若按照四要件的犯罪论体系看,正当行为必须在形式上具备某种犯罪的客观要件。也即,"只有防卫行为给不法侵害人造成的'损害'在表面上符合某些犯罪的结果要求时,才需要讨论其是否构成正当防卫,否则就可以直接判定该行为不符合相关犯罪的客观要件从而能够判定出罪"。[1]据此,当防卫行为给不法侵害人造成人身伤害时,《刑法》第 20 条第 1 款规定的"损害"是指轻伤及以上后果。只有防卫行为造成不法侵害人轻伤及以上损害的,才有可能进入正当防卫的讨论范畴。而如果把《刑法》第 20 条第 1 款中的"损害"理解为轻伤及以上后果,那么《刑法》第 20 条第 2 款中的"重大损害"就应该是重伤及以上后果,否则就不能区别"重大损害"与"损害",也就不能体现出防卫过当与正当防卫在损害后果上的差别,更不符合从旧《刑法》的"造成不应有的损害"到新《刑法》的"造成重大损害"的立法理念的变迁趋势。

四、对正当防卫在我国适用现状的反思

正当防卫适用现状中出现的上述问题,部分是立法问题造成的,部分是司法理念造成的。从学理上说,之所以会出现对正当防卫之成立条件进行限缩,是因为正当防卫过程自身的复杂性及立法本身的不明确。[2]就防卫过当认定中的唯结果论而言,这与"超过必要限度""造成重大损害"等规定有关,这一规定本身不包括主观方面内容,没有区分不法与有责,结果往往是不法判断替代有责判断,或唯结果而忽视责任判断。

（一）适用现状产生的原因

1. 刑法条文的抽象性,适用标准不统一,自由裁量空间较大

我国《刑法》条文中关于正当防卫制度的内容,主要见于其第 20 条的规定。"徒法不足以自行",抽象的法律条文应用于具体的案例,需要司法机关

---

[1] 吴允锋:"正当防卫限度的判断规则",载《政治与法律》2018 年第 6 期。
[2] 邹兵建:"正当防卫中'明显超过必要限度'的法教义学研究",载《法学》2018 年第 11 期。

在具体应用时进行解释和适用。按照刑法规定,一般认为成立正当防卫需要具备五个方面的条件即时间条件、起因条件、主观条件、对象条件、限度条件。司法机关在认定行为是否属于正当防卫行为时,往往根据这五个成立条件结合案件事实进行综合判断。正当防卫的适用条件看似明确,但实际上存在争议的问题依然很多。首先,正当防卫的认定过程中所出现的问题,在很大程度上是因为法律条文没有明文规定,缺乏明确的法律解释,无法形成统一的认识。如前文提及的如何认定明显超出必要限度、如何认定不法侵害正在进行等。司法机关对于正当防卫进行认定时往往因为法条理解上的差异而造成同案不同判的结果。同时,我们也应该看到关于正当防卫适用条件在理论上也是争论不休,客观上也造成了实务界适用条件把握的尺度不同,标准很不统一。如理论界对于主观要件中防卫意图必要与否的争论;判断防卫手段是否必要的主客观标准的争论。这些理论上的争论也使得司法界对于正当防卫的认识无法形成统一,也就无法对于适用条件做出明晰的解释。

2. 司法机关的立场以及案外因素的影响

司法机关对于正当防卫的认定本质上属于司法行为,不应当受到任何行政及其他因素的干扰。但由于正当防卫制度有其特殊性,对于正当防卫的认定不仅涉及法律层面的判断,还涉及社会价值层面的判断。正当防卫是"正与不正"的关系,正当防卫是正的一面。[1]此外,由于广大民众对于正当防卫案件的参与程度及热情较高,在某种程度上,其已成为衡量社会正义的一项指标。司法机关在对正当防卫案件进行认定时除了需要考虑法律效果,也要考虑案件可能产生的社会效果,努力追求法律效果与社会效果的有机统一。因此,司法机关对于正当防卫的认定就不可避免地会受到社会舆论的影响。

此外,正当防卫的认定也会受到司法人员主观因素的影响。近几年间,广受关注和争议的正当防卫案件不断涌现,司法人员在对正当防卫进行认定时,面临较大的压力,不可避免地会对这些因素进行考量。但问题在于对于这些因素的考量必须是在对案情有了清晰把握,对于是否构成正当防卫有了明确认定的情况下。然而,在实际的司法实务中,通过之前在定性、量刑中存在问题的原因分析,我们可以看到在正当防卫成立条件的把握上,我们还存在着诸多的问题。在本身案件性质就存在争议的情况下,又缺乏统一、权

---

[1] 张明楷:"故意伤害罪司法现状的刑法学分析",载《清华法学》2013年第1期。

威的司法解释或者指导性意见，只能根据有限的法条理解和基本案件事实进行自由裁量。法官在错案追责制的压力下，在追求法律效果和社会效果相统一的司法理念下，尽量平衡案件，才能让自己的判决既能体现出法律效果，又能有良好的社会效果。

3. "唯结果论"思维的影响

所谓"唯结果论"思维，其实并非刑法本身衍生出的概念，而是刑法学界为了更好地阐释正当防卫中所存在的这种现状而引用的一个概念。当前的司法实践中，在认定正当防卫案件时，如果出现了不法侵害人重伤或者死亡的后果，导致很多案件被认定为防卫过当，而以客观结果性要素作为判断标准的"唯结果论"思维的影响是产生该问题的重要原因。即如果真的具有认定为正当防卫的可能性，司法机关也会因造成了死亡结果而将被告人的行为认定为防卫过当。之前在正当防卫案件认定的特点中写到的认定为正当防卫的案件一般不会出现死亡的法律后果，这其中就体现着这种唯结果论的影响。[1]裁判者偏重于将案件结果性要素作为正当防卫是否超过必要限度的衡量标准，在出现了重伤和死亡的法律后果的情况下，司法人员往往考虑的是谁应该为此负责，而忽视了对谁是侵害人、谁是防卫人的判断，不能全面地把握正当防卫的适用标准，只要出现重伤以上的伤害后果，即认定防卫过当。

（二）如何改善适用现状

1. 遵循立法理念，适当放宽正当防卫的认定

通过前文对正当防卫适用现状所产生问题的原因分析，我们可以看到司法机关对立法理念的理解是问题产生的一个重要原因。若司法机关对正当防卫的适用条件进行严苛把握，就变相提高了正当防卫成立的门槛，这与1997年《刑法》修改后立法上放宽正当防卫成立标准的立法精神是相违背的。从实际效果来看，也造成了正当防卫制度适用上的困境。因此，司法机关应该重新审视对于正当防卫的理念选择，必须依据社会的变迁对正当防卫的立法精神做出准确把握。司法机关应该认识到正当防卫制度是刑法赋予公民的保护自身利益的有效手段，是刑法保护人权的具体体现。"要认识到对于正当防

---

[1] 冯军："防卫过当：性质、成立要件与考察方法"，载《法学》2019年第1期。

卫的判定，不仅需要法律意义上的正确，也需要一种社会意义上的正确。"〔1〕因此，司法机关要适当放宽对正当防卫成立标准的把握，办理案件时要对案件事实进行整体把握，从防卫人的角度去考量，必要时要作出有利于防卫人的裁判，以此实现情、理、法三方面的有机统一，促进正当防卫制度的正确适用。

2. 采纳事前判断模式，摒弃唯结果论倾向

正当防卫行为的认定是一个复杂的过程，只有同时满足五个成立要件条件方能认定，对于正当防卫是否成立的判断，不可能是单一判断。因此，司法实践中普遍采取的事后判断模式，即以事后查明的案件事实作为判断对象，以结果作为主要判断标准的模式，必然是不全面、不客观的，必定也是不公正的。此外，在唯结果论思维的影响下，以结果作为事实认定的主要依据，必然会导致法官思维模式的僵化。这不仅限制了防卫人的防卫行为，而且助长了侵害人的气焰，显然与正当防卫制度设立的初衷相冲突，也与刑法的基本理念相违背。因此，在判断正当防卫是否成立时，我们应当克服唯结果论思维的影响，建立起"以行为时的全部证据事实为依据，以社会普通人的一般认识为标准"的事前判断模式。与此同时，借鉴国外的期待可能性理论，即从行为时的具体情况看，可以期待行为人不为违法行为，而实施适法行为的情形。其价值在于"对生活中可能限制行为人意志自由的客观因素给予应有的关注"，在限度条件的判断中，在考虑行为本身的情况下，兼顾考虑行为人实施行为的具体客观环境，以此来评价行为是否存在实施适法行为的可能性。〔2〕以此力求能够有效消除唯结果论的影响，有效解决定罪中存在的问题。

3. 发挥司法解释及典型案例的指导作用

一方面，为了统一正当防卫的司法适用标准，"两高"有必要出台针对正当防卫成立条件方面的司法解释，将正当防卫中理解上存在争议的内容明晰化、具体化，同时将司法适用中的适用标准进一步统一。虽然学界有观点认为，由于正当防卫自身的特殊性质，加之存在争议的正当防卫案件也日趋复杂，采用司法解释的方式可能会带来更加不明确的效果。同时，由于正当防

---

〔1〕 陈兴良："正当防卫如何才能避免沦为僵尸条款——以于欢故意伤害案一审判决为例的刑法教义学分析"，载《法学家》2017年第5期。

〔2〕 姜敏："正当防卫制度中的'城堡法'：渊源、发展与启示"，载《法学评论》2018年第5期。

卫往往掺杂伦理性因素，过于明确标准，有可能弱化法官的自由裁量权。但是，面对当下的实际形势，面对越来越多的存在巨大争议的案例，面对越来越多的对于法院判决的质疑，正当防卫的作用范围正在被限缩，正当防卫制度正在失去其应有的法律作用。因此，我们必须做出回应，"在统一认识的基础上形成统一的判断标准，并适时出台司法解释，才是最合理的做法"。[1] 有了统一的司法解释，会使正当防卫的成立与否在说理过程中有理有据，从而有效地解决在论理过程中说理不充分的问题。具体而言，应当采取"必需说"的立场，将符合正当防卫限度条件的情况明确化、类型化，以司法解释实现正当防卫成立条件的明确化。

另一方面，虽然我国并非判例法国家，但具有针对性的指导案例在认定正当防卫的案件中发挥着重要的作用。最高人民法院的指导性案例具有一定的权威性，可以起到类似于司法解释的效果。同时，指导性案例的出台不需要像司法解释那样需要较长的研讨时间，可以较为及时地发挥示范作用，有助于解决正当防卫制度在具体适用中产生的一些问题。通过这种具有针对性的案例，可以让广大的司法人员了解最高人民法院对于正当防卫成立条件的把握尺度，为法官在认定中存在的模糊地带提供较为清晰的答案，明晰成立条件中的关键因素。此外，有针对性的指导案例还能让法官们了解最高人民法院对于正当防卫成立条件认定的态度，纠正司法实践中对于成立条件严苛把握的倾向。总之，具有针对性的指导案例在认定正当防卫的案件中发挥着重要的作用。

结　语

正当防卫制度是我国一项重要的法律制度，其目的是制止不法侵害，保护公共利益和公民的人身财产安全。因此，正当防卫制度的制定不仅具有积极的法律意义，而且具有十分重要的社会意义。但近年来，关于正当防卫认定方面的案件出现了多起有争议判决，引起了社会上的广泛关注。因此，有必要充分分析我国正当防卫制度的适用现状，针对其中存在的问题加以改进和完善。司法裁判不仅是对个案是非曲直的价值评价，也是对社会的规范指引和政策宣示。"于欢案""于海明案"等涉及正当防卫适用的热点案件，具

---

[1] 劳东燕："正当防卫的异化与刑法系统的功能"，载《法学家》2018年第5期。

有强烈的标本意义。同时，由于司法裁判往往能够反映出法律制度的适用现状，且任何刑法制度都需要在人权保障与维护社会秩序之间保持合理张力，因而正当防卫制度在保护社会的同时，也应当促进对公民权利的保障。对正当防卫制度的适用进行反思，有助于促进正当防卫制度功能的实现。

点 评

　　从法理学角度出发，人类社会的发展规律是从私力救济为主走向公力救济为主，甚至不鼓励私力救济，这种发展趋势是出于对人性中自利天性的防范。在具体案例中，正当防卫的判断权应当配置给公、检、法中的哪一个环节？司法不应当仅限于判断权，而是应当从过程论角度出发，将侦查、起诉、审判甚至执行等一个完整的过程都认定为属于司法过程的范围。我国对正当防卫的认定态度十分谨慎，这实际上也是一个政治哲学和司法哲学问题。而于"海明案"的出现，表现出我国的司法哲学已经开始走向较为开放的阶段，一方面，司法机关开始敢于行使其裁量权；另一方面，司法机关在权利救济问题上不再拘泥于"平衡"目的。在"于海明案"后，公安部也出台了一部文件，规定公安机关在执法过程中如果发生工作人员防卫的事件，不能追究工作人员的责任，这实际上就体现了司法机关改变了原有的保守态度，通过保障权利，使司法机关敢于履行职责。

（点评人：武汉大学法学院　江国华教授）

学理争鸣

国家监察体制改革背景下的检察机关侦查权研究

何宗鹏*

内容提要： 此次国家监察体制改革，检察机关查办贪污贿赂、失职渎职犯罪等职权被整合至监察机关。但2018年修改的《刑事诉讼法》及相关法律法规明确了检察机关作为法律监督机关仍然享有直接立案侦查权、机动立案侦查权与补充侦查权。结合检察权的本质属性、现代公诉制度以及权力制约客观需要来看，保留检察机关的侦查权都是十分必要的。但监察体制改革后，检察机关的侦查权与监察机关调查权管辖不清晰、机动侦查权范围限定狭窄等问题凸显。针对上述问题，可以考虑通过更加具体的细则规定厘清检察机关侦查权与监察机关调查权管辖关系、适当扩大机动侦查权受案范围、明确现行自行补充侦查的条件和范围同时设立专门的内设机构统一行使检察侦查权。

关键词： 检察机关 侦查权 监察体制改革

一、监察体制改革后检察机关侦查权种类

根据我国2018年最新修改的《刑事诉讼法》及相关法律法规，检察机关作为法律监督机关，能够行使的侦查权大致分为直接立案侦查权、机动立案侦查权与自行补充侦查权三类：

（一）直接立案侦查权

直接立案侦查权，即检察机关直接立案侦查的权力。对于某些特殊案件，需要由检察机关进行侦查时，检察机关根据国家最高权力机关的授权或者法

---

* 何宗鹏，武汉大学法学院2017级宪法学与行政法学硕士研究生。

律的明文规定直接进行立案侦查。[1]检察机关在侦查这类案件时被赋予了开展侦查活动时所需要的各种侦查手段。2018年修订的《刑事诉讼法》第19条第2款规定:"人民检察院在对诉讼活动实行法律监督过程中发现的司法工作人员利用职权实施的非法拘禁、刑讯逼供、非法搜查等侵犯公民权利、损害司法公正的犯罪,可以由人民检察院立案侦查。……"中纪委、国家监委联合印发的《国家监察委员会管辖规定(试行)》第21条第1款规定:"在诉讼监督活动中发现的司法工作人员利用职权实施的侵犯公民权利、损害司法公正的犯罪,由人民检察院管辖更为适宜的可以由人民检察院管辖。"

结合上述两个规定,我们可以从三个层面来理解监察体制改革之后的检察机关的直接立案侦查权:一是由人民检察院直接立案侦查管辖须满足以下条件:①在诉讼监督活动中发现的;②犯罪主体必须是司法工作人员;③犯罪客观方面表现为利用职权实施的行为;④侵犯的法益是公民权利(包括公民人身权利和民主权利)或者司法公正;⑤由人民检察院管辖更为适宜。以上五个条件缺一不可。二是在诉讼监督活动中发现的司法工作人员利用职权实施的侵犯公民权利、损害司法公正的犯罪,原则上本是由监察机关管辖,并不是检察机关必然管辖。对于此类检察机关可管辖的罪名,监察委要管辖此类职务犯罪案件随时可以进行管辖,监察机关进行管辖后,检察机关是不能再次立案进行管辖的。[2]只有由人民检察院管辖更为适宜的才可以由人民检察院管辖。三是在诉讼监督活动外发现的司法工作人员利用职权实施的侵犯公民权利、损害司法公正的犯罪,应当由监察机关管辖。如当事人到监察机关举报其受到司法工作人员侵犯或者监察机关在开展日常监督过程中发现等情形。

(二) 机动立案侦查权

我国《刑事诉讼法》第19条第2款后半部分规定:"对于公安机关管辖的国家机关工作人员利用职权实施的重大犯罪案件,需要由人民检察院直接受理的时候,经省级以上人民检察院决定,可以由人民检察院立案侦查。"检察机关根据其法律监督机关的地位和刑事案件的性质及其社会影响程度等,认为对于原本公安机关管辖的刑事案件有必要进行管辖的,有进行立案侦查

---

[1] 郭立新主编:《检察机关侦查实务》(第1卷),中国检察出版社2005年版,第60页。
[2] 张智辉:"检察侦查权的回顾、反思与重构",载《国家检察官学院学报》2018年第3期。

的权力。[1]机动侦查权赋予了检察机关在法定情形下对管辖范围之外的案件行使侦查管辖权,体现了检察机关作为国家公诉机关的追诉犯罪的职责和实施监督的职能,是检察机关介入重大案件的法律依据。[2]但是,目前机动侦查权被限定在狭窄的范围内。

《刑事诉讼法》关于我国检察机关的机动立案侦查权经过了两次重大修改。第一次修改是在1996年。1979年通过的《刑事诉讼法》第13条第2款规定:"……人民检察院认为需要自己直接受理的其他案件,由人民检察院立案侦查和决定是否提起公诉。"这个规定的表述比较笼统,缺乏客观标准,容易发生歧义,在司法实践中某些检察机关借此立案侦查管辖范围以外的案件,造成了立案管辖的混乱,实践中经常出现一些问题。[3]为了使检察机关直接受理的案件范围更加明确,立案的审批程序更加严格,1996年修改的《刑事诉讼法》对此规定进行了修改。修改后的《刑事诉讼法》第19条第2款规定:……"国家机关工作人员利用职权实施的其他重大犯罪案件,需要由人民检察院直接受理的时候,经省级以上人民检察院决定,可以由人民检察院立案侦查。"第二次修改便是这一次的《刑事诉讼法》修改,新修改的部分在原有的规定基础之上增加了由公安机关管辖的检察机关才具有机动立案侦查权。这主要是为了顺应监察体制改革,体现由监察机关对所有公职人员进行统一监督和查处的精神。

(三) 自行补充侦查权

检察机关的自行补充侦查权,是指检察机关及其工作人员在审查起诉时,如果认为事实不清、证据不足,不能达到移送到法院起诉,享有对该案件进行补充侦查,收集相关证据的权力。依照现行法律规定,检察机关的补充侦查权主要包含两部分:

首先是依据《刑事诉讼法》第175条规定以及《人民检察院刑事诉讼规则(试行)》第380条的规定,人民检察院相对于公安机关拥有的补充侦查权。即人民检察院审查案件,对于需要补充侦查的,可以退回公安机关补充侦查,也可以自行侦查。具体而言便是人民检察院认为犯罪事实不清、证据

---

[1] 唐益亮:"检察院侦查权限度保留之必要性及路径",载《时代法学》2018年第2期。
[2] 刘玲:"两岸检察机关侦查权之比较",武汉大学2017年硕士学位论文。
[3] 邹翔:"我国检察机关侦查权研究",南昌大学2014年硕士学位论文。

不足或者遗漏罪行、遗漏同案犯罪嫌疑人等情形需要补充侦查的，应当提出具体的书面意见，连同案卷材料一并退回公安机关补充侦查；人民检察院也可以自行侦查，必要时可以要求公安机关提供协助。

其次是《监察法》第五章"监察程序"第47条第3款规定的检察机关对于监察机关办理的案件的补充侦查权。对监察机关移送的案件，检察机关经审查后认为犯罪事实不清、证据不足，需要补充核实的，应当退回监察机关补充调查，必要时可以自行补充侦查。这是检察机关对监察机关进行监督的重要体现和制度措施。需要注意的是，"退回补充调查"与"自行补充侦查"是有先后顺序的，考虑到监察机关移送的案件政治性强、比较敏感，检察机关公诉部门审查后认为需要补充证据的，一般应当先退回监察机关进行补充调查。必要时，才由检察机关自行补充侦查。一般而言，检察机关认为监察机关移送的案件定罪量刑的基本犯罪事实已经查清，但具有下列情形之一的，可以自行补充侦查：一是证人证言、犯罪嫌疑人供述和辩解、被害人陈述的内容中主要情节一致，个别情节不一致且不影响定罪量刑的。二是书证、物证等证据材料需要补充鉴定的。三是其他由检察机关查证更为便利、更有效率、更有利于查清案件事实的情形。

二、监察体制改革后检察机关享有侦查权的必要性

从理论上讲，检察机关享有侦查权是十分必要的。这种必要性主要表现在以下几个方面：

（一）检察机关享有侦查权是由检察权的本质属性决定的

检察是以"检"为前提、为依托的。没有"检"，就没有检察，就没有现代检察制度。所谓"检"，就是调查了解情况。现代检察制度是在资产阶级革命中为了打破中世纪司法专横而从法官的权力中分离出来的。它从诞生之时起就担负着维护国家法律统一正确实施的使命。[1]为了维护法治的权威，保障法律的正确实施，就必须具有发现违法的手段。这种手段正是侦查权的行使。没有侦查权，检察机关就难以发现违法事实的存在，就难以保障法律的正确实施。

（二）检察机关享有侦查权是现代公诉制度的必然要求

现代公诉制度是建立在国家追诉主义理念基础之上的。追诉犯罪的权利，

---

[1] 唐益亮："检察院侦查权限度保留之必要性及路径"，载《时代法学》2018年第2期。

在历史上是由被害者个人及其家族享有的。国家之所以禁止被害人个人追诉，而要由国家来追诉犯罪，是因为在国家看来，犯罪不仅仅是侵害个人权利的行为，而且是危害国家利益和人类社会共同利益的行为，国家有责任让每一个实施犯罪行为的人都受到法律的追究。因此，公诉制度存在的价值就是为了保证使每一个犯罪都能受到应有的法律追究，以伸张法律正义。而要保证这一点，除了国家建立必要的侦查机关来侦查已经发生的犯罪案件之外，检察机关应当具有相应的职权，以便在应当追诉而侦查机关没有进行侦查的情况下主动进行侦查，以发现和证实犯罪事实，使实施犯罪行为的人受到法律的追究。这是国家追诉权实施的制度保障。特别是在以审判为中心的诉讼制度改革之后，检察机关如果没有侦查权，在应当调查的犯罪事实没有充分调查的情况下，国家追诉主义的理念就不可能真正实现。从这个意义上讲，检察机关享有侦查权是国家追诉主义的必然要求。

（三）检察机关享有侦查权是权力制约的客观需要

从权力制约的角度看，我们国家设置了多个行使侦查权的国家机关，如公安机关享有对普通刑事案件的侦查权，国家安全机关享有对危害国家安全犯罪案件的侦查权，海关享有对走私犯罪案件的侦查权，国家监察委员会享有对职务犯罪案件的侦查权。而这些部门之间互不隶属，也没有互相监督的机制。其中任何一个部门没有充分行使侦查权，都会导致有关方面的刑事案件没有被侦查，或者虽然进行了侦查但获取的证据难以达到追诉犯罪的要求，这方面的侦查权就可能被虚化，就难以实现该权力配置的目标。[1]因此，赋予第三方即检察机关以特别侦查权，作为侦查机关没有充分行使侦查权的补充，就可以有效地制约其他国家机关侦查权的行使，弥补侦查机关渎职造成的破坏法律正确实施的不利后果。

三、监察体制改革后检察机关行使侦查权亟待解决的问题

（一）检察机关侦查权与监察机关调查权管辖关系有待厘清

对于检察机关能够行使直接立案权的条件，因为法律用的是"可以""更为适宜"等模糊的用语。检察机关能够行使直接立案权的标准不够明确，这也导致了检察机关侦查权与监察机关调查权管辖关系的混杂不清。首先，检

---

[1] 甄贞等：《检察制度比较研究》，法律出版社2010年版，第132页。

察机关能够行使直接立案权的标准不够明确导致了检察机关无法具体地行使立案侦查权,所以检察院发现司法工作人员利用职权实施的非法拘禁、刑讯逼供、非法搜查等侵犯公民权利、损害司法公正犯罪的问题线索之后,往往移送监察机关,由监察机关依法调查处置。其次,在实践中,有的监察机关会机械地认为司法工作人员利用职权实施的非法拘禁、刑讯逼供、非法搜查等侵犯公民权利、损害司法公正犯罪就是由检察机关来立案受理,而检察院一方面对于此类案件立案侦查受限于是在诉讼监督中发生的,另一方面监察体制改革后检察院的两反部门已经被整体撤销了。对于此类案件,检察院往往不知道应该由哪个部门对此类案件进行管辖。进而造成了监察委和检察院都不对此类案件进行管辖的"法律空白"局面。

(二) 机动侦查权范围限定狭窄

由于1979年《刑事诉讼法》的规定缺乏必要的程序上的控制,显得随意性太大,致使该权力在司法实践中被不当使用,在1996年对该条加强了限制,但《刑事诉讼法》的这一修订,又明显带有矫枉过正的色彩,经过了司法实践后,由于我国检察机关的机动侦查权受到严格限制,妨碍了检察机关有效地发挥法律监督作用,并造成了管辖制度的僵化。例如:在侦查对象上,仅限于"国家机关工作人员";在侦查的案件范围上,仅限于"重大犯罪案件";在程序上,仅限于"省级以上人民检察院决定"。如果不能满足这些条件,则不能启动。不仅立法对检察机关的机动侦查权几近剥夺,实际上自1996年修法以来,从历年来最高人民检察院工作报告来看,检察机关的机动侦查权越来越小。[1]

(三) 检察机关自行补查力度不够,一定程度上降低了诉讼效率

2018年《刑事诉讼法》第171条第2款明确规定检察机关对案件自行补充侦查。在刑事诉讼活动中,对于某些案件,检察机关可以采取自行补充侦查的方式对案件进行补查,而不需要再将案件退回侦查机关补查。此条规定具有很重要的意义,比如,可以在某种程度上提高案件的诉讼效率、在刑事活动中节约司法成本,检察机关根据起诉标准对案件相应证据进行补充,以此来保证案件质量的提高。在实践中,对于需要进行补查的案件,基本上都

---

[1] 李振杰、唐益亮:"改革视域下检察机关机动侦查权之重构",载《山西省政法管理干部学院学报》2017年第3期。

沿用退回补充侦查的办法以减轻案多所带来的压力,所以检察机关很少对案件进行自行补充侦查。在实践中发现的更意外的情形是,有部分退回补充侦查的案件所需要补查的内容不难,检察机关自己就可以补查完毕。比如说,在检察机关制定的退回补充侦查提纲中,退回补充侦查的内容是需要侦查机关查找调出犯罪嫌疑人之前被判处刑罚的刑事判决证明,在这个退回补充侦查的案件中,所需要补查的内容仅仅是对判决书的调取,并且补充侦查所需时间为1个月。像这样的案件纯粹是检察机关为了赢得办案时间对退回补充侦查进行滥用,延长了案件时间,耗费大量资源。这种现象在实践中并不少见。所以,在类似案件中对于需要补充侦查的简单内容,检察机关完全可以自行补充侦查,没有必要浪费不必要的时间,来延误案件的诉讼时限,从而大大提高诉讼效率,特别是对犯罪嫌疑人在押的案件。

四、监察体制改革后我国检察机关侦查权的完善

(一)厘清检察机关侦查权与监察机关调查权管辖关系

尽管《刑事诉讼法》以及《国监委管辖规定(试行)》对司法工人员的范围及认定、具体可以管辖的渎职罪名,以及确定管辖时的具体操作和程序等都没有作出详细规定,但是,笔者认为,对这一问题的制度设计和构建可以考虑以下方法:

首先,在一般情况下,谁发现,谁管辖。即司法工作人员利用职权实施的侵犯公民权利、损害司法公正的犯罪,检察机关在诉讼监督活动中首先发现的,由检察机关立案侦查,并将具体情况通知监察机关。在移送起诉前,应当将相关材料交监察机关,由纪委监委作出纪律或政务处分。双方通过不同渠道发现,且都经过初步核实的,则由监察机关和检察机关对管辖权问题进行协商。如果案件属于较为单纯的渎职犯罪,且与检察机关具体办理过的案件具有一定的关联,一般交由检察机关管辖更为适宜。

其次,对于检察机关更为适宜立案侦查的情形进行进一步明确的规定。比如:其一,检察机关已经掌握了第一手资料,初步查明了犯罪事实。如检察机关驻监所工作人员在接待被监管人员过程中,发现监管人员有虐待被监管人员的行为,通过了解、核实,已经掌握了基本犯罪事实,这种情形由检察机关管辖更为适宜,由监察机关管辖,之前的工作反而要推倒重来,不利于打击犯罪。其二,检察机关发出的检察建议未被采纳。实践中,检察机关经常对公安机关的侦查活动、监所的管理和法院的判决发出检察建议，这些检察建议都有明确的问题指向，如果因检察建议未得到采纳而引起徇私枉法、私放在押人员等案件发生，由检察机关管辖更有利于强化法律监督职责。

最后，在特殊情况下，检察机关首先发现线索后，因案件牵涉较广、比较复杂（如涉及共同犯罪、多个职务犯罪罪名交织），涉案人员级别较高（地方党委政府一把手或者实职正处级以上干部），违纪及一般违法事项较多（需要大量的时间进行核实和处理的）等情况，在检察机关进行初步调查后，应将线索及相关材料移送监察机关办理，对于渎职犯罪方面的调查，检察机关应给予必要的配合。

（二）扩大机动侦查权受案范围，加强机动侦查权监督制约

首先，可以考虑将检察机关的机动侦查权扩大到整个刑事案件。原则上，各级人民检察院基于法律监督职能需要，可以自行决定对任何主体、任何刑事案件行使机动侦查权。检察机关可以对公安机关应当立案而不立案的任何案件进行侦查，对于公安机关或其他侦查人员由于刑讯逼供、徇私舞弊、枉法追诉、报复陷害等违法侦查行为构成职务犯罪的原案，即被违法侦查的案件，检察机关有权对原侦查结论予以撤销并自行组织重新侦查。[1]这一设想的目标在于体现检察机关的客观义务，既要防止放纵犯罪，也要避免无辜者被入罪。

此外，为了防止机动侦查权的滥用，在肯定人民检察院机动侦查权充分行使的同时，对人民检察院行使机动侦查权在程序上应当有一定的制约。首先，对人民检察院行使机动侦查权，公安机关有异议，可以提出复议，如对复议结论不服，可以提请上一级人民检察院复核。第二，被害人、犯罪嫌疑人等诉讼参与人对人民检察院行使机动侦查权有异议，可以向人民检察院提出申诉，如对申诉结论不服，可以向上一级人民检察院申诉。诉讼参与人对因人民检察院行使机动侦查权而造成的损害，有权要求赔偿。第三，行使机动侦查权，应由检察长决定，并逐级上报到上级人民检察院备案审查。各上级人民检察院应立即组织专人审查，如发现行使不当或有疑问，在听取行使机动侦查权的人民检察院解释及进行必要的调查后及时召集检察委员会研究作出决定。但是，在复议、复核、申诉和上级人民检察院审查期间，不得中

---

〔1〕 武伟杰："检察机关机动侦查权研究"，中南民族大学2015年硕士学位论文。

止侦查或影响侦查进度。第四，严令禁止出于利益驱动或其他动机行使机动侦查权，将此作为一条纪律来约束检察人员，违规予以处罚。

（三）明确现行自行补充的条件和范围

检察机关自行补充侦查权和公安的侦查权从本质上讲并不是对立的，都是为了全面搜集固定犯罪事实的证据。但不能认为检察机关拥有自行补充侦查权就对全部侦查持怀疑态度，从而导致侦查工作重复，浪费诉讼资源，降低司法效率。因此，要严格界定、厘清自行补充侦查的条件和范围，只有在公安机关和检察机关对案件的事实和证据认识分歧较大，不宜退回补充侦查或者案件当事人提出非法证据排除，公安机关可能有违法侦查行为，关键证据需要检察机关调查核实等情形下，方可启动自行补充侦查程序。〔1〕检察机关通过机动侦查权对一些个案行使追诉权，并不是要包揽其他机关的侦查权，而是要通过这种方式加强执法监督，维护国家法律的统一、正确实施。

根据司法实践的具体情况，属于这类的案件主要包括：①有关机关对于国家机关工作人员犯罪案件有案不立、有罪不究，经人民检察院通知立案仍未依法追究的案件；②以罚代刑，降格处理，经人民检察院督促后仍不纠正的案件；③对于是否构成犯罪，认识不一致，而人民检察院认为应当依法追究刑事责任的案件；④一案数罪，既有属于人民检察院管辖的，又有属于公安机关或其他部门管辖的，由人民检察院管辖更为适宜或者后者坚持不受理的案件；⑤对案件管辖发生争执，而有管辖权的机关拒不侦查或者长期拖延不予立案侦查的案件；⑥在特殊情况下，由特定组织交由人民检察院直接立案侦查的案件。这一规定，是人民检察院在直接立案侦查案件方面的弹性规定，在执行中应当从严掌握，而不能借此任意扩大人民检察院直接受理案件的范围。

（四）设立诉讼调查与职务犯罪检察部统一行使侦查权

"徒法不足以自行"，良好的法律实施效果更需要完善的体制机制。针对现有情况，可以考虑在检察机关内部设立诉讼调查与职务犯罪检察部，进而统一行使本院各业务部门提交的重大诉讼监督事项调查核实职能、各业务部门移交的自行补充侦查案件的侦查职能。这其中除了检察机关的直接立案权、

---

〔1〕 甄贞、许静文："社会稳定视域下侦查权重构与实现路径探究"，载《河南社会科学》2018年第7期。

机动侦查权、对公安机关的补充侦查权外，还应包括检察机关相对于监察机关的补充侦查权、立案监督权以及监察调查监督权。建立从线索提交、调查核实、审查确认、实施监督、跟踪反馈到结案的完整工作流程。可以考虑成立专门的重大诉讼监督事项调查与侦查专门办案组并颁布有关的配套制度，在此基础上，不断研究、探索刑事诉讼法修改后部分侦查权衔接机制，激活调查核实权这个手段，提升法律监督质效，实现检察工作转型升级。[1]

点 评

行政机关的行政监察权转隶给监察委之后，行政机关仍保留部分（如在土地监察、劳动监察等领域的）监察职能。国家监察体制改革、刑事诉讼法修订后，刑事案件立案管辖权由三分法变为四分法，将检察院对贪污贿赂、滥用职权、玩忽职守、权力寻租等七类职务犯罪的管辖权转隶给国家监察委，形成了由四个机关对刑事案件进行管辖的格局。检察机关是法律监督机关，其职能应被限定在法律监督职能范围内，基于反腐败的要求以及世界反腐败的大趋势，需要构建高效权威统一的反腐败机构——整合纪委、行政监察、检察机关这"三驾马车"，形成新的反腐败机构。

（点评人：武汉大学法学院　江国华教授）

---

[1] 李乐平、韩彦霞："检察机关内设机构的完善逻辑"，载《人民检察》2018年第1期。

论比例原则在社会危害性评估中的适用

刘文健*

内容提要：社会危害性理论是我国刑法理论最重要的范畴之一，对刑事司法的指导意义不言而喻。在刑事司法的裁判结果面临一定质疑的当下，可以充分发挥社会危害性理论的重要作用。但社会危害性理论本身面临的理论困境和实践困境制约了其在刑事司法中的功能发挥。可以考虑在社会危害性评估中引入比例原则。通过对比例原则法律地位问题、比例原则适用范围问题、比例原则重复适用问题进行释明，可以最大限度地解决理论上的障碍。可以在比例原则精神的具体指导下，从社会危害性评估必须受到刑事司法合目的性限制和必须遵循相称性原则等方面构建社会危害性评估的思路。

关键词：比例原则　社会危害性　刑事司法

近年来，以"赵春华非法持有、私藏枪支、弹药案"为代表的部分刑事案件的裁判结果在出台之后引发了舆论的一片哗然，几乎无一例外地受到法条主义或机械司法的指责。这一现象折射出了刑事司法面临的困境。为了应对这一困境，最高人民法院、最高人民检察院于2018年3月联合发布了《关于涉以压缩气体为动力的枪支、气枪铅弹刑事案件定罪量刑问题的批复》（法释〔2018〕8号，以下简称《批复》），对以压缩气体为动力的枪支、气枪铅弹刑事案件定罪量刑问题作出了规定。[1]《批复》指出："综合评估社会危害

＊ 刘文健，武汉大学法学院2017级宪法学与行政法学硕士研究生。

〔1〕 参见徐日丹："最高人民法院、最高人民检察院发布《关于涉以压缩气体为动力的枪支、气枪铅弹刑事案件定罪量刑问题的批复》"，载《检察日报》2018年3月29日。

性，坚持主客观相统一，确保罪责刑相适应。"[1]可以看出，《批复》重申了司法机关在定罪量刑时评估行为社会危害性的必要性，也为其他案件的定罪量刑提供了思想指引和路径指引。但是，社会危害性理论本身仍存在较大争议，如何在刑事司法中科学地评估社会危害性，还有待司法机关进一步在实践中探索。

一、必要性与可行性分析

社会危害性理论在理论与实践层面均面临挑战，这大大制约了社会危害性理论在刑事司法实践中的作用，不利于贯彻落实最高人民法院、最高人民检察院《关于涉以压缩气体为动力的枪支、气枪铅弹刑事案件定罪量刑问题的批复》关于综合评估社会危害性的指导精神。法官在行使自由裁量权的过程中可以考量在社会危害性评估中引入比例原则。这一考量可以从比例原则在社会危害性评估中适用的必要性和可行性两方面展开。

（一）必要性：解决社会危害性面临的双重困境对刑事司法的消极影响

1. 社会危害性面临理论困境

如前文所述，社会危害性理论一直备受争议。有学者基于"去苏俄化"观点坚决主张"驱逐"社会危害性理论，部分学者则针锋相对地提出应维护这一理论，并从社会危害性和刑事违法性的关系、严格区分犯罪与一般违法界限的立法模式和社会危害性与刑事法官的自由裁量权等方面指出社会危害性理论在刑事司法中具有无可替代的作用。[2]此外，亦有学者不加入任何一方，主张重新审视社会危害性理论的危机。[3]实践需要理论的指引，关于社会危害性理论的争鸣影响了对于其在刑事司法中适用的理论探讨。长此以往，将不利于社会危害性在刑事司法中的具体展开。

2. 社会危害性面临实践困境

由理论研究回归司法实践，《批复》重申评估社会危害性这一要求虽然具

---

[1] 参见"最高人民法院　最高人民检察院《关于涉以压缩气体为动力的枪支、气枪铅弹刑事案件定罪量刑问题的批复》"，载人民法院网：http://www.court.gov.cn/fabu-xiangqing-88462.html，访问时间：2018年10月21日。

[2] 参见陈兴良："社会危害性理论——一个反思性检讨"，载《法学研究》2000年第1期；陈兴良："社会危害性理论：进一步的批判性清理"，载《中国法学》2006年第4期；陈兴良："刑法知识的去苏俄化"，载《政法论坛》2006年第5期；赵秉志、陈志军："社会危害性理论之当代中国命运"，载《法学家》2011年第6期。

[3] 参见劳东燕："危害性原则的当代命运"，载《中外法学》2008年第3期。

有较强的指导意义，但是由于社会危害性本身即是一个抽象的概念，在司法实践中并不易被准确地理解和适用。此外，在刑事司法中，法官对行为社会危害性大小作出判断的过程实质上便是行使自由裁量权的过程，这便涉及裁量幅度统一的问题。如果不同法官在社会危害性评估的过程中标准不一，便极易导致裁量幅度不一致甚至差别较大的不良后果，进而有损司法公正，不利于贯彻"法律面前人人平等"的宪法精神。通过对司法实践中非法持有、私藏枪支、弹药案裁判文书的梳理我们可以发现，多数法院在"本院认为"部分仅笼统地对社会危害性的大小予以简单表述，多为直接的结论性意见，缺少理论与实践的结合论述。

因此，有必要考量社会危害性评估的限度和标准，可考虑引入比例原则以缓解社会危害性面临的双重困境对刑事司法造成的消极影响。

（二）可行性：比例原则与社会危害性评估的三重关系

比例原则源于普鲁士行政法的比例原则，适用于所有的行政法领域，并在许多国家被上升为一项宪法原则。[1] 如若是通过刑法理论本身便可解决这一问题，那么便没有必要引入比例原则，因此，需要进一步挖掘比例原则在评估社会危害性过程中的价值。

1. 社会危害性评估在总体上必须接受合宪性控制

作为规范国家刑罚权的法律，刑法对于限制国家公权力、保障公民基本权利有着极其重要的作用。若是刑事司法权在实践中不能很好地得到规范，那么必然会对公民基本权利造成侵害。有学者指出，我国自1997年施行刑法典以来，共颁布了10部刑法修正案，在立法上拓宽了刑法犯罪圈。同时，最高人民法院和最高人民检察院不断颁布扩张化司法解释，又进一步扩大了具体个罪的犯罪圈，导致形成了"刑罚积极主义"。[2] 司法实践证明，确实有国家刑罚权侵犯公民基本权利的案例存在，而社会危害性也存在被利用以作为定罪根据的可能。因此，有必要通过宪法原则对刑罚权的合理使用进行约束。具体而言，便是以比例原则对刑事司法中社会危害性评估实践进行合宪性控制。

2. 社会危害性评估在方法上必须接受比例原则的指引

社会危害性作为我国刑法犯罪概念的重要基石，其总体内涵并不难理解

---

[1] 参见张明楷："法益保护与比例原则"，载《中国社会科学》2017年第7期。
[2] 参见姜涛："比例原则与刑罚积极主义的克制"，载《学术界》2016年第8期。

和适用。但是，如果没有方法的具体化，那么评估社会危害性就只能停留在理论层面，不具有较强的可操作性。而比例原则便可以对社会危害性评估的可操作性进行补强。具体而言，比例原则包括三项子原则："①妥当性，即所采取的措施可以实现所追求的目的；②必要性，即除采取的措施之外，没有其他给关系人或公众造成更少损害的适当措施；③相称性，即采取的必要措施与其追求的结果之间并非不成比例（狭义的比例性）。"[1]作为一项重要的分析工具，其本身便具有重要的方法论价值。[2]从上述三项子原则出发，便可以使社会危害性评估目的定位、评估手段选择、评估价值衡量有规可循。有学者便指出，比例原则为评判刑法运用的正当与公平提供了一个客观标准，可分别从"目的导向""手段选择""价值取向"三个角度规范刑法目的与刑事司法手段之间的关系。[3]

3. 社会危害性评估在价值观上必须接受比例原则的约束

司法实践中之所以会出现将行政违法直接认定为犯罪的事件，基本都是由于司法机关只停留在对刑法条文的字面理解和缺乏正当理念作为指引。[4]司法机关在定罪量刑时，并没有很好地运用社会危害性这一工具。一些司法机关在定罪阶段就可能出现先入为主地进行"有罪推定"，忽视犯罪构成要件，而直接进行社会危害性评估，对于被认为是有社会危害性的行为，都考虑进行定罪量刑。这使得社会危害性评估适得其反，未能很好地起到科学定罪量刑的作用。若将作为宪法原则的比例原则内含的宪法限制国家公权力、保障公民基本权利的精神贯彻到司法实践中去，则可能限制刑罚权的滥用。

二、适用比例原则可能存在若干理论障碍的释明

诚然，在评估社会危害性中适用比例原则具有一定的必要性。但是，在实践中，比例原则并非万能。为尽可能地减少引用比例原则对刑法体系产生的消极影响，我们有必要对比例原则自身存在的理论和实践争议进行释明，否则比例原则在社会危害性评估中的适用便会遭遇一定障碍。首先，作为源

---

[1] 参见［德］哈特穆特·毛雷尔主编：《行政法学总论》，高家伟译，法律出版社2000年版，第238~239页。
[2] 参见刘权、应亮亮："比例原则适用的跨学科审视与反思"，载《财经法学》2017年第5期。
[3] 参见陈晓明："刑法上比例原则应用之探讨"，载《法治研究》2012年第9期。
[4] 参见张明楷："避免将行政违法认定为刑事犯罪的理念、方法与路径"，载《中国法学》2017年第4期。

起于行政法领域的比例原则是否具有适用于刑法领域的法理基础问题需要进行释明。比例原则属于行政法的一项原则并无争议，但是其作为宪法原则的法律地位则无法得到普遍认同，这无疑是比例原则适用于刑事法领域的障碍之一。其次，比例原则是否能够适用于刑事法领域也是可能存在的理论障碍之一。近年来，比例原则适用范围的扩张引起了学者们的持续关注，学术界也未能形成统一的观点。因而，对此进行释明也是比例原则适用于社会危害性评估的必要理论准备之一。再者，刑事法领域是否已有与比例原则具有相似甚至相同功能的原则或精神？倘若有，则无须从外部引入理论工具以解决社会危害性评估存在的问题。将前述三点问题进行概括凝练，即可明确释明比例原则法律地位问题、比例原则适用范围问题、比例原则重复适用问题。

（一）比例原则法律地位问题

部分学者对比例原则在法律体系中的定位产生怀疑，认为比例原则并不是我国宪法规定的原则。若不能将其定位为一项宪法原则，那么比例原则进入刑事法领域便不存在法理基础。诚然，我国宪法没有明文规定比例原则，但是在限制国家公权力、保障公民基本权利方面已经体现出了这一原则。我国《宪法》第51条规定："中华人民共和国公民在行使自由和权利的时候，不得损害国家的、社会的、集体的利益和其他公民的合法的自由和权利。"该条款便体现了比例原则的两个子原则的精神。其一，妥当性原则。该条款一方面为国家限制公民基本权利提供了可能，另一方面也昭示，只有在为了实现公共利益或者保护其他公民利益的前提下，才存在对公民基本权利加以限制的空间。[1]其二，相称性原则。国家限制公民基本权利必须处在保障基本权利条款的约束范围内，必须处在最低限度和最小范围内，这便与相称性原则的精神相契合。

（二）比例原则适用范围问题

部分学者认为，比例原则应当仅适用于行政领域。例如，有学者认为，比例原则并不适宜作为一项宪法原则，进而，也并不适宜进入到刑事法领域。[2]不过，综合来看，赞成比例原则进入刑事法领域的学者也不在少数。

---

[1] 参见陈璇："正当防卫与比例原则——刑法条文合宪性解释的尝试"，载《环球法律评论》2016年第6期。

[2] 参见许玉镇："试论比例原则在我国法律体系中的定位"，载《法制与社会发展》2003年第1期。

追根溯源，在理论上，比例原则最早出现在德国学者伯格于1802年所著的《德国警察法手册》一书中。他认为，警察的权力只有在"必要时"才得以行使。[1]在实践上，比例原则源自19世纪德国警察法体系，基本内涵是指警察只有在必要时才能行使警察权以限制公民的合法权利。综合而言，比例原则的提出是为了避免警察权的滥用，使公民的合法权利免受不当侵害。[2]其在本质上是为了限制国家公权力、保障公民基本权利。

随着国家管理手段的多样化，国家权力对公民权利侵害的表现形式并不局限于行政处罚，而是包括其他种类的行政行为。因此，比例原则由警察权领域开始向行政权领域扩张，逐渐成为行政法的一项基本原则。进而，对于在国家权力可能会侵犯公民权利的领域，比例原则逐渐有了用武之地，在整个公法领域，比例原则的重要作用均开始体现。这之中当然也包括刑事法领域。总体而言，比例原则适用范围的扩张是必然的，也是应当的。

（三）比例原则重复适用问题

部分学者认为，刑法中已经包含了比例原则的精神，无须再从刑法理论外部引入这一原则。例如，有学者指出，《刑法》第5条中"刑罚的轻重，应当与犯罪分子所犯罪行和承担的刑事责任相适应"的表述便已经体现了比例性原则。[3]诚然，刑法中的确存在符合比例原则精神的条款。但是需要强调的是，正如司法机关不仅仅需要内部监督一样，外部监督的重要性同样不能忽视。正如有学者所指出的："一个完整的、健康的、文明的刑法规范体系应当具有自我纠错的内部与外部保障，以标示其为'良善的'实在法体系。"[4]在"赵春华非法持有、私藏枪支、弹药案"中，司法机关便仅仅根据规范层面的犯罪构成对被告人进行定罪，从而造成了全国一片哗然的不良后果，完全背离了刑法固有的罪责刑相适应原则。因此，仍应考虑引入比例原则，与刑法体系内在的原则相辅相成、相得益彰。

综合来看，比例原则虽然在理论上仍存在一些争鸣，但是对于指导刑事

---

[1] 参见许玉镇：《比例原则的法理研究》，中国社会科学出版社2009年版，第76页。

[2] 参见刘权、应亮亮："比例原则适用的跨学科审视与反思"，载《财经法学》2017年第5期。

[3] 参见许玉镇："试论比例原则在我国法律体系中的定位"，载《法制与社会发展》2003年第1期。

[4] 参见姜涛："追寻理性的罪刑模式：把比例原则植入刑法理论"，载《法律科学（西北政法大学学报）》2013年第1期。

司法中社会危害性的评估仍具有重要意义。将比例原则引入到社会危害性评估中不仅没错，而且可行。

三、适用比例原则的路径构建

如前文所述，比例原则包含妥当性、必要性、相称性三项子原则。本文尝试从比例原则的上述内涵出发，对评估社会危害性进行思路构建。综合而言，可从社会危害性评估必须受到刑事司法合目的性限制、社会危害性评估必须遵循相称性原则两方面构建适用路径。

（一）目的导向：社会危害性评估必须受到刑事司法合目的性限制

一般认为，作为比例原则子原则之一的妥当性原则是一种"目的导向"的要求。在适用中，它要求所采取的手段不必要求其为唯一有助于目的达成的方法，而只要求该手段对于目的的达成有所帮助即可。[1]这就要求，评估社会危害性必须具有目的正当性。

在宏观层面，作为刑事司法的重要组成部分，社会危害性评估必须与刑事司法的目的保持一致。首先，刑事司法的首要目的必须符合宪法权力配置的目的，在惩罚犯罪、保护人民的同时也应当注重尊重和保障人权。其次，在刑法犯罪圈扩张的背景下，更有必要强调刑法的谦抑精神，能不入罪的就不入罪。这一结论是符合我国犯罪概念采用"定性且定量"模式的立法本意的。[2]在微观层面，有必要阐明评估社会危害性的目的。这就要求回归本文问题意识的来源，即最高人民法院、最高人民检察院的《批复》，通过对《批复》的文本分析，提炼最高人民法院和最高人民检察院要求综合评估社会危害性的目的。最高人民法院研究室刑事处在《〈最高人民法院、最高人民检察院关于涉以压缩气体为动力的枪支、气枪铅弹刑事案件定罪量刑问题的批复〉的理解与适用》中指出："特别是，一些涉以压缩气体为动力且枪口比动能较低的枪支的案件，涉案枪支的致伤力较低，在决定是否追究刑事责任以及裁量刑罚时唯枪支数量论，恐会背离一般公众的认知，也违背罪责刑相适应原则的要求。司法实践中，个别案件的处理引发社会各界广泛关注，法律效果和社会效果不佳。"可以认为，《批复》意在规范司法机关的定罪量刑活动，

---

[1] 参见陈运生："论比例原则在基本权利保障中的适用"，载《广州大学学报（社会科学版）》2011年第5期。

[2] 参见孙建保：《刑法中的社会危害性理论研究》，上海人民出版社2016年版，第191页。

重在保障公民基本权利。社会危害性评估应当在定罪量刑阶段体现司法机关的价值取向,这种价值取向不应背离理性第三人的一般认知。目前,在司法实践中,认定犯罪所依据的是法律明文规定的构成要件,而非依据模糊的、理念性的社会危害性标准。[1]故而,司法机关在面对完全符合犯罪构成要件的危害行为时,应当综合考量危害行为的社会危害性,在保障公民基本权利的目的指引下,应当审视是否存在依据社会危害性评估结果从而产生"出罪"的可能性,进而更好地实现罪责刑相适应。

(二)方法限定:社会危害性评估必须遵循相称性原则

相称性原则指为追求一定的目的所采取的限制手段的强度,不得与达成目的所需的程度不成比例,且因该限制手段所造成的侵害程度,不得逾越其所欲追求的成果。[2]如何具有合理性同时排除肆意性,如何在保障公民基本权利的同时亦保证国家权力的有效行使,是社会危害性评估中必须要考虑的问题。在保障公民权利目的的指引下,保障公民权利固然重要,但当然不能忽视对国家公权力行使的保障。若是司法机关束手束脚,过度重视评估社会危害性的作用,便不能排除实践中出现司法机关以符合犯罪构成要件的危害行为不具有社会危害性为由不予处罚的情况。因此,社会危害性评估并不能为司法机关提供超越法律规范入罪、出罪的依据,司法机关在定罪量刑时仍需坚持罪刑法定原则,犯罪构成是认定犯罪的唯一标准。[3]

具体而言,第一个方面即定罪方面。司法机关在应当综合考量某一行为是否具有社会危害性和刑事违法性时,可分为四种情况:既有刑事违法性又有社会危害性、既没有刑事违法性又没有社会危害性、有刑事违法性但没有社会危害性、有社会危害性但没有刑事违法性。[4]对于第一种情况,该类行为毫无疑问属于犯罪行为,在刑事司法中也不存在争议。对于第二种情况,该类行为同样也是毋庸置疑地属于非罪行为,无须赘述。第三种情况则较为复杂。从情理而言,具有刑事违法性但却没有社会危害性的行为不宜一概被

---

[1] 参见韩劲松:"社会危害性与罪刑法定原则关系的分析与厘清——透过社会危害性与罪刑法定原则冲突之表象",载《山东警察学院学报》2017年第2期。

[2] 参见陈运生:"论比例原则在基本权利保障中的适用",载《广州大学学报(社会科学版)》2011年第5期。

[3] 参见林亚刚:《刑法学教义》(第2版),北京大学出版社2017年版,第59页。

[4] 参见孙建保:《刑法中的社会危害性理论研究》,上海人民出版社2016年版,第192页。

认定为属于犯罪行为，否则便容易导致类似"赵春华非法持有、私藏枪支、弹药案"那样的机械司法情况的发生。但是，从法理而言，具有刑事违法性的行为宜被认定为是犯罪行为，这本就是罪刑法定原则的要求。因而，在此种情况下，就必须在定罪阶段综合评估社会危害性。首先，根据罪刑法定原则，应当先行考量行为的刑事违法性，对具有刑事违法性的行为宜暂时认定为是犯罪行为。然后，将社会危害性评估纳入定罪判断，不具有社会危害性可以为该行为提供出罪途径。由此一来，以刑事违法性评估为主、以社会危害性评估为辅的定罪判断方法便能够较为周延地完成司法实践中对这类行为罪与非罪的认定。对于第四种情况，虽然行为存在社会危害性，但是根据罪刑法定原则，犯罪构成是认定犯罪的唯一标准。在没有刑事违法性的前提下，该行为自然也不具备被认定为是犯罪的构成要件。司法机关也并不能仅凭行为具有社会危害性便将该行为认定为犯罪，否则便有违罪刑法定原则。具体而言，上述四种情形可被归纳简化为下表。

	行为有刑事违法性	行为无刑事违法性
行为有社会危害性	属犯罪行为	不属犯罪行为
行为无社会危害性	不属犯罪行为	不属犯罪行为

在"赵春华非法持有、私藏枪支、弹药案"中，二审法院认为"枪支独有的特性使其具有高度危险性，因此，《枪支管理法》明确规定'国家严格管制枪支。禁止任何单位或者个人违反法律规定持有、制造（包括变造、装配）、买卖、运输、出租、出借枪支'，非法持有枪支本身即具有刑事违法性和社会危害性"。简言之，赵春华的行为既有社会危害性又有刑事违法性，自然不属无罪行为，二审法院并不应当作出无罪判决。坚持罪刑法定原则，同样应当是刑事司法的基石原则。

第二个方面即量刑方面，社会危害性则可以发挥更大的作用，因其直接影响着刑罚的种类和幅度，体现了刑事司法活动对犯罪行为的价值判断。"赵春华非法持有、私藏枪支、弹药案"中，一审法院认为"被告人赵春华违反国家枪支管理制度，非法持有枪支，情节严重，其行为已构成非法持有枪支罪，应依法予以处罚。赵春华自愿认罪，可酌情从轻处罚"。在定罪方面，一审法院不应该受到过多的苛责，一审法院的差错只是体现在了量刑方面，具体表现为并没有综合评估社会危害性，只是机械地根据刑事违法性认定赵春华持有枪支、弹药的行为属于可罚的犯罪行为，并以非法持有枪支罪判处被告人赵春华有期徒刑3年6个月。二审法院与一审法院的主要分歧便在于量刑。在一审法院量刑观点的基础上，二审法院综合评估社会危害性，认为"赵春华非法持有的枪支均刚刚达到枪支认定标准，犯罪行为的社会危害相对较小"，并据此作出"有期徒刑三年、缓刑三年"的量刑结论，取得了法律效果和社会效果的统一。

尽管社会危害性评估在本案量刑阶段起到了极其重要的作用，但这难以掩饰社会危害性评估在实践中面临的问题。如前文所述，社会危害性评估本就是法官自由裁量权的体现，认定社会危害性的大小主要依靠法官对犯罪事实的主观判断而非某一客观标准。如此便可能造成"同案不同判"现象的出现。而在定罪阶段，尽管社会危害性评估依旧依仗法官的自由裁量，但毕竟定罪的唯一标准是犯罪构成。因而，相对于在定罪阶段引入比例原则，在量刑阶段引入比例原则显得更有必要。同时，比例原则的适用并不能超越刑法设定的刑法种类和量刑幅度。我国刑法不可能也没有必要通过设定完全确定的刑罚以解决自由裁量标准不一的问题，而比例原则的引入则为尽可能统一自由裁量标准提供了理论工具。

结　语

将比例原则适用到社会危害性评估中仍有许多难题需要解决。一方面，比例原则有其自身的缺陷。例如，比例原则没有明确的操作标准。其自身并不内含具体的标准体系。正因为如此，比例原则的一些要求并不能被原封不动地运用于社会危害性评估。再例如，比例原则具有主观性，在适用时依赖于适用者的主观价值判断。另一方面，作为目前刑法犯罪概念体系中的重要理论，社会危害性原则亦有其特殊性。因此，将比例原则引入社会危害性的评估，必须正确对待比例原则的规范难题，结合社会危害性理论，综合评估案情，在刑事司法中不断使比例原则的适用具体化和精细化，最大限度地发挥比例原则对刑事司法中社会危害性评估的有益作用。

点　评

由于刑法积极主义的扩张趋势，社会危害性在司法实践中被不恰当地运用。解决该问题的思路之一是限制社会危害性的评估，引入部门法宪法化的思路，讨论宪法与刑法的关系，即合宪性控制。宪法作为母法，在法律位阶上其本身要符合比例原则，因此真正要强调的是部门法的法理化。比例原则本身有扩张适用的现象，在基本权利的限制方面蕴含了一定道德因素的价值判断，引入比例原则不能破坏法律的安定性。

（点评人：武汉大学法学院博士后研究人员　高冠宇）

《批复》对出罪有影响，体现了犯罪本质的一元观。刑法积极主义和刑法谦抑之间的矛盾也是不可忽视的。刑法学新的趋势是罪行的轻缓化，但是轻罪的范围却在扩容。作为宪法的比例原则和作为行政法的比例原则效力是不一样的。比例原则其实是公权力对基本权利的侵害程度的问题。对基本权利立法有以下几个原则需要注意：首先是综合性原则，包括正当程序原则、法律明确性原则、法律不溯及既往原则和个案法律的禁止原则；其次是确权性原则，包括制度性保障，平等保护原则和法无授权即禁止原则；最后是限制性原则，包括法律保留原则、不当连接的禁止和权利的核心本质不得限制原则。

（点评人：武汉大学法学院博士后研究人员　彭超）

行政规范性文件附带审查的实证分析

——以 947 份裁判文书为样本

易清清[*]

内容提要：基于新《行政诉讼法》第 53 条所确立的行政规范性文件的附带审查关涉司法权、行政权和立法权在宪制结构上的调整，这一调整既赋予了中国行政诉讼客观诉讼之功能，也为人民法院监督行政机关依法行使职权提供了新的抓手。通过对所选取的 947 份裁判文书样本的分析，大致可以了解该制度运行的总体实效。就其正面效果而言，该制度的运行在有效回应现实诉求的同时，拓展了司法审查的作用空间；就其不足方面而言，仍存在法院审查意愿不足、审查标准不完善、审查结果处理刚性不足等诸多问题。为了更充分地发挥行政规范性文件附带审查制度的功效，有必要在附带审查之司法义务构建、审查内容的规则设计和审查结果处理的衔接机制等层面做进一步完善。

关键词：规范性文件　行政诉讼　附带审查　实证分析

引　言

《行政诉讼法》第 53 条确立了行政诉讼附带审查规范性文件制度，标志着我国行政规范性文件的司法审查完成了从隐形到显形的制度转变。[1] 这一制度既内含了行政诉讼本身具有的主客观双重诉讼功能，也承载着制度设计者对其从源头纠正行政规范性文件的功能期待。但受制于我国行政诉讼制度

---

[*] 易清清，武汉大学法学院 2017 级宪法学与行政法学硕士研究生。本文曾发表于《法治现代化研究》2019 年第 5 期。

〔1〕 参见余凌云："论行政诉讼法的修改"，载《清华法学》2014 年第 3 期。

本身的体制性障碍，以及上层的制度设计供给不足和基础的直接审查经验不够的两难现实困境[1]，这一制度调整在实际运行中呈现出了种种问题，以致理论与实务界对其期待与诟病并存。事实上，在行政诉讼附带审查规范性文件制度创设之初，立法者和司法解释的制定者就曾顾虑到这一制度可能"带来的诉讼数激增甚至泛滥，以及审查之后的处理难度如赔偿问题"，故拟分阶段展开对行政规范性文件的审查，以期在足够的经验积累上，在确定审判规则具有可行性和科学性的基础上逐步调整。[2]尔今，在行政规范性文件司法附带审查运行近4年后，行政诉讼附带审查规范性文件制度能否有效运转，以及如何承载和实现人们对行政规范性文件司法审查的理想法治愿景期待，已然成为理论和实务界共同关切的问题。本文试图通过对947份裁判文书的实证分析，揭示其运行的总体效果。

一、行政规范性文件附带审查的定位

制度设计目的先于制度本身而存在，行政规范性文件司法审查制度的进一步构建、完善也应立基于这一制度的目的定位，否则，再周密、精巧的规则设计也将事倍功半，甚至于事无补。[3]中国行政规范性文件司法审查制度经历了拒绝适用、有效性评述和附带审查三个发展阶段。在《行政诉讼法》实施26年之后，附带审查制度得以确立，既是法治政府实践的需要，也是制度创新的尝试。

（一）行政规范性文件司法审查的演变

我国行政规范性文件司法审查制度的建立并非是2015年《行政诉讼法》修改新增第53和第64条[4]一蹴而就的，而是在审判实践和规范调整中逐渐

---

[1] 具体表现为：一方面，现有的框架性规定难以从实践层面给司法审判以明确的指引，导致规范性文件的实体审查率和不予适用率不高；另一方面，制度设计者在案件数量不足难以形成针对性研究资料的情况下，难以通过制度建设回应司法审查现状。

[2] 最高人民法院行政审判庭编著，江必新主编：《中华人民共和国行政诉讼法及司法解释条文理解与适用》，人民法院出版社2015年版，第336页。

[3] 参见耿玉娟："规范性文件附带审查规则的程序设计"，载《法学评论》2017年第5期。

[4]《行政诉讼法》第53条规定："公民、法人或者其他组织认为行政行为所依据的国务院部门和地方人民政府及其部门制定的规范性文件不合法，在对行政行为提起诉讼时，可以一并请求对该规范性文件进行审查。前款规定的规范性文件不含规章。"第64条规定："人民法院在审理行政案件中，经审查认为本法第五十三条规定的规范性文件不合法的，不作为认定行政行为合法的依据，并向制定机关提出处理建议。"

磨合、演进而成的。人民法院对行政规范性文件的审查权伴随着1989年《行政诉讼法》的颁布施行而产生,并在后来的司法解释和立法中不断显形化。《行政诉讼法》的修改也并非是对法院审查行政规范性文件这一权力的创设,只是在确立附带审查制度的基础上,进一步明晰了行政规范性文件司法审查的运行规则。[1]且从构建路径来看,我国行政规范性文件司法审查制度往往是通过司法解释和立法规范的互动来不断完善具体的审查规则。我国规范性文件的司法审查演进可以被划分为以下三个发展阶段:

其一,作为准证据的拒绝适用阶段(1989年至2004年)。1989年发布的《行政诉讼法》第12条规定:"人民法院不受理公民、法人或者其他组织对下列事项提起的诉讼……(二)行政法规、规章或者行政机关制定、发布的具有普遍约束力的决定、命令;……"第32条规定:"被告对作出的具体行政行为负有举证责任,应当提供作出该具体行政行为的证据和所依据的规范性文件。"[2]就其文本规定而言,这一阶段的立法将规范性文件定位为行政机关的举证内容,并未直接赋予法院对行政规范性文件的司法审查权。但这一规定将规范性文件客观定性为准证据,实际上默认了法院对行政规范性文件的审查,否则,要求作为被告的行政机关将其所依据的规范性文件提交给法院就没有任何意义了。[3]2000年最高人民法院发布的《关于执行〈中华人民共和国行政诉讼法〉若干问题的解释》第62条第2款规定:"人民法院审理行政案件,可以在裁判文书中引用合法有效的规章及其他规范性文件。"从审判逻辑来看,人民法院在法律适用过程中选择"引用""合法有效"的规范性文件的前提是法院认可其有效。对与上位法发生抵触、冲突等明显不合法的行政规范性文件,法院会选择拒绝适用。当然,该拒绝适用的结果,不会超出对行政行为评价的个案影响。

其二,对行政规范性文件的有效性评述阶段(2004年至2015年)。2004年最高人民法院印发的《关于审理行政案件适用法律规范问题的座谈会纪要》

---

〔1〕 黄学贤:"行政规范性文件司法审查的规则嬗变及其完善",载《苏州大学学报(哲学社会科学版)》2017年第2期。

〔2〕 此处所指的规范性文件是指广义上的规范性文件,即包括法律、法规、规章以及规章以下的行政规范性文件。

〔3〕 参见黄学贤:"行政规范性文件司法审查的规则嬗变及其完善",载《苏州大学学报(哲学社会科学版)》2017年第2期。

(以下简称《座谈会纪要》）规定："人民法院经审查认为被诉具体行政行为依据的具体应用解释和其他规范性文件合法、有效并合理、适当的，在认定被诉具体行政行为合法性时应承认其效力；人民法院可以在裁判理由中对具体应用解释和其他规范性文件是否合法、有效、合理或适当进行评述。"2009年最高人民法院发布的《关于裁判文书引用法律、法规等规范性法律文件的规定》第6条规定："对于……的规范性文件，根据审理案件的需要，经审查认定为合法有效的，可以作为裁判说理的依据。"不同于拒绝适用阶段不显于裁判文书中的内心确信，这一阶段法院对行政规范性文件的审查转变为在裁判说理中对规范性文件的有效性进行评述，亦可将其视为在《行政诉讼法》修改之前，最高人民法院对行政规范性文件司法审查从隐形走向显形的探索尝试。

其三，附带审查阶段（2015年至今）。2015年修改的《行政诉讼法》第53条和第64条确立了在行政诉讼中附带审查规范性文件这一全新的诉讼制度，赋予了公民、法人或其他组织附带提请审查行政规范性文件的权利。在实践中，"一并请求对该规范性文件进行审查"也被后续出台的司法解释列为诉讼请求之一。修改后的《行政诉讼法》不仅在原有法院主动审查的基础上增设了依申请审查，且通过"司法建议权"的增设赋予了附带审查结果以外部效力，使得附带审查的结果超越了原来仅限于对行政行为合法性判断的局限，形成了"附带审查+不予适用+提出司法建议"的显形审查框架。但正如应松年教授所言，《行政诉讼法》有关行政规范性文件附带审查规定的法律意义主要在于通过赋予原告一并请求权，启动了人民法院针对违法的规范性文件向其制定机关提出处理建议的权力，从而实现了依托行政诉讼制度，激活了对规范性文件进行效力审查以及作出相应处理的原有机制，但并非形成了一个新的对规范性文件进行审查的机制，距离人们普遍期待的通过行政诉讼直接消除违法的规范性文件的效力这一目标还有一定的距离。[1]

（二）行政规范性文件附带司法审查的功能定位

行政规范性文件司法审查制度的建立初衷，是构建立体的规范性文件监督体系，加大对规范性文件的监督力度，以从实效上纠正违法的规范性文件。

---

[1] 应松年主编：《中华人民共和国行政诉讼法修改条文释义与点评》，人民法院出版社2015年版，第170页。

单就这一制度功能而言，其更侧重于对违法的规范性文件的纠正这一客观诉讼功能，对私人权益的救济、对行政争议的实质性解决的主观诉讼功能则应主要体现在法院对行政行为的审查之中。而非仅如有的学者所主张的，"对规范性文件的审查，只是必要的手段，其根本目的是为了实质性地彻底解决具体行政争议"。[1]

其一，行政规范性文件司法审查内含我国行政诉讼制度一般具有主客观双重诉讼功能。我国行政诉讼的主要制度虽主要参照自民事诉讼制度，且直到目前尚未实现其自身制度演化的自给自足，但行政诉讼构造亦有其不同于其他诉讼制度的特殊性。诚如有学者分析指出的那样："我国行政诉讼既不是完整意义上的主观诉讼，也不是完整意义上的客观诉讼，诉讼请求的主观性与法院审判的客观性使得我国行政诉讼在构造上呈现出一种扭曲的'内错裂'形态。"[2]这一特殊性还直接体现在我国《行政诉讼法》有关立法目的的规定中。《行政诉讼法》第1条[3]规定行政诉讼是为保证公正司法、解决行政争议、保护公民权益、监督行政机关，即行政诉讼除保障私人权益的一般主观诉讼功能外，还兼具维护社会法秩序的客观诉讼功能。行政规范性文件附带审查制度内生于行政诉讼体系，自然也不可避免地继承了行政诉讼的主客观双重诉讼功能的"内错裂"形态，主要体现为行政规范性文件审查启动的附带性和审查处理结果的外部性。一方面，在主观诉讼功能的实现上，行政规范性文件附带审查旨在于个案中对具体行政行为所依据的行政规范性文件进行审查，其重心在于对具体行政行为的审查，通过对具体行政行为的合法性判断，解决个案纠纷。因而，在规范性文件司法审查启动的规范设置上，当事人不能单独对行政规范性文件提起诉讼，只能在对具体行政行为提起诉讼时针对具体行政行为所依据的行政规范性文件的具体条款提起附带审查的诉讼请求。这一功能在《行政诉讼法》修改前法院对行政规范性文件的隐形审查模式中亦可得到实现，法院对于内心审查确认不合法的文件不在个案中适用，即规范性文件的效力问题并不会影响法院在个案中作出正确的判决，

---

[1] 参见耿玉娟："规范性文件附带审查规则的程序设计"，载《法学评论》2017年第5期。

[2] 薛刚凌、杨欣："论我国行政诉讼构造：'主观诉讼'抑或'客观诉讼'？"，载《行政法学研究》2013年第4期。

[3] 《行政诉讼法》第1条："为保证人民法院公正、及时审理行政案件，解决行政争议，保护公民、法人和其他组织的合法权益，监督行政机关依法行使职权，根据宪法，制定本法。"

不影响个案争议的实质解决。另一方面,在客观诉讼功能的保障上,《行政诉讼法》的修改及相关司法解释的出台赋予了法院对行政规范性文件审查后的"评述权""适用权"和"司法建议权"[1]。其中,司法建议权是在个案争议止定之后,赋予法院在认定了具体行政行为作出所依据的行政规范性文件不合法的情况下,向行政规范性文件制定机关提出修改、撤销、废止等司法处理建议的权力。通过这一规定,从源头上防止同类问题的再次出现、促进行政机关依法行政,以彰显行政诉讼的客观诉讼功能。

其二,除先天具有的行政诉讼的主客观双重诉讼功能外,行政规范性文件司法审查也承载着特有的制度价值期待。从这一制度源起来看,之所以将行政规范性文件纳入行政诉讼合法性审查的范畴,一方面是因为如何监督和规制行政规范性文件一直是我国法治建设所高度关注的问题。与行政行为不同的是,行政规范性文件提供的是一种一般性、普遍性、可反复适用的有一定强制约束力的行为规范,其属性和特征决定它一旦存在合法性问题,将牵涉侵犯更多人的权益。[2]"规范性文件不规范,一些规范性文件越权错位侵犯公民、法人或者其他组织的合法权益,是各界公认应该着力解决的问题。"[3]另一方面,也是出于对原有行政规范性文件监督方式的补缺。在司法审查制度明确建立前,我国已经形成了政府内部监督和人大立法监督的治理方式。但由于数量庞大的行政规范性文件使得备案审查机关应接不暇,且书面条文式审查难以发现违法问题,导致实践中的备案审查监督仅有只备案不审查的备案归档作用,难以达到对行政规范性文件进行监督与纠正的效果。而作为政府内部监督重要抓手的行政复议制度,又因其行政系统内部自我监督特点以及独特的审查方式[4]而没有达到行政复议应有的范围更广、力度更大的刚

---

[1] 黄学贤:"行政规范性文件司法审查的规则嬗变及其完善",载《苏州大学学报(哲学社会科学版)》2017年第2期。

[2] 王春业:《法律文件审查的公民启动研究》,法律出版社2011年版,第111页。

[3] 周汉华:"规范性文件在《行政诉讼法》修改中的定位",载《法学》2014年第8期。

[4] 《行政复议法》第26条规定:"申请人在申请行政复议时,一并提出对本法第七条所列有关规定的审查申请的,行政复议机关对该规定有权处理的,应当在三十日内依法处理;无权处理的,应当在七日内按照法定程序转送有权处理的行政机关依法处理,有权处理的行政机关应当在六十日内依法处理。处理期间,中止对具体行政行为的审查。"此条中规定了行政复议对附带审查规范性文件采取自己处理和转送处理的两种处理方式。

性审查效果。[1]此时,"相较于复议机关监督行政规范性文件审查结论权威性先天不足的尴尬和立法机关监督因制度支撑付诸阙如而难以落地的窘境,由法院在行政诉讼中附带审查行政规范性文件兼顾审查结论的可接受性和审查过程的可操作性,因而被寄予从根本上减少违法具体行政行为的厚望"。[2]《关于〈中华人民共和国行政诉讼法修正案〉(草案)的说明》也载明:"实践中,有些具体行政行为侵犯公民、法人或者其他组织的合法权益,是规范性文件中的规定越权错位等造成的。为从根本上减少违法具体行政行为,可以由法院在审查具体行政行为时应公民、法人或者其他组织的申请对规章以下的规范性文件进行附带审查,不合法的,转送有权机关处理。"由此可见,无论是学术探讨,还是立法说明和相关实务解读[3],都认为行政规范性文件司法审查的重要目的是正本清源,通过纠正地方政府及其部门制定的行政规范性文件中的越权错位问题,从源头纠正、从根本上减少违法与不当行政行为。

(三)行政规范性文件司法审查的宪法定位

行政诉讼将规范性文件纳入附带审查的范围之中,并非是在行政诉讼中进行简单的职权叠加,其实质上是法院审判权的相对行政权的扩展,关涉司法权与行政权乃至立法权之间的关系结构调整,其本质上是宪法层面的制度创造。因而,行政规范性文件的司法审查进路应建立在其与行政权、立法权之间的结构性关系基础之上,否则就算其内部制度规则设计得再完美,也难以挣脱传统行政诉讼的体制性障碍和桎梏。

其一,行政诉讼附带审查制度的确立,奠定了我国对行政规范性文件治理政府内部监督牵头、人大立法监督主导、司法附带审查补缺的基本格局。目前,我国对行政规范文件的治理主要有政府内部备案[4]和行政复议审

---

[1] 王春业:"论行政规范性文件附带审查中'依据'的司法认定",载《行政法学研究》2019年第3期。

[2] 李成:"行政规范性文件附带审查进路的司法建构",载《法学家》2018年第2期。

[3] 参见江必新、邵长茂:《新行政诉讼法修改条文理解与适用》,中国法制出版社2015年版,第194页;全国人大常委会法制工作委员会行政室编著,袁杰主编:《中华人民共和国行政诉讼法解读》,中国法制出版社2014年版,第322页。

[4] 就政府内部备案审查而言。为"从源头上、制度上解决'依法打架'的问题,切实维护社会主义法制的统一",中共中央和国务院在法治政府建设过程中一直强调对规范性文件的治理,严格规范规范性文件的制发工作,强化监督检察备案管理。国务院在2004年发布的《全面推进依法行政实

查[1]、人大备案审查[2]和司法事后审查这四种方式。我国《宪法》赋予人大以监督权,监督行政权与司法权的行使,加之行政机关与司法机关均产生于人大,因而此种监督是一种单向监督,阻却了司法权监督立法权之可能。这一制度设计充分体现了我国对"人民当家作主"的追求,但在实践中,人大的地位与监督实效并不尽如人意,甚至一度被戏称为"橡皮图章"。虽然2006年出台的《各级人民代表大会常务委员会监督法》构建了人大行使监督权的美好蓝图,但由于过分强调监督的方式,没有切实"武装"人大的监督地位,因此作用有限。

其二,行政诉讼附带审查制度的确立,是司法权监督行政权的纵深推进。我国实行人民代表大会制度,虽然从性质上看,全国人民代表大会是一个全权性机关,但在国家权力的现实运作中,各国家机关是存在分工的,国家机关在立法权、行政权和司法权分工之间的分权与制衡也是我国宪制体系中的重要一环。就行政规范性文件审查的构造原理而言,行政规范性文件的监督

(接上页)施纲要》中要求:"加强对规章和规范性文件的监督。规章和规范性文件应当依法报送备案。对报送备案的规章和规范性文件,政府法制机构应当依法严格审查,做到有件必备、有备必审、有错必纠。公民、法人和其他组织对规章和规范性文件提出异议的,制定机关或者实施机关应当依法及时研究处理。"随后,国务院在2008年发布的《关于加强法治政府建设的意见》对规范性文件制定程序的健全、清理工作的加强和备案审查的强化等问题作出了专门规定。2014年党的十八届四中全会通过的《中共中央关于全面推进依法治国若干重大问题的决定》指出,要"加强备案审查制度和能力建设,把所有规范性文件纳入备案审查范围,依法撤销和纠正违宪违法的规范性文件,禁止地方制发带有立法性质的文件"。2015年中共中央、国务院联合发布的《法治政府建设实施纲要(2015-2020)》也强调要"加强规范性文件监督管理"。除了这些有关法治政府建设的有关规范性文件内部监督的一般规定外,国务院有关部门以及地方有关政府还专门就规范性文件的制定与管理出台了一系列规定,如2018年国务院发布的《关于加强行政规范性文件制定和监督管理工作的通知》《关于全面推行行政规范性文件合法性审核机制的指导意见》,各级地方政府发布的《海南省行政规范性文件制定与备案规定》《浙江省行政规范性文件管理办法》《深圳市行政机关规范性文件管理规定》《武汉市行政规范性文件管理办法》等。

[1] 就行政复议审查而言。1999年的《行政复议法》第7条便已赋权行政复议机关,可以基于作为申请人的公民、法人或者其他组织的请求,对具体行政行为所依据的规范性文件进行合法性审查,2017年修正的《行政复议法》也沿袭了这一规定。有学者认为,该条规定创设了行政复议中附带审查规范性文件制度,在法律层面上有力地推动了对规范性文件的司法审查制度。

[2] 就人大备案审查而言。2006年出台的《各级人民代表大会常务委员会监督法》在第五章对规范性文件的备案审查进行了专章规定,这是我国规范性文件备案审查制度发展的关键节点。人大备案审查制度的建立,不仅为发挥人大监督作用、维护法治统一、推进法治政府建设提供了制度依托,也横向促进了政府内部的自我规制,为法院司法审查提供了一定的审查经验。

本属立法监督的范畴。[1]在我国的宪法制度安排中，法院不是立法监督机关，而是通过对行政行为的合法性审查实现对行政权的监督，法院既无权对包括行政立法在内的规范性法律渊源进行审查，也无权对正式法律渊源之外的行政规范性文件进行直接审查。但行政诉讼作为司法审查的践行者，一直承担着司法监督行政的重要职责。[2]行政诉讼附带审查规范性文件制度的建立，以一种迂回的方式纵深推进了司法权对行政权的监督。

其三，行政规范性文件突破传统行政诉讼的体制性障碍的出路是，回归我国独特的政治体制，通过"合作"形成对行政规范性文件的治理合力。由前述可知，在宪制结构上，行政规范性文件的司法审查只是规范性文件监督管理工作中的一个环节，且因法院司法权的局限性而受到了众多掣肘。传统行政诉讼模式所陷入的各种纠葛，本质上是由宪法体制下法院与行政权关系所遭遇的体制性障碍所致。行政规范性文件司法审查需助力行政诉讼超越体制性障碍，以达到其作为革新契机的效果。[3]因而，为消解行政诉讼附带审查规范性文件的诸多阻力，应走出西方权力分立中司法权与行政权对峙的误区，回归我国独特的政治体制，认识到"合作"在行政救济（特别是行政诉讼制度）中的重大意义。根据我国《宪法》的规定，我国权力结构下的立法机关、行政机关、司法机关之间是配合与监督的关系，且这种分工合作要优先于互相监督的关系。在这一前提下，行政权与司法权不再是传送带上的先后关系，而是以行政诉讼为平台建构一种"合作"关系。司法权与立法权也不再是简单的单向监督关系，而是通过司法审查激活现有的立法监督，共同形成对行政权的监督合力。三种权力通过合作的方式，引发针对行政规范性文件的宪法监督体系的联动监督效果，是行政规范性文件司法审查制度突破传统行政诉讼的体制性障碍的必由之路。

二、行政规范性文件司法审查制度的运行考察

考察制度运行的实效，是反思制度规范构建的重要方式。本文试图通过抽样调查的方法，力求对行政规范性文件司法审查的实况进行还原展现，并通过对样本的分析，检视这一制度运行面临的现实问题及其成因，以期为这

---

〔1〕 张婷：“行政诉讼附带审查的宪法命题及其展开”，载《法学论坛》2018 年第 3 期。
〔2〕 参见罗豪才主编：《中国司法审查制度》，中国法制出版社 2009 年版，第 12 页。
〔3〕 张婷：“行政诉讼附带审查的宪法命题及其展开”，载《法学论坛》2018 年第 3 期。

一制度的后续完善寻求突破点。根据中国法院网发布的统计数据：2016年1月到2018年10月，全国一审行政案件收案中规范性文件附带审查约为3880件。[1]从公开的裁判文书来看，在中国裁判文书网中以"《行政诉讼法》第53条""规范性文件""行政案由"为限定条件搜索[2]，统计得出自规范性文件附带审查制度确立以来，我国2015年、2016年、2017年、2018年的附带审查案件分别为117件、486件、473件、555件，共计1631件。限于技术原因[3]，本文从中国裁判文书网、无讼案例中以"《行政诉讼法》第53条""规范性文件""行政案由"为限定条件，按照相关性排序，综合考虑规范性文件附带审查的审级和院级，随机下载案例1292份，以其中947份有效案例为分析样本[4]，样本中包括最高人民法院、高级人民法院、中级人民法院、基层人民法院裁判文书数量各76份、333份、273份、265份，其中一审案件356份、二审案件465份、再审案件126份。因规范性文件的司法审查涉及面较为庞杂，本文将主要聚焦于司法审判实务，以审查流程和步骤为线索，基于样本文书的裁判说理，从规范性文件的实体审查启动情况、审查后认为合法、审查后认定不予适用等层面进行类型化分析，以考察我国规范性文件司法审查的运行状况及其裁判规则。

---

[1] "最高法发布行政诉讼附带审查规范性文件典型案例"，载中国法院网：https://www.china-court.org/index.php/article/detail/2018/10/id/3551915.shtml，访问时间：2019年3月19日。

[2] 截至2019年3月18日，其中2015年的数据为2015年5月1日即《行政诉讼法》修正实施后的第53条的适用数据。

[3] 中国裁判文书网仅显示列表前200条，无讼案例仅显示列表前400条，威科先行·法律信息库共仅有357条结果，各网站最后访问日期分别为：2019年3月19日、2019年3月15日、2019年3月19日。

[4] 无效案例的剔除原因：裁判说理中未适用修正后的《行政诉讼法》第53条、裁判文书信息不全等。

○ 基层人民法院28%　● 中级人民法院28%　● 高级人民法院35%
● 最高人民法院8%

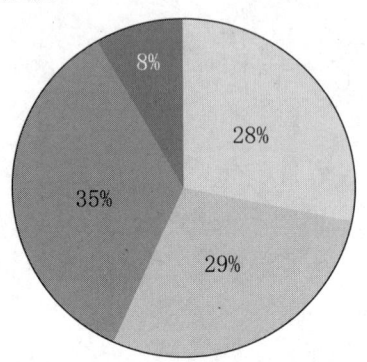

图1　样本中各级法院案件分布

○ 一审案件38%　● 二审案件49%　● 再审案件13%

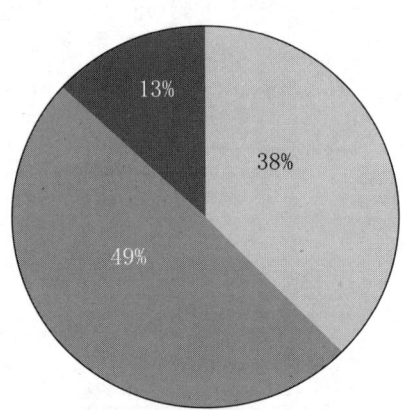

图2　样本中各审级法院案件分布

(一) 行政规范性文件附带审查的启动情况

就规范性文件实体审查的启动情况而言,在所选取的947份裁判文书样本中,有97件法院对规范性文件启动了实体审查,850件未启动实体审查,规范性文件的实体审查启动率为10%。就各审级的启动率而言,以一审法院最高,为15.7%,再审最低;就各级人民法院的启动率而言,以基层人民法院最高,为18%,最高人民法院次之,为8%。高级人民法院和中级人民法院的启动率均为5%。

表 1　样本中规范性文件审查的启动情况统计

启动情况审级	未启动	启动	合计
一审	300	56	356
二审	433	32	465
再审	117	9	126
合计	850	97	947

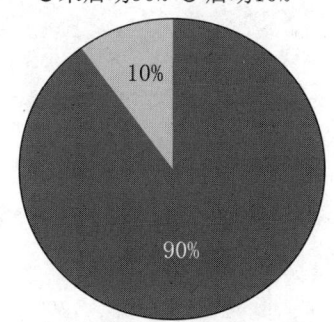

图 3　样本中规范性文件启动情况总览

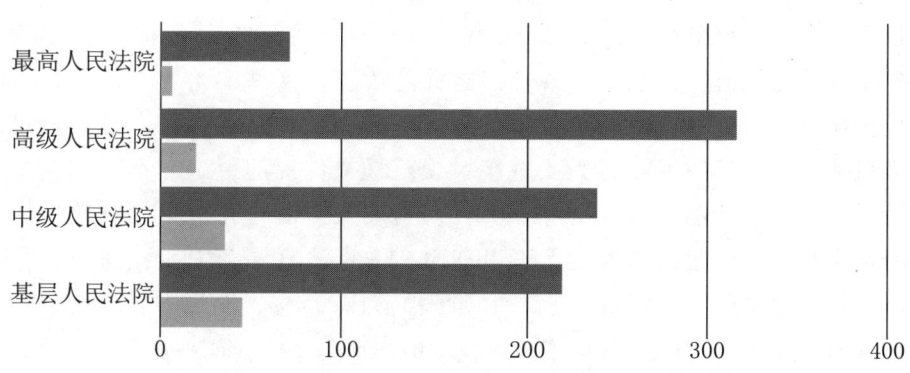

图 4　样本中各审级规范性文件实体审查的启动情况统计

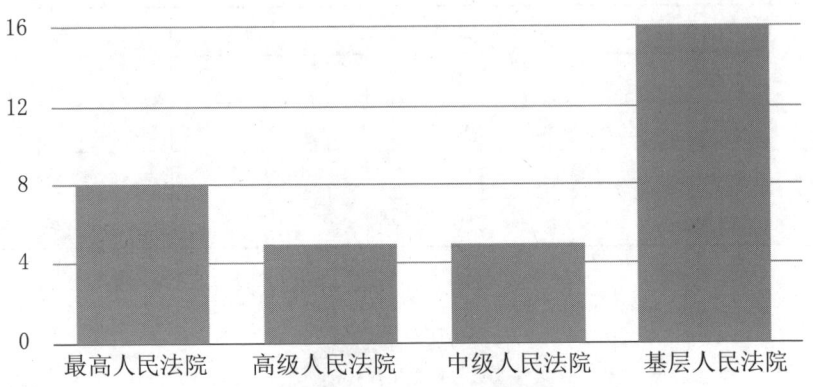

图5 样本中各院级规范性文件实体审查启动情况统计

法院未启动规范性文件附带审查的主要理由可以归结为以下八类情形:[1]①当事人提请附带审查的规范性文件与被诉行政行为缺乏关联性,即法院认为行政机关未根据涉诉规范性文件作出行政行为,或涉诉规范性文件并非被诉行政行为作出的直接依据,此项理由占比32%;②主诉不符合起诉条件,当事人提出的其他诉讼请求不属于人民法院的受案范围,因此其提出的审查规范性文件的诉讼请求亦不符合起诉条件,此类理由占比为22%;③当事人提请附带审查的规范性文件不属于人民法院可以一并审查的规范性文件范畴,如不是规范性文件,系法规、规章、国务院规范性文件、党委文件等,此项理由占比为21%;④当事人单独就行政规范性文件提起诉讼,当事人未起诉行政机关作出的某一行政行为,直接对规范性文件提起诉讼,不属于人民法院的受案范围,此项理由占比为14%;⑤当事人提请一并审查行政规范性文件时间不当,主要包括当事人无正当理由在一审法庭调查中或法庭调查后提出行政规范性文件附带审查请求,此项理由占比为4%;⑥当事人提请一并审查的规范性文件不明确、不具体,此项理由占比为2%;⑦法院在行政赔偿案件中,不对规范性文件进行附带审查,此项理由占比为2%;⑧其他,诸如是行政机关提出附带审查请求等,占比为3%。

---

〔1〕 法院在审理过程中对同一规范性文件可能有一种以上的说理理由,为统计方便,本文选取其中最主要的理由进行统计分析。

表2 样本中不启动规范性文件审查的裁判理由类型统计

审级不启动审查的理由	一审	二审	再审	合计
与被诉行政行为缺乏关联性	141	112	23	276
主诉不符合起诉条件	29	117	40	186
不属于可以审查规范性文件	61	105	12	178
单独对规范性文件提起诉讼	38	59	24	121
提请一并审查时间不当	4	25	8	37
一并审查的诉请不明确、不具体	12	2	0	14
系行政赔偿案件	5	0	9	14
其他	10	13	1	24
合计	300	433	117	850

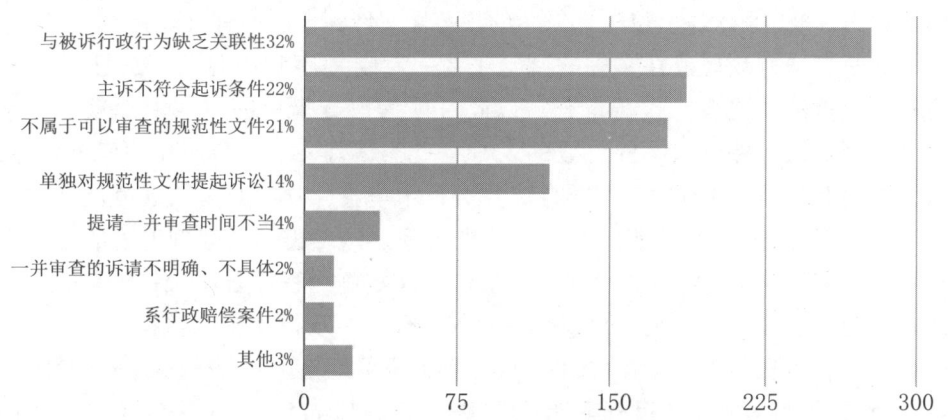

图6 样本中不启动规范性文件审查的主要理由统计

（二）认定行政规范性文件合法的审查基准

在法院启动实体审查的97件案件中，共有72件认定规范性文件合法，占启动审查案件总数的74%，其中各审级认定规范性文件合法比例分别为：一审70%、二审75%、再审100%。法院对行政规范性文件的司法审查，需根据一定的标准。法院在既有裁判文书对规范性文件进行审查时，隐含判断规范性文件是否合法的审查标准，故而这一标准可以从裁判文书说理中倒推。在本文所选取的样本中，以法院裁判论证说理为主要素材，可发现现行法院对行政规范性文件的审查基准组合可被分为以下五类：

其一，单一审查行政规范性文件的内容与上位法的关系。此类裁判文书说理占样本总数的65%，法院主要从规范性文件所依据的上位法是否现行有效、提请审查的规范性文件是否违反上位法、是否与上位法相抵触、相关条款是否有上位法依据等方面进行审查。其裁判说理主要表述为"×××（规范性文件）的制定内容符合×××（上位法）和×××（政策）规定，不存在与上位法冲突的情形"[1]，"该条内容并不与法律、法规、规章相抵触，该条规定合法有效"[2]，"上述规范性文件为了实施×××（上位法）而制订的相关实施细则，适用该规范性文件并无不当"[3]。

其二，审查行政规范性文件的制定主体及其与上位法的关系。此类裁判文书在审查规范性文件的内容与上位法的关系前，会根据立法法、组织法等规定，审查规范性文件的制定机关有无职权、是否超越职权的情形，占比为17%。其裁判说理的代表性表述为"×××（规范性文件）是×××（制定机关）在其行政职权内，根据×××（上位法）颁布的规范性文件，合法、有效、合理"。

其三，从行政规范性文件的制定主体、制定程序和内容的合法性（主要审查与上位法的关系）进行审查。以此三项为审查指标的裁判说理较少，仅占认定规范性文件合法案件总数的13%。此类裁判文书结合前几种审查指标，较为全面地对行政规范性文件的合法性进行了审查，其中对行政规范性文件的内容审查，主要体现为审查其与上位法的关系。这一类型的裁判说理的主要表述为"该实施意见制定主体合法，已依法发布实施，程序合法，其中有关……的规定与上位法不相冲突，可以作为×××（被诉行政行为）的依据"[4]。

其四，审查行政规范性文件的制定程序及其与上位法的关系，占比为4%。此类裁判文书除了审查案涉行政规范性文件内容与上位法的关系外，还会针对行政规范性文件的征求意见、印发批准、公开与否等程序性问题进行审查，进而认定其合法性。这一类型的裁判说理主要表述为"该规范性文件并没有与其上位法……规定的内容相抵触。×××（规范性文件）颁发的行政部门曾于×××面向公众征求意见，……符合×××（上位法）中关于行政规范性

---

[1] 参见［2016］浙0604行初19号。
[2] 参见［2017］苏0925行初237号。
[3] 参见［2017］粤0606行初782号。
[4] 参见［2018］京0118行初36号。

文件制定的程序性要求"[1],"该规范性文件的制定经浙江省人民政府同意后予以印发。其中第二条规定的……与上位法不相抵触"[2]。

其五,审查规范性文件的制定主体及其制定程序是否合法,占比为1%。此类裁判文书主要从规范性文件的制定机关有无制定职权和其是否符合地方有关规范性文件的管理办法规定的制定程序要求等方面进行审查。其裁判说理主要表述为"本案×××(规范性文件制定机关)有权制定规范性文件。同时,该文件已……进行了备案审查,并取得规范性文件登记回执,并于……发布公告,确定……日起施行。该文件制定程序符合相关规定"[3]。

表3 认定规范性文件合法的审查基准组合统计

审查要件	数量
上位法	47
主体+上位法	12
主体+程序+内容(上位法)	9
程序+上位法	3
主体+程序	1
合计	72

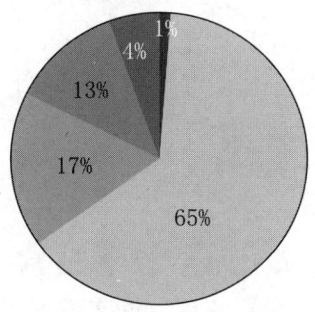

图7 认定规范性文件合法的审查基准组合统计

---

[1] 参见[2017]浙0602行初32号。
[2] 参见[2016]浙0681行初67号。
[3] 参见[2016]云行终156号。

(三) 行政规范性合法审查的考量因素

在对行政规范性文件启动实体审查的97件案件中，人民法院认定行政规范性文件不予适用（不合法）的共21件，二审发回重审的有4件，占启动审查案件总数的22%。人民法院在认定行政规范性文件不合法的裁判说理中，严格遵循"不与上位法抵触"的原则。在被认定不予适用的行政规范性文件中，有20件具有一定共性，即限缩了公民权利但无上位法依据。如在〔2015〕海行初字第1519号判决文书中，法院认为案涉《实施意见》"关于拆迁人应当在期限届满15日前申请延期的规定与《行政许可法》关于被许可人应当在该行政许可有效期届满三十日前向作出行政许可决定的行政机关提出申请的规定不一致，《实施意见》的上述规定没有法律依据，不能作为证明拆迁许可证延期合法的依据"。在〔2017〕豫1526行初35号判决文书中，法院认为案涉的行政规范性文件规定"'具有当地居民户口的安置对象以征收实施时的计生、公安户口为准；未结婚成家的子女随父母一并安置；出嫁女无论户口是否迁出均不给予安置。'该规定剥夺了出嫁女参与集体经济生产和权益分配的权利，侵害了妇女依法享有的合法权益，与法律强制性规定相悖，故上述相应条款应排除适用，不能作为被告行政行为合法的证据使用"。另一件则是法院审查后认为行政规范性文件制定主体无制定权而决定不予适用。〔2015〕东行初字第758号裁判文书认为："《北京市基本医疗保险规定》第27条第2款规定，基本医疗保险药品目录、诊疗项目目录以及医疗服务设施范围和支付标准的具体办法，由市劳动保障行政部门会同有关部门另行制定。该规定限定北京市基本医疗保险具体范围和标准的制定者应由市劳动保障部门会同有权部门发布，市医保中心只是具体经办医疗保险的机构，其无权创设基本医疗保险报销的具体范围和标准。因此，市医保中心针对本市基本医疗保险报销的具体范围和标准制定的16号文及39号文等规范性文件，属于超越权限范围。"

由此可知，人民法院对行政规范性文件不予适用的认定较为慎重，其认定不予适用的理由主要集中在对行政规范性文件内容是否与上位法冲突、与上位法不一致方面的审查，且通常在规范性文件存在内容违反上位法规定、制定机关无制定职权等较为明显、重大违法的情形下，人民法院才会认定其不合法，不予适用。另从现有样本来看，人民法院对规范性文件规定限缩公民权利的条款较为敏感，审查更为慎重。

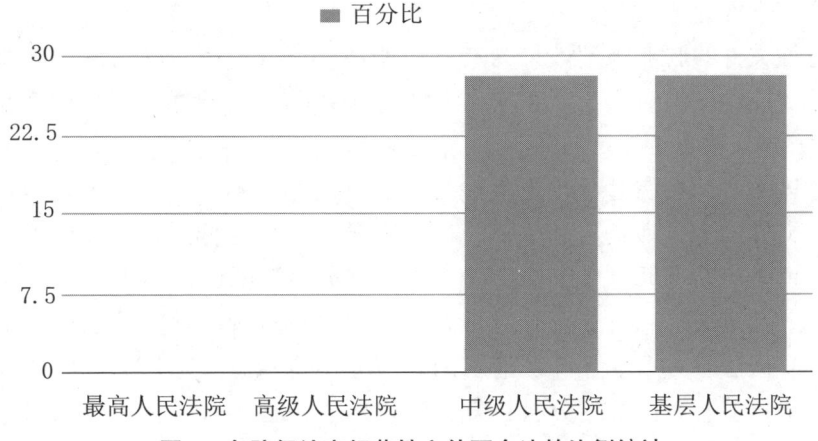

图 8　各院级认定规范性文件不合法的比例统计

通过对规范性文件附带审查制度运行以来的抽样分析可知，这一制度运行以来确已取得一定成效，主要体现在：一是各级人民法院严格按照行政诉讼法及司法解释的要求，对于行政诉讼中原告甚至是行政机关提出的一并审查诉请，除裁定驳回起诉的案件外，均给予了启动审查或不启动审查的回应。二是人民法院对启动一并审查的案件，会对该规范性文件是否可以作为认定被诉行政行为合法的依据予以阐明，并尽力在裁判理由中对规范性文件的合法性进行论证。但与此同时，由于规范性文件的司法审查制度仍处于建设期，有学者对其审查情况提出了诸如程序不明、标准不清、处理软弱的批评。[1] 亦有学者指出，在审查动力、能力双重不足的制约下，部分案件中法院存在着消极对待行政规范性文件的合法性评价，以与上位法不相抵触为由一笔带过的情况。[2] 结合样本文书中的裁判说理和前文的分析数据我们也不难看出，我国规范性文件附带审查制度在运行中还存在不少问题，亟待解决。

三、行政规范性文件司法审查制度的问题考察

通过对 947 份裁判文书的分析考察可以发现，新确立的行政规范性文件

---

[1]　黄学贤：" 行政规范性文件司法审查的规则嬗变及其完善"，载《苏州大学学报（哲学社会科学版）》2017 年第 2 期。
[2]　李成：" 行政规范性文件附带审查进路的司法建构"，载《法学家》2018 年第 2 期。

附带审查制度,一方面难以脱离行政诉讼本身的体制性障碍,另一方面也因其制度特殊性导致其在实际运行中表现得不尽如人意,与实现从源头纠正行政规范性文件的制度预期效果尚有一段距离。究其原因,既与制度本身设计的合理性或制度供给的充足性有关,也与制度运行过程有关。

(一)法院审查意愿问题

总体而言,法院对行政规范性文件的审查意愿不足,主要表现为:行政规范性文件的实体审查启动率低,认定不予适用比例低,且裁判说理较为简单。①审查启动率低。在审查启动上,为避免"遗漏诉讼请求"这一发改条件,一、二审法院一般都会对当事人提请一并审查规范性文件的诉讼请求予以回应,但法院对当事人诉讼请求的回应并不意味着规范性文件实体审查的启动。根据前文对样本的分析可知,法院对规范性文件实体审查的启动率较低,仅为10%。②行政规范性文件被认定不予适用比例低。在法院对规范性文件启动实体审查的案件中,法院裁判文书的说理呈现出了较为明显的推定规范性文件合法的倾向。从选取的样本来看,认定规范性文件合法的比例为74%,认定不合法的比例为22%,二审认为一审未审查规范性合法性不当发回重审的占比为4%。但囿于样本只能选取已经公开的裁判文书进行分析,或许并不能完整反映规范性文件认定不合法的真实情况。从法院系统内部人员的统计数据来看,认定规范性文件不合法的案件比例更低,为5.6%左右。[1]当然,规范性文件不合法的认定比例低,可以侧写出我国法治政府建设取得了一定成果,但同时也反映出法院对行政规范性文件的审查存在一定畏难情绪。③裁判文书说理过于简单。对行政规范性文件有效性进行裁判说理的开放性规定,比附带审查发展更早,但在审判实务对行政规范性文件合法性进行较为翔实论证的裁判文书较少。这一状况在认定行政规范性文件合法时表现得更为明显,以不启动实体审查的裁判说理最弱,次之是认定行政规范性文件合法的裁判说理,而通常认定规范性文件不合法的裁判说理最强。在共计72份认定规范性文件合法的裁判文书说理中,有21件笼统地以案涉行政规范性文件"并不与上位法相冲突""并未与现行法律、法规及规章相抵触"

---

[1] 王彦、徐鹏:"规范性文件一并审查的实效性考察及相关问题研讨——以C市法院规范性文件一并审查制度运行的实效性为研究视角",载《中国法学会审判理论研究会行政审判理论专业委员会2018年年会暨"行诉解释与新时代行政审判新作为"主题论坛文集》,第187页。作者单位为重庆市高级人民法院。

"无证据现实规范性文件违反上位法规定"等简单说明后，就认定规范性文件合法，其中较为典型的是［2016］皖13行初135号裁判文书的说理，仅以"经审查，萧县人民政府制定的《萧县国有土地上房屋征收与补偿试行办法》并无违反法律规定的条款，该试行办法合法"一句话，就对行政规范性文件的合法性进行了认定。而在决定不对行政规范性文件进行实体审查的850件案例中，以"系不履行法定职责案件，没有根据规范性文件作出行政行为""未明确提出规范性文件审查的具体条款""请求审查的规范性文件条款并不是被诉行政行为引用的条款"等简单说理就将规范性文件一并审查诉请拒之门外的案件此率达34%。

　　究其原因，法院对行政规范性文件审查意愿不足主要在于结果导向的司法哲学。基于结果导向的司法哲学，我国行政审判比较注重"行政争议的个案式解决"，对可重复适用、具有普遍约束力的行政规范性文件则缺乏评判的意愿。《行政诉讼法》修改后所确立的行政规范性文件附带审查制度无疑对原有的审查对象和审判逻辑提出了新的挑战。但在司法实践中，部分法官仍未能把握制度变革的脉搏，仍旧停留在传统的裁判思维，认为裁判的正确仅限于裁判主文和裁判结果即可，对行政规范性文件的审查评述只是对裁判主文的佐证，是对裁判结果的理由论证，行政规范性文件不是独立的诉讼标的，因而对其的审查质量并不影响最终裁判结果。这一结果正确导向型的司法哲学直接导致了审查启动率低、审查认定不予适用比例低和裁判文书法律论证过于简单。①基于结果正确导向的司法哲学，法院未启动或错误审查行政规范性文件并不会导致原有裁判被推翻。这为法官采取消极回避态度免除了后顾之忧。在审判实践中，一审法院未启动对行政规范性文件的审查或审查有误，一般会被认定为裁判瑕疵，并不会导致裁判文书被推翻的风险。在科层化的司法体制中，上级法院对行政规范性文件的这一监督力度无疑强化了法官在审理过程中"多一事不如少一事""说多错多"的心态。这导致法官在利弊衡量后，将放弃或回避对行政规范性文件的司法审查视为最现实和风险最低的选择。②结果正确导向的司法哲学，暗含保障行政权行使的政治因素，无疑会影响法官审查认定行政规范性文件合法性的倾向。法院结果导向的司法哲学不单是指个案裁判结果不被推翻的正确，还要考虑法律效果和社会效果的统一。所谓的社会效果自然也包括在一定程度上对行政机关行政行为稳定性的保障，这一因素不仅对我国行政诉讼整体胜诉率产生了重大影响，也是法院认定行政规范性文件不予适用比例低的重要原因之一。这一政治因素的考量最明显的表现为行政规范性文件制定主体的行政级别对法官审查的影响,有法官就此问题对上海地区40位从事行政审判的法官进行问卷调查,其中有24位(占比60%)认为在对行政规范性文件的审查中,"有行政级别的顾虑,即对级别高于法院的行政机关发布的其他规范性文件倾向于不审查,直接认定(其合法性)。且顾虑程度与级别高低呈现正相关态势,级别越高,顾虑越大"。[1]③结果导向型的司法哲学也影响了法官裁判文书的法律论证。当法官追求个案的"案结"时,很容易在裁判理由中将对行政规范性文件的审查变为一种纯粹的"排除障碍式"决断。因而,在审查中更倾向于对行政规范性文件审查的启动标准进行严格限定或尽可能缩小化解释,在上位法依据处于不明确、不具体状态时对行政规范性文件采取高度尊重的态度,下意识地回避通过严格的法律推理(尽可能地运用司法技术填补规章条文与个案事实不相调适而产生的规则漏洞,完成对行政规范性文件的合法性论证,进而得出正确的判决结论)[2],而是在倾向于认定行政规范性文件合法的前提下,选择笼统地审查说理,对关键的审查维度一笔带过地进行论证说理。从而出现了前文所述的对行政规范性文件的审查说理过于简单的情况。

(二)审查标准问题

行政规范性文件审查标准的不完善,主要表现在实务中法院对审查启动标准存在一定分歧、审查范围认定失之片面、认定行政规范性文件合法的审查维度不统一三个方面。

其一,审查启动标准存在一定分歧。①在行政诉讼法遵循"不告不理"的原则下,审判实务中对法院是否可以主动审查被诉行政行为所依据的行政规范性文件合法性产生了分歧。如武汉市中级人民法院认为:"对于具体行政行为明确引用的规范性文件,即使当事人没有提出对规范性文件一并附带进行合法性审查的诉讼请求,也应当对具体行政行为所引用的规范性文件依据进行合法性审查。因为,这是正确解释和选择法律适用的前提。"[3]但湛江市

---

[1] 王延庆:"隐形的'法律'——行政诉讼中其他规范性文件的异化及其矫正",载《现代法学》2011年第2期。

[2] 余军、张文:"行政规范性文件司法审查权的实效性考察",载《法学研究》2016年第2期。

[3] [2015]鄂武汉中行终字第00098号。

中级人民法院认为："由于上诉人周某贵在本案中并没有提出对湛江市公安局制定的《道路交通事故社会救助基金内部审批流程》的合法性进行审查的请求，法院在本案中无权对湛江市公安局制定的《道路交通事故社会救助基金内部审批流程》的合法性进行审查，原审判决直接对湛江市公安局制定的《道路交通事故社会救助基金内部审批流程》的合法性作出认定欠妥。"〔1〕并将此认定为审判程序瑕疵。②在第三人是否有提请附带审查的请求资格上未有明确规定。根据《行政诉讼法》第53条的规定，原告有权提出一并审查请求，其请求主体地位不存在问题。然而，关于行政诉讼中的第三人是否有权提出一并审查请求，现阶段则存在较大争议。从《行政诉讼法》第53条以及《最高人民法院关于适用〈中华人民共和国行政诉讼法〉的解释》（以下简称《行诉适用解释》）第145、146条〔2〕的条文规定来看，对第三人的请求资格并无明确规定，导致实务和理论界对第三人的请求主体资格产生了较大争议。

其二，审查范围认定失之片面。根据《行政诉讼法》第53条的规定，行政诉讼附带审查行政规范性文件的范围是"行政行为所依据的国务院部门和地方人民政府及其部门制定的规范性文件"。从裁判分析样本来看，法院基本明确了规范性文件的判断标准，即将制定主体的制定权限以及是否针对不特定相对人、是否反复适用及是否具有普遍约束力作为规范性文件的判断标准〔3〕，这与学界关于规范性文件的概念界定具有统一性〔4〕。但单纯的概念界定，尚不足以应对形形色色的具体实践，且稍显片面。主要体现在：①对党政合署文件（特别是涉及行政管理内容的规范性文件）的审查存在较大分

---

〔1〕 [2016] 粤08行终109号。

〔2〕《最高人民法院关于适用〈中华人民共和国行政诉讼法〉的解释》第145条规定："公民、法人或者其他组织在对行政行为提起诉讼时一并请求对所依据的规范性文件审查的，由行政行为案件管辖法院一并审查。"第146条："公民、法人或者其他组织请求人民法院一并审查行政诉讼法第五十三条规定的规范性文件，应当在第一审开庭审理前提出；有正当理由的，也可以在法庭调查中提出。"

〔3〕 如北京知识产权法院在[2015]京知行初字第177号裁判文书中认为："《新增服务商标的通知》系针对不特定的公民、法人或者其他组织作出的，可在其第四条规定的过渡期内反复适用并具有普遍的约束力。鉴于商标局的主体地位、法定权限、《新增服务商标的通知》的制定形式及制定程序等因素，应当认定《新增服务商标的通知》在性质上属于《行政诉讼法》第53条第1款规定的规范性文件。"上海第一中级人民法院在[2016]沪01行终226号裁判文书中认为："上诉人要求一并审查的……等文件，系不同行政主体针对具体个案作出，因不具有针对不特定相对人以及可反复适用等特征，则不属于《行政诉讼法》中规定的可进行一并审查的规范性文件。"

〔4〕 参见江国华编著：《中国行政法（总论）》（第2版），武汉大学出版社2017年版，第170~172页；罗豪才、湛中乐主编：《行政法学》，北京大学出版社2012年版，第168~170页。

歧。实践中曾发生因法院判决公开党委信息而引起轩然大波的案例，法院一般对党委文件持审慎态度。如浙江省丽水市莲都区人民法院一审认为："《景宁畲族自治县农民异地搬迁工程实施办法》系中共景宁畲族自治县县委办公室文件……原告要求对文件进行合法性审查的主张不予支持。"〔1〕二审浙江省丽水市中级人民法院则认为："中共景宁畲族自治县委办公室和景宁畲族自治县人民政府根据……依程序联合制定《景宁畲族自治县农民异地搬迁工程实施办法》……从制定主体和内容判断，该办法属于……规范性文件附带审查范围，原审法院认为该办法不属于审查范围有误。"〔2〕与此不同，同处浙江的杭州市中级人民法院认为："上诉人提出的对中共杭州市委、杭州市人民政府市委〔2001〕29号文件进行合法性审查于法无据。"〔3〕②对未被行政机关直接引用的规范性文件是否可以被纳入审查范围存有争议。附带审查的附带性决定了提请审查的需要是行政行为所依据的规范性文件，即与行政行为有关联性。相关实务指南认为，提请审查的规范性文件必须是被诉行政行为的直接依据，它可以是全部依据，即执行规范性文件的具体内容而作出被诉行政行为，也可以是部分依据，即对其作出具有实体或程序上的影响〔4〕。该观点明确了"直接依据"标准，但法院未被行政机关引用的规范性文件是否可以被纳入审查范围仍有争议。根据行政诉讼法的规定，当事人可以申请一并审查的规范性文件限于行政行为的依据，那么，此"依据"是否仅限行政机关作出行政行为的直接引用的依据？在现行司法实践中，法院通常倾向于审查行政行为的书面载体，看相关决定是否直接引用相关文件，如果没有引用，则通常认为这个文件不是行为的依据，不属于审查的范围，这一裁判说理占本文所选取样本文书中不予启动附带审查的32%。③司法实践中，对于规范性文件一并审查是对所请求的规范性文件的全部内容逐条进行审查，还是只对行政行为所直接依据的具体条款进行审查，存在较大的争议以及不同的处理结果。根据行政诉讼法及司法解释的规定，对规范性文件的一并审查限于合法性审查，即审查"法律问题"。有观点认为，应对规范性文件的全部内容

---

〔1〕 [2017]浙1102行初74号。
〔2〕 [2018]浙11行终29号。
〔3〕 [2017]浙01行终927号。
〔4〕 江必新主编：《中华人民共和国行政诉讼法理解适用与实务指南》，中国法制出版社2015年版，第244页。

进行审查。因为规范性文件的审查不应仅限于相关条款是否具有上位法依据，还应对规范性文件的效力、权限、制定程序等进行审查以确定合法性，而仅对规范性文件的某些具体条款进行审查无法达成上述目的。[1]实践中亦有此做法，如安徽省高级人民法院在判决中指出："萧县人民政府在庭审中确认《试行办法》系其作出《房屋征收决定》所依据的规范性文件，故刘印井可以一并请求对该规范性文件进行审查。经审查，萧县人民政府制定的《试行办法》并无违反法律规定的条款，该试行办法合法。"[2]其实质上是对规范性文件的全文进行了合法审查。亦有观点认为，2015年《行政诉讼法》第53条第1款规定的"行政行为所依据的……规范性文件"只能是规范性文件的特定内容（实质属性）的一部分，而非该规范性文件整体。[3]强调作为审查客体的规范性文件和作为关联性依据的具体条款的辩证关系。在本文的分析样本中，亦有2%的案件因为当事人提请附带审查的规范性文件不明确、不具体而未启动附带审查。

其三，认定行政规范性文件合法的审查基准不统一。《最高人民法院关于适用〈中华人民共和国行政诉讼法〉的解释》（简称《刑诉适用解释》）第148条[4]虽然规定了人民法院对规范性文件进行司法审查以及如何认定规范性文件不合法的相关规则，但对于规范性文件司法审查的标准，现行法律规范尚不明晰，这也是规范性文件一并审查制度中争议最大的问题。由前述的样本分析来看，在认定行政规范性文件合法的72份裁判文书中，呈现出了五种不同类型[5]的审查基准组合。可见，现有的审查标准较为多元且分散。且

---

[1] 程琥："新《行政诉讼法》中规范性文件附带审查制度研究"，载《法律适用》2015年第7期。

[2] [2017]皖行终209号。

[3] 朱芒："规范性文件的合法性要件——首例附带性司法审查判决书评析"，载《法学》2016年第11期。

[4] 《最高人民法院关于适用〈中华人民共和国行政诉讼法〉的解释》第148条规定："人民法院对规范性文件进行一并审查时，可以从规范性文件制定机关是否超越权限或者违反法定程序、作出行政行为所依据的条款以及相关条款等方面进行。有下列情形之一的，属于行政诉讼法第六十四条规定的'规范性文件不合法'：（一）超越制定机关的法定职权或者超越法律、法规、规章的授权范围的；（二）与法律、法规、规章等上位法的规定相抵触的；（三）没有法律、法规、规章依据，违法增加公民、法人和其他组织义务或者减损公民、法人和其他组织合法权益的；（四）未履行法定批准程序、公开发布程序，严重违反制定程序的；（五）其他违反法律、法规以及规章规定的情形。"

[5] 分别是只审查与上位法关系（占比65%）、审查"主体+上位法"（占比17%）、审查"主体+程序+内容（上位法）"（占比13%）、审查"程序+上位法"（占比4%）、审查"主体+程序"（占比1%）等。

在具体的审查基准层面,除对行政规范性文件制定主体的权限审查争议较小外,在对上位法、程序和内容的审查上,仍然存有一定困惑。①在上位法层面。对具有明确、直接上位法依据的行政规范性文件,法院可以参照现行法律制度、立法法与最高人民法院司法解释为法规、规章的合法性审查设置"不与上位法抵触""与上位法一致"的审查标准,对其进行司法审查(这也是审判实践中的通行做法)。但在行政规范性文件不具有直接、明确的上位法依据时,法院对行政规范性文件的合法性审查似乎会显得"一筹莫展",明显地存在对行政规范性文件不预审查或回避审查的裁判倾向。②程序审查中对全面审查与具体条款审查的争议。一般而言,法院只对行政行为所依据的行政规范性文件具体条款进行审查,而对其进行程序审查则势必需要对行政规范性文件进行全面审查。对程序的审查效果及于规范性文件整体而非特定条款,程序违法也必将导致合法性的整体丧失。如果仅仅因程序违法而排除适用,在只有规范性文件调整的领域将难以施行,法院不得不持审慎态度。在所选取的样本文书中,仅有18%的案件对规范性文件的程序问题进行了认定,大多也是一笔带过,且缺少相关证据、依据的说明。这是不得不面对的现实困难。③对行政规范性文件内容审查的深度问题,如是否对其合理性进行审查。最高人民法院《座谈会纪要》对此已有规定,无疑可以参照执行,成了规范性合法性评价的基本原则,但有关审查的深度并未涉及。实践中,一些法院也进行了有益尝试,如广州铁路运输中级法院曾引入比例原则并通过对比方法进行说明,认为被诉规范性文件"针对被盗抢车辆所设置的限制措施无助于其所追求的行政目的的实现,违反行政比例原则,对被盗抢车辆车主的合法权利造成不当限制。同样实施车辆总量控制的北京、天津均允许在已注册登记的车辆被盗抢后无法找回的情况下,车主可直接取得指标"。[1]湘西土家族苗族自治州中级人民法院也曾对规范性文件的合理性进行了评判,认为"本案涉及的两个规范性文件所确定的认定出生时间的规则合理且不明显违反法律,可以在本案中参照适用"[2],但并未形成较为明确的审查标准。

其四,行政规范性文件司法审查规则供给不足。行政规范性文件司法审查标准的不完善或不统一,主要是由行政规范性文件司法审查规则供给不足

---

[1] [2017]粤71行终2203号。

[2] [2017]湘31行终4号。

导致的。其因果关系可大致分述如下：①行政规范性文件司法审查缺乏较为完整的审查规则指引，导致法院司法审查标准不一。虽然我国对行政规范性文件的司法审查在实践中由来已久，但制度性的规则设计仍稍显缺乏。在《行政诉讼法》修改之后，最高人民法院于2018年2月发布的《行诉适用解释》相较之前的规定有所进步，其用7条规定明确了规范性文件一并审查的提出时间、听取制定机关意见的情形、附带审查的主要方面、审查的后续处理、附带审查的纠错等内容，但对于实践中国争议较大的规范性文件请求主体、审查范围、审查结果处理等问题均未进行回应或进行较为成熟的规则设计，这一审查制度的供给不足在很大程度上加剧了法官对规范性文件附带审查的消极处理态势。2018年10月发布的9个典型案例虽在个案处理上有借鉴意义，但也未形成较为规范的规则指导。②行政规范性文件司法审查关涉行政诉讼制度乃至宪制结构的调整，需要足够权威的审查规则支撑。就行政规范性文件实体审查的启动和审查范围识别而言，法院在审理中被诉病较大、争议较多。诸如规范性文件的提起主体（第三人是否有权提起）、规范性文件附带审查范畴的识别、认定规范性文件是否是被诉行政行为的依据、附带审查权限仅限于被诉行政行为所依据的具体条款还是可以对全文进行审查等问题，尚未在审理规则中形成定论，也未在审判实践中达成默契共识。而因行政规范性文件本身牵涉党、政、立法、司法机关的职能边界等敏感话题，将这些问题的判定交由法官自由裁量或先行探索，无疑会将法官置于职业风险漩涡之中，并非可取之道。③司法审查规则设计的不明确，导致行政规范性文件合法性审查的维度组合呈现不规范状态。新的司法解释虽然规定了法院可以从规范性文件制定机关是否超越权限或者违反法定程序、作出行政行为所依据的条款以及相关条款等方面进行，但并未形成较为统一的审查标准。这直接导致法院在具体审理时，其审查标准呈现出制定机关有无职权、规范性文件的制定是否符合法定程序、规范性文件与上位法的关系这三者随机混合搭配而导致结果难以预测的不规范状态。这种裁判论证维度的不统一，无疑会直接影响到裁判结果，导致同案不同判、类案不同审的情况出现。这既会影响法院达成"让人民群众在每一个司法案件中感受到公平正义"的工作目标，也不利于附带审查制度目的的实现。

（三）审查结果处理刚性问题

附带审查结果处理的刚性不足，体现为法院对行政规范性文件的审查认定主要限于个案效力,对行政规范性文件本身的法律约束力不足。首先需要明确的是,在我国的法治框架下,既有的裁判文书仅对个案发生效力,对规范性文件的改废等处理的权力仍隶属于行政机关。根据《行政诉讼法》第64条的规定,现有行政规范性文件附带审查制度是"不予适用+提出司法建议"模式。在这一模式下,法院认定行政规范性文件不合法的,可以向制定机关提出处理建议。但就司法处理建议的法律性质而言,处理建议并不是"执行通知书",制定机关没有必须按照法院处理建议执行的义务。因此,虽然人民法院有"提出司法建议"的职权,但只要制定机关或有权机关不予撤销,生效判决认定的规范性文件违法就如同一纸空文,几无拘束力。制定机关或者有权机关可以接受和回应,也可不予回应,或即使回应其内容也可认定文件仍然合法有效。这就导致已经被认定不合法的规范性文件可能会被行政机关继续适用或者隐性适用,也可能会被其他人民法院或法官在另案中适用,如此不但不能预防和减少因行政规范性文件产生的违法与不当行政行为,反而会更进一步激化行政争议冲突。且就司法建议本身而言,实务中司法处理建议的具体内容也不尽统一,有的提出了明确的修订论证意见,有的仅是象征性地宣告该规范性文件的违法因素。

究其根源,司法审查结果处理刚性不足在很大程度上应归结于司法自身的谦抑性。司法权天然有限,这一有限性在行政诉讼特别是对行政规范性文件的司法审查中更易显现出来,并表现为一定程度上的自抑倾向。司法的谦抑性要求法院尊重行政权,这直接影响到了国家权力分配层面中有关司法审查权的设置。法院对行政规范性文件的司法审查权并非无可指摘,"过分侵略性的司法审查时又因不民主的特质而受批判。当法院侵略性地使用它们的审查权力时,它们有可能破坏行政机关对公众的愿望作出合法反应的能力"。[1]而且,部分行政规范性文件是对党的政策或政府工作的解释和执行,其本身暗含着人民的意志和党的主张,具有一定的政治地位和经济社会功能,从某种程度而言也具备一定的正当性。法院对此类行政规范性文件的审查会关涉到党政的修改和执行,这可能"不符合民主的要求,在当下中国也会受到严

---

[1] [美]欧内斯特·盖尔霍恩、罗纳德·M.利文:《行政法和行政程序概要》,黄列译,中国社会科学出版社1996年版,第311页。

厉谴责"。[1]故而，不论是制度设计者，还是法院自身，都会对法院行政规范性文件司法审查权抱有高度谨慎的态度，这一态度直接影响到了对法院审查结果处理刚性的权力分配限制。在我国现行的宪制框架中，法院无权在裁判文书中直接对行政规范性文件予以撤销、变更或责令行政机关废止、修订，进而对行政规范性文件产生直接的法律效力，仅有个案效力。而众所周知，审判权具有中立性、裁量性、统一性乃至终局性等特征，对行政规范性文件的司法审查亦不能违背审判权的一般属性。而行政规范性文件司法审查的个案效力，无疑内含了司法裁判终局性与规范性文件非终局性的矛盾。[2]这一矛盾并非是因立法者缺乏制度运行的预判能力。早在修正案起草过程中便有学者提出，法院将被认定不予适用即"不合法"的行政规范性文件及其处理建议转送给制定机关后，极有可能出现法院的"初步判断"与制定机关的最终判断不一样的情形，从而使得整个法律制度处于极度不确定状态。[3]但立法者出于司法谦抑性的考虑（即在司法审查权与行政权、立法权三维的宪制结构中，司法权需要尊重行政机关的自我规制、立法机关的最终决断）而选择了"不予适用+提出司法建议"这一附带审查模式。在此权力分配模式下，法院对行政规范性文件的审查结果，除影响个案中有关行政行为审查的法律适用外，对行政规范性文件本身仅发挥着行政规范性文件审查信息（存有合法性问题）的传递媒介作用。虽然这一制度设计有着一定的法理基础和现实土壤，但不可否认的是，司法的谦抑性的确直接造成了司法审查结果的处理刚性不足。

四、行政规范性文件司法审查制度的进路检视

为真正发挥行政规范性文件司法审查的功能，使这一制度发挥其应有的实效，应积极寻求突破现有困境，完善对行政规范性文件司法审查的具体进路构建。这一进路构建，不能仅凭空想而成，应以实现行政规范性文件的功能定位（即制度设计目的）为根本追求，以这一制度的运行问题为观照点，

---

[1] 李少文："抽象行政行为司法审查的困境分析"，载《中共青岛市委党校·青岛行政学院学报》2012年第3期。

[2] 参见袁辉根："我国规范性文件附带审查的实践检视与修正"，载《山东科技大学学报（社会科学版）》2017年第4期。

[3] 参见周汉华："规范性文件在《行政诉讼法》修改中的定位"，载《法学》2014年第8期。

从现有法律规定出发,明确法院在应然层面上对行政规范性文件应有的司法审查态度、应审查的主要内容和应有的处理效果,从而对比实然状态中的问题及成因,对症下药。

(一)司法哲学层面

行政规范性文件司法审查实务中存在的法院审查意愿不足的现象,使得我们需要重新审视与行政规范性文件司法审查权相对应的司法审查义务问题,这也是行政规范性文件司法审查制度构造中极其重要的一个部分。[1]从前文对法院审查意愿不足的成因分析可知,法院对行政规范性文件的审查意愿不足主要是受传统结果正确导向型的司法哲学所影响。这是由法官没有认清法院在行政规范性文件治理中的权责定位,错解了自身对行政规范性文件的司法审查义务所致。

其一,法院应基于司法的谦抑性,遵循对行政规范性文件司法审查的有限性原则。这种司法审查的有限性主要包括尊重行政机关的初次判断权和审查范围、裁决内容有限两个方面。其中,尊重行政机关的初次判断权主要体现在对行政行为的审查之中,即对于应当由行政机关首先处理的问题,相对人应先向行政机关寻求救济,只有当事人对行政机关作出的裁决不服时才能请求法院进行审查,以防止司法自由裁量代替行政自由裁量。[2]在行政规范性文件司法审查中主要体现为审查范围、裁决内容的有限。这一有限性体现在我国的行政规范性文件司法审查中便是《行政诉讼法》第53条关于行政诉讼附带审查的规范性文件范围的规定。因而,即使是在司法改革进行得如火如荼的今天,也不能违背司法监督行政的目的,不能过度干预行政权,更不能用司法权代替行政权。在对行政规范性文件进行司法审查的过程中要把握司法审查的限度,保持一定程度的尊重。防止这一诉讼制度的设定将法院过早或过多地卷入行政诉讼的漩涡,使司法权对行政权的监督陷入泥潭。

其二,法院也通过新确立的行政规范性文件附带审查的诉讼制度获得了一定的审查权。在已经明确了行政规范性文件司法审查制度的性质之后,也应明确法院在新确立的附带审查制度中的角色定位,以明晰法院的具体审查

---

[1] 李稷民:"论我国行政规范性文件司法审查的构造——解读2018年《行政诉讼法》司法解释带来的变革",载《学习与探索》2019年第1期。

[2] 薛刚凌:《行政诉权研究》,华文出版社1999年版,第59页。

权的内容。从国外实践来看，在设置了宪法法院制度的国家，违反宪法或法律的规范性文件需要由宪法法院撤销，对具有其他违法情形的规范性文件的审查，则由行政法院或其他普通法院完成，仅具有个案效力。除宪法明确禁止外，在其他情况下法院均可以对规范性文件进行审查。[1]不过，不管是法律法系国家还是英美法系国家，无论有无宪法法院的设置，法院审查的权力一般都不包括撤销相应规范性文件的权力，但一般都拥有"确认违法权、拒绝适用权和选择适用权"[2]，撤销权一般由宪法法院或其他类似司法机关的机构来行使。我国宪制体系在保障人大及其常委会监督宪法实施机关地位的同时，赋予了相应级别的行政机关对行政规范性文件的改变或撤销权。法院并不具有对行政规范性文件的撤销权，法院的对行政规范性文件的审查权能，主要是由对行政规范性文件的审查权、评述权、适用权和提出司法建议等组成。在权责一致的权力分配视角下，与此权能相对应的是法院的司法审查责任，诸如审慎审查的司法义务，漏审、错审的责任追究等，并以此为基础进行制度配套建设。因而，就法院对行政规范性文件的审查态度而言，应以法院的权责定位为基础，既应保持一定的谦抑态度，不能突破现有法律体系的规定来实现所谓的司法权独立或强化对政府的监督力度，也应积极在权力范围内履行司法审查义务。

其三，明确法院之于行政规范性文件审查之义务。有法官指出，在2014年《行政诉讼法》修改之前，法院在规范性文件审查制度中的司法义务是缺位的，这种缺位导致法院在审查过程中具有与义务不相称的裁量权，会出现怠于审查或是过度审查的现象。[3]一般而言，法官在审判中主要承担的义务包括不得拒绝裁判、依法裁判和为裁判提供论证的义务。[4]这一司法义务体现在法院对行政规范性文件的附带审查上，便是不得故意回避对行政规范性文件的审查，需要依法对行政规范性文件进行合法性判断后选择适用或拒绝适用，并在裁判理由中进行说理论证。随着2014年《行政诉讼法》的修改，

---

[1] 谭波："论我国行政规范性文件的司法审查制度补强——以《行政诉讼法》第53条和新司法解释为背景"，载《福建江夏学院学报》2018年第5期。

[2] 杨士林："试论行政诉讼中规范性文件合法性审查的限度"，载《法学论坛》2015年第5期。

[3] 王延庆："隐形的'法律'——行政诉讼中其他规范性文件的异化及其矫正"，载《现代法学》2011年第2期。

[4] 参见孙海波："司法义务理论之构造"，载《清华法学》2017年第3期。

法院在行政规范性文件中的审查权得以显性化,与之相应的司法审查义务也应逐渐成形。其中,2018年发布的《行诉适用解释》第149条对于经审查合法的行政规范性文件,法院应受其规范意义上的约束的规定,是对法院依法裁判义务的扩展。2018年发布的《行诉适用解释》第8条规定,行政诉讼对被诉行政行为所依据的规范性文件一并进行审查的案件,人民法院应当强化释法说理,则是对法官提供论证义务的明确。由此可知,我国在顶层设计中,已经意识到了司法义务构建在行政规范性文件司法审查中的重要性。从前文对行政规范性文件司法审查运行现状的分析可知,法院的审查意愿不足主要体现在法院实体审查启动率低、认定不予适用比例低且裁判说理较为简单三个方面,我国已有的司法义务规则设计则主要侧重于法院启动审查后,对其依法裁判和论证义务的构建。这为提升法院在此类案件中的裁判说理论证质量提供了制度支撑,但若要改善法院对行政规范性文件司法审查整体的消极态度,还需进一步强化法院对行政规范性文件的司法审查义务构建。

其四,承认原告规范性文件审查"请求权"的独立性。根据现行法律法规规定,行政规范性文件并非独立的诉讼标的,当事人不能对其单独提起诉讼,但根据《行政诉讼法》第53条"一并请求规范性文件审查"的规定,当事人提请审查行政规范性文件应是一项独立的诉讼请求,这一点也在理论上形成了一定的共识。[1]因此,在附带审查制度下,对行政规范性文件的审查不再是对法律选择适用这一旧有问题的复述,而是法院面临的一项独立的审判任务。法院针对这一独立的诉讼请求,其司法审查义务的体系化主要可以体现为以下五个方面:①赋予当事人对行政规范性文件审查的再审申请权。对于应当审查而未审查,或者当事人认为审查错误影响行政诉讼裁判结果的行政规范性文件,当事人可以以"遗漏诉讼请求""适用法律、法规确有错误"等理由申请再审。②在程序上保障行政规范性文件能够得到充分的审查。为避免行政规范性文件审查被搁置、忽视,应在程序设置上予以充分保障,主要包括法院应在庭审中组织诉辩、在合议中进行评议、在审委会会议中予以讨论等程序性规定。③明确法院审查义务对应的具体审查责任。例如,在

---

[1] 参见袁辉根:"我国规范性文件附带审查的实践检视与修正",载《山东科技大学学报(社会科学版)》2017年第4期;谭波:"论我国行政规范性文件的司法审查制度补强——以《行政诉讼法》第53条和新司法解释为背景",载《福建江夏学院学报》2018年第5期。

再审处理上，二审法院对一审法院未依法履行审查的义务的案件，可以发改处理，并将其作为考核依据。④在监督上，上级法院和检察院如发现对于在裁判文书中被确认违法但未向文件制定机关提出司法处理建议的，可监督其提出处理建议，以从源头预防纠纷。⑤为化解当事人疑惑，实质解决纠纷，可稍微强化法院的释明义务。即对于实践中当事人提出的审查请求不予启动的，明显不符合行政诉讼法规定要求的，如不属于法院可以审查的规范性文件范围、请求撤销或确认该行政规范性文件无效的，法院应进行释明，指引当事人选择适当的救济方式。以此，通过不予审查的主动释明、审查程序上的充分保障、消极怠审或错误审查的发改、确认违法后应提出司法建议的监督，从审查前化解焦点争议、审查中确保实质性审查、审查后监督落实等方面多举齐下，明确法院法定的司法审查义务，扭转法院仅以被诉行政行为为审查内容，以被诉行政行为的审查结果正确为导向的传统审判思维，促使法院认真、谨慎地处理涉及行政规范性文件附带审查的案件。

（二）审查规则层面

行政规范性文件的审查不同于法院对行政行为的审查，有其与生俱来的特殊性，这一特殊性是由行政规范性文件在行政诉讼中的地位决定的。行政规范性文件在行政诉讼中具有集审判依据和审查对象为一体的双重地位。在现行行政诉讼制度中，行政规范性文件是行政机关作出某一行政行为的依据，即具体行政行为合法性的证据。但在行政诉讼中，行政规范性文件既有可能成为法院裁判的依据，也可能成为法院的准裁判对象——之所以是准裁判，是因为法院即使审查认为行政行为所依据的规范性文件不合法，也不能作出如同对被诉行政行为一样的裁判。[1]行政规范性文件在行政诉讼中的双重地位较为集中地投射出了这一制度在行政法治中的特殊性。有学者指出："所有的行政机关制定的规范性文件都应在行政诉讼中占有一席之地，是否作为审判的依据应取决于其与法律的关系，行政级别不再是确定其效力的标准。"[2]"不论是行政法规，还是规章，以及其他规范性文件，只要法院能对其合法性加以审查，就能够作为法院审理行政案件的依据，否则，就没有资格和理由

---

[1] 参见黄学贤："行政规范性文件司法审查的规则嬗变及其完善"，载《苏州大学学报（哲学社会科学版）》2017年第2期。

[2] 张树义：《变革与重构——改革背景下的中国行政法理念》，中国政法大学出版社2002年版，第185页。

成为法院审判的依据。"[1]

其一,就审查内容而言,附带审查制度确立之后,对作为审查对象的规范性文件,主要是一种违法审查。[2]我国行政规范性文件司法审查制度发展历程表明,在附带审查制度确立之前,人民法院对行政规范性文件的司法审查,往往因其具有一定的证据属性,而侧重于对被诉行政行为所依据的行政规范性文件的真实性、关联性和合法性进行审查。但是,司法审查制度发展至今,对行政规范性文件审查内容的把握,不能仅从其在行政诉讼中的双重地位属性而简单予以加减,需要结合这一制度的特性,进行化学整合,重新认识和把握对行政规范性文件的主要审查内容。①要进行行政规范性文件的识别,即被提请审查的规范性文件必须是法律规定的可以审查的规范性文件。②行政规范性文件的附带审查作为一项新的诉讼请求,不能构成单独的诉。这就意味着,当事人不能单独提请审查行政规范性文件,而必须以行政行为为依托,且提请审查的规范性文件必须是行政行为作出的依据。故而法院要对所提请的行政规范性文件与被诉行政行为之间的关联性进行审查。③在启动对行政规范性文件的实体审查后,需要对其合法性进行审查。需要明确的是,出于司法谦抑和权责一致的考量,法院对行政规范性文件的合法性审查,既是其审查权的权力内容,也是其审查权的权力界限,即法院对行政规范性文件的审查仅限于合法性审查。

其二,就审查启动标准而言,目前实践中有所争议的是法院是否可以主动审查被诉行政行为所依据的行政规范性文件的合法性,以及第三人有无提请一并审查的权利。①有关法院的主动审查权,本文认为,根据《宪法》第126条之规定,人民法院可以根据其对法律的理解和对事实的认定作出判决,在此过程中,人民法院可以对合法性存疑的规范性文件选择拒绝适用。[3]在2004年《座谈会纪要》仍现行有效的情况下,基于法院长期以来的审判实践考量,法院可以主动对规范性文件进行审查,以用于判断是否适用其认定被诉行政行为的合法性。因法院对其主动审查的前提是已经确认了该行政规范性文件是被诉行政行为的依据,故而法院的主动审查与行政规范性文件附带

---

[1] 杨海坤、章志远编:《行政诉讼法专题研究述评》,中国民主法制出版社2006年版,第366页。

[2] 石东洋、刘新秀:"论我国行政规范性文件的司法审查制度变迁及运行困境",载《包头职业技术学院学报》2016年第1期。

[3] 参见江国华编著:《中国行政法(总论)》(第2版),武汉大学出版社2017年版,第179页。

审查的附带性并不冲突，也并未超出法院的审查权限。法院对被诉行政行为所依据的行政规范性文件进行主动审查，亦是法院对行政行为合法性审查和法律适用的应有之义。②有关第三人一并提请审查的权利。行政诉讼中追加第三人参与诉讼，并非仅为调查案件事实，相反，还必须听取其对案件相关法律问题包括规范性文件合法性的意见。行政诉讼中的第三人通常与被诉行政行为具有法律上的利害关系或与案件处理结果有利害关系，其在行政诉讼中的诉讼地位实际较为独立，因此也应当赋予其提出规范性文件一并审查的权力。《行诉适用解释》第146条"有正当理由的，也可以在法庭调查中提出一并审查请求"之规定，也为对第三人请求主体资格的认可提供了法律空间。因此，在行政诉讼中诉讼地位相当于原告一方的第三人也有权一并请求对规范性文件进行审查。

其二，就审查范围的识别而言，这一领域内的争议点主要在于法院是否可以审查涉及行政管理内容的党政合署文件，被诉行政行为与行政规范性文件的关联性认定，以及法院的审查是仅限于被诉行政行为依据的具体条款还是可以审查行政规范性文件全文。①关于涉及行政管理内容的党政合署文件的审查。从行政规范性文件司法审查制度设计目的来看，其是为从源头防治错位、越位之行政规范性文件，现行行政诉讼法仅将国务院部门及地方人民政府及其部门作为行政规范性文件的制定主体规定，但实践中不论何种主体，只要其具有行政管理权限，事实上就会侵犯公民权益，因而行政诉讼不能仅从形式上对其进行区分，而应从法益平等保护的角度，从实质上进行审查。因而，一旦将这类规范性文件排除在请求客体范围之外，行政机关就可能会通过这个途径制定、发布可以作为行使行政职权依据的规范性文件，从而架空《行政诉讼法》第53条的规定。实践中，对这一类型规范性文件的审查，可以参考丽水市中级人民法院的做法[1]，从制定主体、内容和程序等方面进行判断，如其实质是为行使政府行政管理权限，则应属于法院可以审查的行政规范性文件范畴，法院亦有审查之必要。②对被诉行政行为和行政规范性文件的关联性认定。实务中主要根据行政行为对行政规范性的直接引用来认定二者间的关联性，且仅限于行政行为结果处理中的直接引用。但将规范性文件纳入一并审查的重要目的之一是评价其能否作为认定行政行为合法的依

---

[1] 详见[2018]浙11行终29号。

据。而在认定行政行为合法的过程中，需要对其职权、内容、程序、形式等各方面要素进行审查。故而只要规范性文件在实质上为行政行为职权、内容、程序、形式等某一或某几个方面要素的合法性提供支持，就应当认定其为行政行为的依据。实务中过于严苛的直接援引标准，可能造成对行政规范性文件审查范围的限缩，可能会面临有合法性瑕疵的风险。因此，有关行政规范性文件与被诉行政行为关联性的认定，不能以行政机关作出的行政行为中是否直接引用作为判断的唯一标准，行政机关根据《行政诉讼法》第67条规定提交的作为被诉行政行为依据的规范性文件，以及在法庭调查中援引的作为被诉行政行为依据的规范性文件，也应视为被诉行政行为的依据。同时，对于行政机关拒绝认可公民、法人或者其他组织申请一并审查的规范性文件系被诉行政行为依据的，法院应当仅作形式审查，对于不能直接判断是否作为被诉行政行为依据的规范性文件，不纳入附带审查的范围。③附带审查全文还是具体条款的问题。这一问题不仅关涉法院的审查范围，其实质涉及法院的审查标准问题。实务中法院对行政规范性文件的实质内容进行审查时是审查被诉行政行为所依据的具体条款已经达成了共识，但法院对其制定主体和制定程序进行审查时，又会及于行政规范性文件的整体。故此，应当主要对直接依据的具体条款进行审查，同时辅以对主体、权限等涉及规范性文件效力认定的内容进行整体审查。其理由在于：一是法院不是规范性文件的备案审查机关，不负有全面抽象审查的义务。在行政规范性文件的审查问题上，法院不比人大或政府具有更强的民主正当性或专业性。只有在对具体问题的法律判断和法律适用上，司法才具有权威性和最终性。如果进行全面审查，法院就很可能陷入司法资源、审查能力和民主性、专业性不足的尴尬境地。二是新行政诉讼法已明确将行政规范性文件合法性审查定位为间接的附带审查，而不是直接的独立审查。法院需要借助于具体案件，在法律规范的适用过程中，发现行政规范性文件与案件相关条款存在的违法性问题并提出处理建议。如果对规范性文件与案件无关的条款进行审查，就会在根本上违背附带审查制度的精神，而成为抽象的、直接的独立审查。三是如前所述，当事人提请附带审查行政规范性文件的权利实质为一项诉讼请求，因而人民法院在行政规范性文件司法审查范围识别过程中，应当坚持主观诉讼的审查标准，不能随意扩大审查范围。

其三，就行政规范性文件的合法性审查认定而言，法院在对行政规范性文件的合法性审查存在的主要问题是审查基准组合的不统一。2018年的《行诉适用解释》第148条〔1〕虽然规定了人民法院在一并审查规范性文件时可以从规范性文件制定机关是否超越权限或者违反法定程序、作出行政行为所依据的条款以及相关条款等方面进行，并列举了规范性文件不合法的几种具体情形，但只是提供了审查视角，并未对法院的审查维度组合进行明确，也未能解决在没有明确上位法依据的情形下法院应如何审查这一难点问题。虽然"从来不存在一个适用于所有分配的单一标准或一套互相联系的标准"，〔2〕但我们可以通过类型化的分析，尽可能明确司法审查标准。①就审查基准组合而言，法院在认定行政规范性文件合法时应对其进行合法要素的全面评价，而认定不予适用案涉行政规范性文件时只需论证其某一要素不合法即可。最高人民法院于2018年发布的9件行政诉讼附带审查规范性文件典型案例为行政规范性文件的合法性审查提供了指引，通过对其审查标准进行分类梳理可以发现，认定行政规范性文件合法时的主要审查标准是不与上位法抵触〔3〕。其中，法院在"上海苏华物业管理有限公司诉上海市住房和城乡建设管理委员会物业服务资质行政许可案"中，除重点阐明案涉"〔2007〕69号《新设立物业资质通知》"与上位法不相冲突外，还附带了"制定主体、制定目的、制定过程符合规范，并无明显违法情形"的论述，表明法院旨在从主体、内容、程序和上位法等四个合法性维度对行政规范性文件进行全方位审查。法院认定行政规范性文件不合法的理由主要是案涉行政规范性文件与上位法相冲突。〔4〕《行诉适用解释》第148条对其的条款规定是"可以"性的规定，

---

〔1〕《行诉适用解释》第148条规定："人民法院对规范性文件进行一并审查时，可以从规范性文件制定机关是否超越权限或者违反法定程序、作出行政行为所依据的条款以及相关条款等方面进行。有下列情形之一的，属于行政诉讼法第六十四条规定的'规范性文件不合法'：（一）超越制定机关的法定职权或者超越法律、法规、规章的授权范围的；（二）与法律、法规、规章等上位法的规定相抵触的；（三）没有法律、法规、规章依据，违法增加公民、法人和其他组织义务或者减损公民、法人和其他组织合法权益的；（四）未履行法定批准程序、公开发布程序，严重违反制定程序的；（五）其他违反法律、法规以及规章规定的情形。"

〔2〕［美］迈克尔·沃尔泽：《正义诸领域：为多元主义与平等一辩》，诸松燕译，译林出版社2009年版，第5页。

〔3〕详见"方才女诉浙江省淳安县公安局治安管理行政处罚案""大昌三昶（上海）商贸有限公司诉北京市丰台区食品药品监督管理局行政处罚案"。

〔4〕详见"徐云英诉山东省五莲县社会医疗保险事业处不予报销医疗费用案""袁西北诉江西省于都县人民政府物价行政征收案""郑晓琴诉浙江省温岭市人民政府土地行政批准案"。

即法院可以自行选择审查维度组合对行政规范性文件的合法性进行认定,从前文对裁判文书样本分析中可知,认定行政规范性文件合法裁判文书呈现出了五种不同类型的审查维度组合。但需明确的是,行政规范性文件的合法性认定应基于其规范要素的全面合法。这一全面合法的审查标准并非泛泛无迹可寻,而是已经在立法和司法实践中达成了一定程度的共识。统合法院现有裁判文书中的认定维度,参照《行诉适用解释》第148条、《各级人民代表大会常务委员会监督法》第30条[1]规定,行政规范性文件的全面合法性审查主要体现为对其制定主体权限、制定程序、制定依据(内容)的全面审查。因此,法院在认定行政规范性文件合法时,应对其规范要素(即主体、程序、内容)进行全面评价。同理,只需这些规范要素中的其一不符合法定要求,便可认定不予适用该行政规范性文件。②就没有明确上位法依据的行政规范性文件合法性审查而言,可以对其进行分类审查。实践中,法院对上位法明确的行政规范性文件的审查基本思路较为明确,主要通过判断案涉行政规范性文件与上位法的关系(如是否抵触、是否相一致)来审查其内容的合法性,但对于上位法规定不明确的行政规范性文件的司法审查,则稍显捉襟见肘。对上位法规定不明确的行政规范性文件的司法审查,并非无据可循,而是可以在分类的基础上对其进行进一步的合法性审查。一是因案涉行政规范性文件无明确的上位法依据,在司法审查过程中应着重关注其制定主体权限问题,主要包括有无超越职权、有无超越上位法目的或者精神等。二是就司法审查强度而言。根据行政行为在法律上所发生的效果及对当事人的影响,行政行为可以分为授益性行政行为和负担性行政行为,同理,亦可以根据行政规范性文件条款规定的性质,将其区分为授益性条款和负担性条款。法院对不同性质的行政规范性文件可以进行不同强度的司法审查。法院对授益性条款可以采取高度尊重的态度,而对负担性条款则应采取更为审慎的态度,可以比例原则为媒介,通过合立法目的、合行政目的评价,对其负担性条款进行合法性审查。实践中亦有法院对此进行了有益尝试,如广州铁路运输中级法院

---

[1]《各级人民代表大会常务委员会监督法》第30条规定:"县级以上地方各级人民代表大会常务委员会对下一级人民代表大会及其常务委员会作出的决议、决定和本级人民政府发布的决定、命令,经审查,认为有下列不适当的情形之一的,有权予以撤销:(一)超越法定权限,限制或者剥夺公民、法人和其他组织的合法权利,或者增加公民、法人和其他组织的义务的;(二)同法律、法规规定相抵触的;(三)有其他不适当的情形,应当予以撤销的。"

曾引入比例原则，通过对行政规范性文件条款规定合行政目的的审查，认为被诉行政规范性文件"针对被盗抢车辆所设置的限制措施无助于其所追求的行政目的的实现，违反行政比例原则，对被盗抢车辆车主的合法权利造成不当限制。同样实施车辆总量控制的北京、天津均允许在已注册登记的车辆被盗抢后无法找回的情况下，车主可直接取得指标"〔1〕，从而认定不予适用该行政规范性文件。

（三）结果处理层面

人民法院对行政规范性文件审查后的处理，不仅关系到行政诉讼个案的裁判结果，还涉及行政规范性文件的效力问题。行政规范性文件司法审查结果处理的应然效果，需在现有的规范基础上，进一步明确行政规范性文件的功能定位。

其一，就现有有关行政规范性文件司法审查的制度规范而言，由《行诉适用解释》第149条〔2〕的规定可知，人民法院对行政规范性文件审查结果的外部化处理主要包括两个方面：一是由合法性判断、拒绝适用和选择适用三者构成的直接处理效果；二是以提出司法建议为主的间接处理方式。就法院的直接处理效果而言，人民法院对行政规范性文件进行审查后，首先会在裁判理由中对其合法性进行判断，并以此为基础，作出后续的司法处理。其中一种处理方式是拒绝适用，即涉诉行政规范性文件被审查认定不合法后，法院在个案中不适用该行政规范性文件作为判断认定被诉行政行为合法的依据。另一种处理方式是选择适用，即涉诉行政规范性文件被法院认定合法之后，人民法院应当选择将其作为认定被诉行政行为合法的依据。就提出司法建议这一间接处理方式而言，即是指对于审查后被认定不合法的规范性文件，人

---

〔1〕［2017］粤71行终2203号判决。

〔2〕《刑诉适用解释》第149条规定："人民法院经审查认为行政行为所依据的规范性文件合法的，应当作为认定行政行为合法的依据；经审查认为规范性文件不合法的，不作为人民法院认定行政行为合法的依据，并在裁判理由中予以阐明。作出生效裁判的人民法院应当向规范性文件的制定机关提出处理建议，并可以抄送制定机关的同级人民政府、上一级行政机关、监察机关以及规范性文件的备案机关。规范性文件不合法的，人民法院可以在裁判生效之日起三个月内，向规范性文件制定机关提出修改或者废止该规范性文件的司法建议。规范性文件由多个部门联合制定的，人民法院可以向该规范性文件的主办机关或者共同上一级行政机关发送司法建议。接收司法建议的行政机关应当在收到司法建议之日起六十日内予以书面答复。情况紧急的，人民法院可以建议制定机关或者其上一级行政机关立即停止执行该规范性文件。"

民法院有权向规范性文件制定机关、提出修改或者废止该规范性文件的司法建议，并可以抄送制定机关的同级人民政府、上一级行政机关、监察机关以及规范性文件的备案机关。除了这两种外部化的司法审查结果处理方式，《行诉适用解释》第150条新增了对经审查认定行政规范性文件不合法的内部备案规定，即人民法院认为规范性文件不合法的，应当在裁判生效后报送上一级人民法院进行备案。涉及国务院部门、省级行政机关制定的规范性文件，司法建议还应当分别层报最高人民法院、高级人民法院备案。

其二，行政规范性文件司法审查既有着一般行政诉讼具有的主客观双重诉讼功能，也有着从源头纠正行政规范性文件的特殊制度功能。这一双重的功能定位，也对行政规范性文件司法审查提出了两个层面的要求：一是在个案中实质性解决行政争议；二是面向未来，在与行政机关、立法机关协同合作的基础上，形成对行政规范性文件乱象治理的合力。法院对行政规范性文件审查结果处理刚性不足的难题，根源在于行政规范性文件司法审查在制度配套上的粗陋。《行政诉讼法》确认的行政规范性文件附带审查制度，是一种间接的、不完全的审查，法院的司法审查权不包括对行政规范性文件的处理权，没有对不合法的规范性文件的"违法确认权"或"违法撤销权"，实务界也采用了不与某一上位法相抵触的论述来展现司法的谦抑性。但若法院对行政规范性文件的司法审查仅有在本案中不予适用的个案效力，那么这一审查处理结果将无法实现从源头纠正、从根本上减少违法与不当行政行为的特殊制度功能。其中，个案争议的解决，主要可以通过法院在裁判文书中对行政规范性文件的直接处理来完成，而针对行政规范性文件治理这一特殊制度使命，则需要法院在裁判文书之外，通过提出司法处理建议、完善法院内部信息共享、协调联动多方监督途径等制度来完成。对行政规范性文件的直接处理要以较为成熟的行政诉讼制度为支撑，对其后续的间接效力监督则因其尚处于探索起步阶段，实属行政规范性文件司法审查进路构建中的重点与难点。

其三，在法院内部建立审查结果信息共享机制。法院对行政规范性文件合法性审查的效力只适用个案，而行政规范性文件是普遍有效且可以反复适用的，这就意味着行政相对人可能针对同一行政规范性文件向不同地区、不同层级的法院提出附带审查请求，导致其他法院依然要对其效力进行重新认定。这一重复审查既可能导致制定机关不断接到司法建议、反复答复，降低司法效率、浪费司法资源，也可能因不同法院对同一行政规范性文件的审查标准和认定结果相差较大而影响司法公正和裁判统一。出于节约司法资源和统一裁判标准和尺度的考量，需要建立一定信息共享平台。[1]有法官提出可以通过以下两种方式来解决：一是在全国法院系统内建立行政规范性文件审查评判信息平台，将全国各地法院对行政规范性文件的审查结果输入该系统，以便法院查询相关效力信息，作出统一的司法认定。二是在法院系统之外建立行政规范性文件审查判定平台。根据《政府信息公开条例》的规定，行政规范性文件大多数属于应当主动公开的范畴，因而制定机关在接到法院提出的司法建议后有义务在政府信息公开平台上公布有关处理结果，便于相关人员依法查询。[2]这两种方式相较而言，在法院内部建立信息共享机制更有符合司法裁判现实需要，由法院牵头组织也更具可行性。《行诉适用解释》第50条[3]的规定，初步展示了最高法院在内部信息共享机制建设中的尝试。但这一规定仅限于对不合法的行政规范性文件的备案，并未实现审查信息在法院内部的流通。这一内部信息共享机制最为理想的模式是通过最高院建立审判公告制度，并在省一级高院设置信息公布平台，法院在裁判文书生效之后将相关行政规范性文件信息、审查结论、司法建议和处理情况进行公告，以此为后续的司法审查提供一定资料支撑，避免重复处理和司法审查标准不一的问题。在现阶段，可以尝试在向上一级人民法院进行备案的基础上，由与行政规范性文件制定机关同级的人民法院，在行政规范性文件适用的行政区域内的法院进行公告，实现可能会审查该行政规范性文件的法院之间的已有裁判信息共享。鉴于目前法官在行政规范性文件司法审查上有很多问题未达成共识，此举也有利于逐渐磨合出较为统一的行政规范性文件选择适用标准。

其四，实现司法建议这一审查结果处理方式的规范化。《行政诉讼法》第64条和《行诉适用解释》第149条对司法建议的提出时限（裁判生效之日起3个月内）、对象（规范性文件制定机关）以及接收司法建议机关的答复义务

---

[1] 耿玉娟："规范性文件附带审查规则的程序设计"，载《法学评论》2017年第5期。
[2] 程琥："新《行政诉讼法》中规范性文件附带审查制度研究"，载《法律适用》2015年第7期。
[3] 《行诉适用解释》第150规定："人民法院认为规范性文件不合法的，应当在裁判生效后报送上一级人民法院进行备案。涉及国务院部门、省级行政机关制定的规范性文件，司法建议还应当分别层报最高人民法院、高级人民法院备案。"

(在收到司法建议之日起60日内书面答复)进行了较为明确的规定,但其中仍有一些操作性规定需要明确。①法建议的提出主体应是作出生效裁判的人民法院。这是由行政规范性文件司法审查制度的附带性决定的,法院对行政规范性文件合法性的评价附属于被诉行政行为的裁判文书之中,司法建议也应由审理案件、作出生效裁判的人民法院制定。②应当规范化司法建议的内容。法院的司法建议不应只是简单地宣示或重复裁判文书中对行政规范性文件的司法审查结果,其内容应尽可能丰富、完善,写明审查原因、审查过程、审查结果、审查建议以及回复要求等。③司法建议的送达应遵循一定的位阶原则。行政规范性文件制定机关的位阶问题,本身就困扰着法院对行政规范性文件的实体审查。这一级别管辖问题因行政规范性文件司法审查的附带性而无法避免,但在司法建议的送达上,出于公文往来的级别以及隐性权威的考量,应由与行政规范性文件制定机关同级的人民法院发送。如果司法建议的制定者和发送者不是同一人民法院,则应以制定法院和发送法院的共同名义发送。[1]

其五,以司法审查结果为契机,衔接联动多种监督方式,形成对行政规范性文件的立体监督治理合力。司法权、立法权、行政权具有不同的宪法定位和功能,法院最为擅长的是对行政行为法律适用的审查,附带审查的附带性的显著特征也决定了法院对行政规范性文件的司法审查也是围绕行政行为法律适用的问题延伸。况且,司法本身的谦抑性与被动性决定了在对行政规范性文件的监督中,不能对它抱有过高期望。这就意味着对行政规范性文件的司法审查并不能替代其常规的监督体系,不能将对常规监督体系的失望转嫁于法院的附带审查的期待之中,这对法院来说是无法承受之重,也会反噬这一制度自身功能的发挥。当司法审查囿于功能所限,无法承载全部期待时,不如将视野拓展至整体的审查监督体系。正所谓"完善的行政规范性文件法律监督,应是内部监督与外部监督并存、合法性审查与合理性审查并重、实体审查与程序审查兼顾、主动审查与被动审查结合的监督体系"。[2]如果各种监督方式之间各自为政,则难以实现对行政规范性文件的有效治理。一是权

---

[1] 王延庆:"隐形的'法律'——行政诉讼中其他规范性文件的异化及其矫正",载《现代法学》2011年第2期。

[2] 孔繁华:"行政规范性文件法律监督机制探究",载《法学杂志》2011年第7期。

力机关和行政机关要在源头上保证规范性文件的合法性和合理性,实行科学的论证评估,完善行政规范性文件的评估清理和责任追求制度。二是行政机关和司法机关之间要彼此尊重。司法机关在其权限范围内对行政机关保持一定的尊重,行政机关也应认真对待司法建议。三是根据《各级人民代表大会常务委员会监督法》第 30 条的规定,法院可以将司法建议直接或间接地送达给有管辖权的人大常委会,以激发处于虚置状态的立法监督体系,促使人大常委会恰当地行使对政府制定的行政规范性文件的撤销权。司法作为维护社会公平正义的最后一道防线,只能在其他环节中都无法很好地解决问题时才能向其寻求兜底,以此将对附带审查制度不切实际的期待转换为制度信心,从整体宪法体制入手实现对行政规范性文件的合法性控制。[1]因而,在我国对行政规范性文件监督体系已初步构造成形的背景下,需要各个环节的高效启动和运转衔接,才能形成治理合力,实现对行政规范性文件的全方位监督。

结　语

行政规范性文件的司法审查关涉司法权、行政权和立法权在宪制体系内的结构调整,这一调整使得法院面临司法审查上的新挑战,即如何将规范审查嵌入现有的行政诉讼体系之中。就总体实践而言,法院在这一调整过程中呈现出了一种消极畏难状态,这是由我国行政权和司法权的整体权力关系决定的,也是行政诉讼制度本身难以挣脱的体制性障碍。行政规范性文件司法审查亦因其牵涉宪制结构调整这一宏观命题,而为实践探索带来一定的合法性风险,亟须显性且明确的制度性规定和权威性较高的审查规则进行规范,如出台新的司法解释等,否则仍难以实现其制度预设的目的和功能,难以真正从源头防止和减少由行政规范性文件带来的纠纷。当然,除文中提及的审查意愿不足、审查标准不完善、审查结果处理刚性不足等问题,这一制度在审查层级对应等方面还涉及司法权是中央事权还是地方权力的属性界定等深层次问题,为学术探讨留下了充足的空间。

点　评

在最高人民法院发布的行政诉讼附带审查规范性文件典型案例中,可以

---

[1] 张婷:"行政诉讼附带审查的宪法命题及其展开",载《法学论坛》2018 年第 3 期。

找到附带审查制度的原则、规则和标准。合理性审查其实是合目的性审查，尽管规范性文件的条文表述与上位法没有明显冲突，但在目的上可能与尊重与保障人权的精神相违背，因此要对规范性文件进行合理性审查。《行政诉讼法》2015年修改后的立法目的删去了行政机关前的"维护"二字，增加了"解决行政争议"。"维护"的删除意味着司法审查的转变，其落脚点是监督行政机关依法行政。将规范性文件纳入司法审查是适应大时代潮流，但同时也应该把握尺度。审判机关的判断权不是无限的，要遵循不告不理、个案审查的原则，抽象审查、全面审查都不应该全由法院来完成。

（点评人：武汉大学法学院 江国华教授）

论我国合法性审核机制

——规范性文件审查体系的一种完善路径

孙中原[*]

内容提要：行政规范性文件合法性审核机制丰富了由合法性审查、合宪性审查、适当性审查等构成的规范性文件审查[1]体系，在程序控制层面有利于实现对规范性文件制定的监督管理，也是维护宪法法律权威、确保国家法制统一性、保障公民基本权利的重要机制。除在对象主体、衔接程序、时限效力等微观层面考察合法性审核已经较为明确、完善的机制内容，还需在宏观上超越行政立法监督的领域，从事前审核、内部审核、低位阶规范覆盖等方面认识其在规范性文件审查体系由偏重事后审查转向偏重合法性、事前审查过程中的重要价值。

关键词：合法性审核 事前内部 规范性文件 审查审核体系 合法性审查

党的十八届三中全会以来，法治中国建设工作稳步推进，伴随《中共中央关于全面深化改革若干重大问题的决定》[2]，中共中央、国务院《法治政

---

[*] 孙中原，武汉大学法学院2018级宪法学与行政法学博士研究生。

[1] 基于篇幅限制，军事法规规章、行政特区与经济特区法律法规、司法解释、授权立法等类型规范性文件暂不讨论。

[2] 《关于全面深化改革若干重大问题的决定》指出："要进一步健全宪法实施监督机制和程序，把全面贯彻实施宪法提高到一个新水平……坚持法律面前人人平等，任何组织或者个人都不得有超越宪法法律的特权，一切违反宪法法律的行为都必须予以追究……完善规范性文件、重大决策合法性审查机制……健全法规、规章、规范性文件备案审查制度。"

府建设实施纲要（2015—2020）》[1]等一系列重要文件的出台，已体现在我国《宪法》《立法法》[2]的相关规定中，旨在维护宪法法律权威、确保国家法制统一性、保障公民基本权利、实现广义规范性文件程序性控制的"合法性审查"工作、"备案审查"制度得到进一步重视与发展完善。2018年3月，《中华人民共和国宪法》经全国人大审议表决完成了第五次修正[3]，同年6月，《全国人民代表大会常务委员会关于全国人民代表大会宪法和法律委员会职责问题的决定》也经全国人民代表大会常务委员会通过[4]，我国又正式确立了呼吁已久，由全国人大"宪法和法律委员会"承担、推进的"合宪性审查"工作。而在"合宪性审查""合法性审查""备案审查"以及国内外皆有实践、学术界亦较多讨论的"适当性审查"[5]等模式在理论研究与制度设计实践繁荣推进之时，2018年3月，国务院办公厅印发《关于加强行政规范性文件制定和监督管理工作的通知》，同年12月，国务院办公厅《关于全面推行行政规范性文件合法性审核机制的指导意见》又在规范性文件监督工作中增加了"合法性审核"机制这一内容。

在当前法治国家、法治政府建设的战略布局下，对于我国合法性审核机制的考察，不仅要从规范层面上厘清其对象主体、衔接程序、时限效力等内容，还要在宏观层面认识到在其完善规范性文件审查体系过程中的重要意义。

一、合法性审核之背景

（一）规范性文件审查体系

基于《中共中央关于全面深化改革若干重大问题的决定》出台、第五次宪法修正等重大政治事件及国家战略布局，近年来对于合宪性审查、合法性审查等内容的研究与实践较为集中。针对包含上至法律、行政法规、地方性

---

[1]《法治政府建设实施纲要（2015—2020）》指出："加强规范性文件监督管理。完善规范性文件制定程序，落实合法性审查……把所有规范性文件纳入备案审查范围。"

[2] 合法性审查、备案审查等内容可参见《宪法》第67、100、116条，《立法法》第72、96、99条等规定。

[3]《中华人民共和国宪法修正案（五）》第44条规定将《宪法》第71条第1款中的"法律委员会"修改为"宪法和法律委员会"。

[4]《全国人民代表大会常务委员会关于全国人民代表大会宪法和法律委员会职责问题的决定》规定："全国人大宪法和法律委员会在继续承担统一审议法律草案等工作的基础上，增加推动宪法实施、开展宪法解释、推进合宪性审查、加强宪法监督、配合宪法宣传等工作职责。"

[5] 程庆栋："论适当性审查：以地方性法规为对象"，载《政治与法律》2018年第3期。

法规，下至规章及以下具有普遍约束力的决定、命令的广义"规范性文件"的各类审查机制研究各有侧重，虽然各种审查机制由于分类标准不一致而并不属于相对应、同维度的类别概念，甚至存在交叉重合的现象（即合法性审查可能存在事前审查、事后审查、备案审查多种模式；备案审查也可能存在不同标准如合宪性审查、合法性审查等；事后改变撤销修改废止审查也可能存在合宪性审查、合法性审查、适当性审查多种类型）[1]，但其主要模式无外乎：① 以审查标准分类：合宪性审查、合法性审查、适当性审查。② 以审查时间分类：事前审查、事后审查、备案审查。事前审查主要包含规范文件在起草、修改、审议、批准等过程中的审查；事后审查主要是指有关权力机关在行使宪法、法律赋予的改变、撤销和修改、废止（法规清理）规范性文件职权过程中的审查；备案审查在程序时间上也属于事后审查，但由于在某些情况下，备案机关并非上述事后改变、撤销、修改、废止规范性文件的权力机关，即备案机关与事后审查机关可能存在不一致的情况，故应归属于不同类型。③ 特殊审查：行政复议附带性审查、行政诉讼附带性审查等。行政复议附带性审查、行政诉讼附带性审查也属于事后审查、合法性审查等类型，但由于其属于行政复议、行政诉讼制度的附带机制，故可以归为特殊类型的审查，作为审查制度的补充内容。可参见图表1：

表1 规范性文件审查体系

	事前审查	事后审查	备案审查	附带性审查
合宪性审查	1. 行政法规 2.（市级）地方法规 3. 自治条例、单行条例 4. 规章 5. 县级以上政府普遍约束力决定、命令	1. 法律[2] 2. 行政法规 3. 地方性法规 4. 自治条例、单行条例 5. 国务院决定、命令 6. 省人大决议	1. 行政法规 2. 地方性法规 3.（自治州、县级[3]）自治条例、单行条例	（尚不存在）

---

[1] 参见"合宪性审查、合法性审查、适当性审查的区别与联系——王锴教授讲座实录"，载云南大学法学院官网：http://www.law.ynu.edu.cn/info/1027/2357.htm，访问时间：2018年2月1日。

[2] 关于法律有没有合宪性审查，法律内部是否存在不同位阶、是否存在合法性审查有争议，

续表

	事前审查	事后审查	备案审查	附带性审查
合法性审查	1. 行政法规 2.（市级）地方法规 3. 自治条例、单行条例 4. 规章 5. 县级以上政府普遍约束力决定、命令	1. 行政法规 2. 地方性法规 3. 自治条例、单行条例 4. 国务院决定、命令 5. 省人大决议 6. 市级以下人大及常委会决定、命令 7. 规章 8. 县级以上地方政府决定、命令	1. 行政法规 2. 地方性法规 3.（自治州、县级）自治条例、单行条例 4. 规章 5. 中央部门、地方政府及其部门决定、命令	行政诉讼：国务院部门、地方政府及其部门规范性文件 行政复议：国务院部门、县级以上政府及部门（含乡镇政府）规定
适当性审查	1. 规章 2. 县级以上政府普遍约束力决定、命令	1. 法律 2. 地方性法规 3. 行政法规 4. 规章 5. 中央部委命令、指示 6. 地方政府决定、命令 7. 市级以下人大及常委会决定、命令 8. 地方政府部门决定 9. 地方人大常委会决定	（尚不存在）	（尚不存在）

上述审查类型皆属于对规范性文件创制的程序性控制，对规范性文件加以审查监督的目的都立足于《宪法》第 5 条，《立法法》第 87 条、第 89 条等

（接上页）依据《宪法》《立法法》等规定，可以认为宪法为法律之上位法，持基本法律位阶高于其他法律观点者可认为法律具备合法性审查制度，且一部分合法性审查即为合宪性审查。参见孔德王："'基本法律'研究的现状与展望"，载《人大研究》2017 年第 11 期。

〔3〕 依据王锴教授的观点，《立法法》第 99 条规定的审查要求的对象为向全国人大常委会备案的包括自治条例与单行条例在内的几类规范性文件，故而自治条例与单行条例都应存在备案审查制度；然而依据《宪法》第 116 条、《立法法》第 75 条等规定，自治区的自治条例与单行条例并非向全国人大常委会备案，而是报请审批，故而向全国人大常委会提出审查要求并因此启动备案审查制度的应是自治州、县级的自治条例与单行条例，自治区的自治条例与单行条例由审查要求等启动的应是事后改变、撤销审查。

规定的维护国家法制统一性、保障宪法和法律的权威，同时纠正规范性文件对公民、组织相关权利的不法侵害。[1]故而有研究主张我国的规范性文件审查监督已逐渐形成了一套非自觉、未进行宏观设计的体系，如有学者依据审查标准的分类将合宪性审查、合法性审查、适当性审查等内容归纳为"规范性文件（复合）审查体系"，该体系中的审查模式"之间虽然存在不同，但也相互关联，从而实现对规范性文件的合宪性、合法性、适当性的全方位监督"[2]。

（二）当前规范性文件审查体系存在的问题

尽管可以以体系统称各类审查机制，但不可否认的是，在党中央审查全覆盖、切实维护法制统一等精神原则的指导下，针对规范性文件的审查还存在一些问题尚未解决，这些问题在规章位阶以下的行政规范性文件领域尤其突出，除去部分审查覆盖对象存在争议[3]，各类审查重叠、标准混同不清[4]，许多审查类型（如事后改变或撤销审查）尚缺乏明确的程序机制规定等问题在此不表，其余问题主要表现为：

1. 审查制度对规章以下行政规范性文件覆盖不足

考察规范性文件审查体系，各类模式对规章以下的具有普遍约束力的行政规范性文件覆盖力度不足[5]，造成该部分行政规范性文件的合宪性、合法性、适当性等品质缺乏制度保障。

以审查标准为区分考察：①合宪性审查之内容主要见于《宪法》第67条第7、8项，第100条；《立法法》第72条、第75条、第97条、第99条；《地方各级人民代表大会和地方各级人民政府组织法》第7、43条；《行政法规制定程序条例》第18条；《规章制定程序条例》第19条等规定，对象主要

---

[1] 相关原则在《中共中央关于全面深化改革若干重大问题的决定》中再次得到强调。

[2] 王锴："合宪性、合法性、适当性审查的区别与联系"，载《中国法学》2019年第1期。

[3] 如王锴教授认为，合宪性审查未覆盖法律与规章，反之，莫纪宏教授曾撰文论证法律、规章的合宪性审查制度，胡锦光教授亦持此论，参见胡锦光："论合宪性审查的'过滤'机制"，载《中国法律评论》2018年第1期。

[4] 参见林来梵："合宪性审查，别埋没在合法性审查中"，转引自《中国法律评论》：http://www.cssn.cn/fx/201804/t20180426_4215619_1.shtml，访问时间：2018年1月14日。

[5] 由表1可以发现，审查体系覆盖了部分具备普遍效力的行政规范性文件，但并未实现完全覆盖，很大一部分具备普遍约束力、作为日常行政执法、实现行政职能依据的行政规范性文件缺乏完善的审查制度。

限定在行政法规、国务院决定和命令、地方性法规、自治条例和单行条例、规章。而在正式确立"合宪性审查"工作之后,《全国人民代表大会常务委员会关于全国人民代表大会宪法和法律委员会职责问题的决定》并未对合宪性审查的对象加以确定。②合法性审查之对象体现于《宪法》第 67 条第 7、8 项,第 100 条,第 116 条;《立法法》第 72 条、第 75 条、第 96 条、第 97 条、第 99 条;《地方各级人民代表大会和地方各级人民政府组织法》第 7 条、第 43 条;《各级人民代表大会常务委员会监督法》第 29 条、第 30 条;《行政法规制定程序条例》第 18 条;《规章制定程序条例》第 19 条;《法规规章备案条例》第 9 条等规定,其对象亦主要包括行政法规、国务院决定和命令、地方性法规、自治条例和单行条例、规章。③适当性审查主要被规定于《宪法》第 89 条第 13、14 项,第 99 条,第 108 条;《立法法》第 96 条、第 97 条;《行政法规制定程序条例》第 36 条等规定,其适用对象主要限于法律,地方性法规,规章以及中央部委命令、指示,地方各级国家行政机关决定和命令,县级以上地方各级人大常委会的决定,地方各级人民政府及部门的决定等。可见其对较低位阶(如规章之下的规范性文件)并未完全覆盖。

以审查时间为区分考察:①事前审查主要体现在起草、修改、审议、批准等过程,该部分审查之内容一部分是法律规范对规范性文件制定的原则性、倡导性规定,主要是在规范制定过程中程序化不高的自律性审查活动;另一部分则是较为明确的事前审查制度,主要包括:其一,行政法规制定修改过程中的审查,主要见于《立法法》第 68 条、第 69 条,《行政法规制定程序条例》第四章(如第 18 条)等规定;其二,地方性法规、自治条例、单行条例批准过程中的审查,由于该类规范性文件属于人大立法,其民主创制性质与法律类似,一般不需外部或上级领导机关审查批准而径行生效,唯设区的市的地方性法规与民族自治地方的自治条例、单行条例基于维护中央立法与拥有立法权之最低级别、最多数量的市级地方立法一致、民族自治地方法制统一与合理变通之考量[1],需要在批准过程中加以审批,主要见于《宪法》第 100 条、第 116 条,《立法法》第 72 条、第 75 条,《地方各级人民代表大会和地方各级人民政府组织法》第 7 条、第 43 条等规定;其三,规章审议决

---

[1] 全国人大常委会法制工作委员会国家法室编著:《中华人民共和国立法法释义》,法律出版社 2015 年版,第 232、245 页。

定前的审查，主要参照《立法法》第三章"行政法规"之相关规定及《规章制定程序条例》第四章（如第19条）等相关规定。②事后审查制度主要与《宪法》第67条、第89条、第108条，《立法法》第97条，《各级人民代表大会常务委员会监督法》第29、30条关于全国人大常委会、国务院、县级以上地方各级人大及其常委会、县级以上地方各级人民政府等主体之改变或撤销权限的规定相联系。除此之外，《行政法规制定程序条例》第36条，《规章制定程序条例》第37条等行政法规规定的行政法规、规章的清理工作中所涉及的审查也属于事后合法性、适当性审查。这些事后审查机制的覆盖对象主要被限定在规章以上。③备案审查之规定主要见于《立法法》第五章，并于《地方各级人民代表大会和地方各级人民政府组织法》第7条、第43条，《行政法规制定程序条例》第30条，《规章制定程序条例》第四章，《法规规章备案条例》等行政法规内容得到体现，其适用对象一般限于行政法规、地方性法规、自治条例和单行条例、规章。

此外，《规章制定程序条例》第36条虽然规定不具有规章制定权的县级以上地方人民政府及其部门制定、发布具有普遍约束力的决定、命令的制定程序参照规章，即可参照规章制定程序中的审查机制（主要是合法性、合宪性、适当性的事前审查）；《法规规章备案条例》第9条（结合《宪法》《立法法》市级地方立法权扩大之修改）、第21条等虽然规定国务院各部门、省、市级人民政府以至于省级政府之下的行政机关（各级政府及相关部门）发布的其他具有普遍约束力的行政决定、命令，可以参照适用备案审查制度（适当性审查），但问题在于，上述不够全面、细化的规定未能涵盖广泛存在的具有普遍约束效力的行政规范性文件类型，其"部署倡议"式的规定模式也缺乏责任追究等推进相关工作的制度刚性，由于级别、类型存在限制，加之各地实践并不统一、完善，可以认为相关审查机制并未能完全覆盖规章以下的行政规范性文件。

可见，在国务院办公厅《关于加强行政规范性文件制定和监督管理工作的通知》《关于全面推行行政规范性文件合法性审核机制的指导意见》印发前，原审查制度体系对于规章以下行政规范性文件覆盖不足，导致这部分与行政执法、公民日常生产生活关系密切的普遍约束效力文件的合宪性、合法性、适当性等品质存在风险。

2. 偏重后置审查监督的趋向在行政规范性文件领域问题凸显

现阶段机制程序较为完善且发挥主要监督功能的审查类型主要是事后审查与备案审查制度。前者主要通过《宪法》第 67 条、第 89 条，《立法法》第 97 条等规定相关机关改变或撤销现行规范性文件权限的方式得以确定，或根据《行政法规制定程序条例》第 36 条、《规章制定程序条例》第 37 条依托行政法规、规章清理（修改或废止）工作得以实现审查；后者则是我国法律规范规定最为清晰且制度化的审查方式，其在《立法法》第五章得到专门规定，并在《行政法规制定程序条例》《规章制定程序条例》《法规规章备案条例》等规范中得到遵循和细化[1]。但考察二者的程序启动时间：①事后审查，例如《宪法》第 67 条第 7 项规定，全国人民代表大会常务委员会有权"撤销国务院制定的同宪法、法律相抵触的行政法规、决定和命令"，《立法法》第 97 条第 2 项也规定"全国人民代表大会常务委员会有权撤销同宪法和法律相抵触的行政法规，有权撤销同宪法、法律和行政法规相抵触的地方性法规"。由此可知，该类审查的对象为现行的行政法规、地方性法规等规范性文件，则其程序运行当然地在规范性文件批准施行之后。②备案审查，如《立法法》第 98 条规定："行政法规、地方性法规、自治条例和单行条例、规章应当在公布后的三十日内依照下列规定报有关机关备案……"由此可知，需备案审查的规范性文件其备案程序始于公布之后，亦即规范性文件批准之后。

我们可以发现，事后审查与备案审查都发生在规范性文件批准、施行或公布之后，是一种"后置"的审查监督模式，并不能在第一时间通过审查其违反上位法、超越权限等问题阻却其批准或生效，进而可能会出现规范性文件在批准施行至启动上述审查程序并处理的一段时期内，其合宪性、合法性、适当性问题持续存在，此类问题在行政规范性文件领域的消极影响尤其突出：行政过程与公民、组织日常生产、生活等活动联系得更为密切，"制定行政规范性文件是行政机关或者经法律、法规授权的具有管理公共事务职能的组织依法履行职能的重要方式"[2]，具有普遍约束力并且在一段时间内反复适用

---

[1] 相关规定可见于《行政法规制定程序条例》第 30 条、《规章制定程序条例》第 34 条、《法规规章备案条例》第 3 条等。

[2] 参见国务院办公厅《关于全面推行行政规范性文件合法性审核机制的指导意见》（国办发 [2018] 115 号）。

的行政规范性文件往往是行政执法的直接依据和具体准则,在当前快节奏社会生活与政府高效行政的背景下,这类违法或不当的规范性文件将快速借由执法活动影响到公民活动领域,如不法侵害公民基本权利等。同时其抵触法律、行政法规、规章等上位法、破坏国家法制统一等问题持续存在也严重损害了宪法法律权威。故偏向后置审查的问题需要被重视和解决。

上述两类问题在表1简化[1]之后体现更为明显(见图表2):

表 2 规范性文件审查体系(简化)

	事前审查	事后审查	备案审查
合宪性	1. 行政法规 2. (市级)地方法规 3. 自治条例、单行条例 4. 规章	1. 法律 2. 行政法规 3. 地方性法规 4. 自治条例、单行条例	1. 行政法规 2. 地方性法规 3. (自治州、县级)自治条例、单行条例
合法性	1. 行政法规 2. (市级)地方法规 3. 自治条例、单行条例 4. 规章	1. 行政法规 2. 地方性法规 3. 自治条例、单行条例 4. 规章	1. 行政法规 2. 地方性法规 3. (自治州、县级)自治条例、单行条例 4. 规章
适当性	1. 规章	1. 法律 2. 地方性法规 3. 行政法规 4. 规章	(尚不存在)

二、合法性审核之机制

由上文我们可以发现,规范性文件审查体系仍存在一些问题,其中很大一部分来源于规章以下行政规范性文件领域。在此背景之下,2018年3月和12月,国务院办公厅相继印发《关于加强行政规范性文件制定和监督管理工作的通知》《关于全面推行行政规范性文件合法性审核机制的指导意见》,同样作为广义规范性文件的程序性控制,相较于几乎同时确立的"合宪性审查工作",行政规范性文件合法性审核机制并未如同前者长时间停留在"工作倡

---

[1] 该简化一方面仅保留审查的主要类型;另一方面将尚不能构成一类规范性文件的审查对象隐去,如"县级以上地方政府的决定、命令",该对象并不能概括规章以下类别的行政规范性文件,故与其相关的审查机并不具备普遍性。

导"的阶段[1],而是在9个月内通过后续的机制建设指导意见完成了制度落实。

考察行政规范性文件合法性审核机制,可以从程序内容及实质内容两个方面进行:

（一）合法性审核之程序内容

合法性审核机制之程序内容主要包含审核对象、审核机构（人员）、审核程序衔接、审核时限、审核方式等。

1. 审核对象

与上文讨论涉及的广义的"规范性文件"范围不同,合法性审核之对象应指向狭义的"行政规范性文件",依照《关于加强行政规范性文件制定和监督管理工作的通知》的表述,行政规范性文件是"除国务院的行政法规、决定、命令以及部门规章和地方政府规章外,由行政机关或者经法律、法规授权的具有管理公共事务职能的组织依照法定权限、程序制定并公开发布,涉及公民、法人和其他组织权利义务,具有普遍约束力,在一定期限内反复适用的公文"。对于行政规范性文件之范围,应从积极限定和消极限定两方面加以理解:

（1）积极限定:

其一,位阶限定,行政规范性文件的位阶与效力应低于规章,行政规范性文件之范围处于"国务院的行政法规、决定、命令以及部门规章和地方政府规章外",这种"外"应指其位阶在后者之下。根据《立法法》体例、其第2条以及第五章有关规范效力级别的表述,宪法之下依次为法律、行政法规、地方性法规、规章[2],行政规范性文件与上述法律规范类型相比,未得到宪法、法律正式确认或归类,作为由规章制定主体及不具备规章制定权限的有关机关所制定的"公文"[3],其与规章制定主体相同或制定主体同属于行政机关内部系统,亦不存在立法机关民主立法与行政立法的效力比较问题,

---

[1] 如上文所述,虽然合宪性审查的相关内容早可见于《宪法》《立法法》的有关规定,但官方正式提出的"合宪性审查工作"自2018年3月至今,仍未具体明确审查对象、工作流程等基本制度设计,故谓其仍停留在"工作倡导"之阶段。

[2]《立法法》等并未明确国务院部门规章与地方性法规的效力高低,在此不讨论。

[3] 参见国务院办公厅《关于加强行政规范性文件制定和监督管理工作的通知》（国办发[2018]37号）。

故而其位阶应于规章之下。

其二，领域限定。行政规范性文件属于行政立法或行政创制行为之领域，而不涉及国家或地方立法机关立法、司法解释、军事法规规章等领域。

其三，制定主体限定。上述两点亦已看出，除去法律、法规授权的具有管理公共事务职能的组织，规范性文件之制定主体主要是行政机关，具体而言应是国务院各部门[1]、县级以上地方各级人民政府及其部门。关于前者，《宪法》第89条等规定已佐证国务院部委有发布命令、指示等行政规范性文件的职权，《关于全面推行行政规范性文件合法性审核机制的指导意见》第二节第3点自然将其制定发布的规范性文件纳入合法性审核之范围，在此不做赘述。关于后者，虽然《关于加强行政规范性文件制定和监督管理工作的通知》《关于全面推行行政规范性文件合法性审核机制的指导意见》的印发对象是"各省、自治区、直辖市人民政府，国务院各部委、各直属机构"，即省部级行政机关或部门，但这并不意味着规范性文件制定主体和相关审核工作仅涉及省级地方政府及其部门。一方面，出于有效管理和管理效率的考虑，党中央和国家对于干部或组织的直接管理方式在20世纪80年代已经由"下管两级"变为"下管一级"[2]，即中央直管省部（副）级以上的干部或组织机构，以省部级单位为对象发文，且我国党政机关组织内部一直有"转发"文件的制度传统，即省级部门接收中央文件再通过向下级机关或机构转发的形式传达、学习、落实。故而发文对象不能意味着行政规范性文件制定主体的限缩；另一方面，《关于加强行政规范性文件制定和监督管理工作的通知》第二节第7点在论述集体审议时规定"地方各级人民政府制定的行政规范性文件要经本级政府常务会议或者全体会议审议决定"，依据《宪法》第30条关于全国区划的规定以及我国的现实实践，具备一定行政创制权力的地方政府应包括省、市（设区）、县三级人民政府。而《关于全面推行行政规范性文件合法性审核机制的指导意见》第二节第3点规定确定审核主体的内容中明确提及了省、市、县级人民政府及其部门制定的行政规范性文件，由此可以确定，《关于全面推行行政规范性文件合法性审核机制的指导意见》第一节第2

---

[1] 主要包括国务院各部、委员会、中国人民银行、审计署和具有行政管理职能的直属机构。参见莫纪宏："论规章的合宪性审查机制"，载《江汉大学学报（社会科学版）》2018年第3期。

[2] 参见中共中央组织部《关于修订中共中央管理的干部职务名称表的通知》（中组发［1984］6号）。

点明确的被合法性审核全面覆盖的行政规范性文件的制定主体包括国务院各部门、县级以上地方各级（省、市、县）人民政府及其部门。

其四，约束力与适用期限限定。行政规范性文件应是具有普遍约束力，在一定期限内反复适用的公文。其普遍约束力可以参照行政法规、规章等行政立法，其调整与适用在空间上一般覆盖本级行政区划；效力涉及相对人并非个人而及于某一群体或全部；适用期限具有长效性，可以在一段时间之内反复适用。[1]正因如此，对行政规范性文件的合法性审核才必要且迫切。

其五，内容与形式限定。一方面，行政规范性文件的规定事项一般影响到公民、法人和其他组织的权利义务，尤其是可能涉及对公民权利的减损，再次佐证合法性审核之必要性；另一方面，行政规范性文件的形式，即《关于加强行政规范性文件制定和监督管理工作的通知》所规定的"公文"应结合《宪法》第67条第7项、第89条第13项、第108条，《规章制定程序条例》第37条，《法规规章备案条例》第9、21条等规定加以理解，即主要是具有普遍约束力的命令、决定，学理上应包含行政规则、行政规划、（重大）行政决策等类型[2]。

（2）消极限定。在行政"公文"范围内，一部分文件并不属于"行政规范性文件"的范畴：从效力上看，其并不能作为行政机关及其工作人员实施行政行为的依据，在外部不具备普遍的约束效力，亦可能依据行政内部管理之目的即时调整；从内容上看，其往往只是行政组织内部运行管理的规则、记录等；从审核控制层面上来看，其并不如同行政规范性文件一样具备审核监督的迫切性，故而不纳入规范性文件合法审核之范畴。依据《关于全面推行行政规范性文件合法性审核机制的指导意见》之规定，行政规范性文件不包含"行政机关内部执行的管理规范、工作制度、机构编制、会议纪要、工作方案、请示报告及表彰奖惩、人事任免等文件"，此为行政规范性文件之消极限定。

具体而言，属于"行政规范性文件"的中央部委文件如近期国务院公报

---

[1] 参见程宗璋：《有普遍约束力的行政决定、命令的立法缺陷及行政审判之完善》，载《理论与改革》1997年第1期。

[2] 参见都玉霞：《部分抽象行政行为的可诉性浅析》，载《政法论丛》1998年第2期；沈开举、任佳艺：《行政规范性文件附带司法审查的实现机制研究——美国经验与中国探索》，载《湖北社会科学》2018年第9期。

公布的《市场监督管理行政处罚听证暂行办法》（国家市场监督管理总局令第3号）、《市场监管总局关于开展土地经营权入股发展农业产业化经营试点的指导意见》（农产发〔2018〕4号），[1]地方政府或部门文件如《淮北市建筑物配套设施建设管理办法》（淮政〔2018〕63号）、《淮北市主体功能区规划》（淮政〔2018〕59号）[2]、《濉溪县医疗卫生服务体系规划（2016～2020）》（濉政办秘〔2017〕206号）、《濉溪县人民政府办公室关于进一步扩大紧密型医共体试点工作的通知》（濉政办秘〔2019〕29号）[3]等，此类"规则""意见""决定""规划"皆属于"行政规范性文件"，应被纳入合法性审核之范围。

2. 审核机构（人员）

审核机构（人员）的确定与选择一般遵循"内部审核优先"原则：

（1）事先内部确定审核机构。规范性文件合法性审核主体一般是由规范性文件制定或发布主体事先确定的，即国务院部门确定其内部法制机构作为审核机构，县级以上地方各级人民政府确定其法制部门作为审核机构，县级以上地方各级人民政府部门确定其内部法制机构作为审核机构。具体而言，国务院部门审核机构一般是国务院部门内部的法制机构；县级以上地方各级人民政府审核机构一般是本级人民政府的法制机构，如机构改革之后的司法厅；[4]县级以上地方各级人民政府部门审核机构一般是本部门内部法制机构。审核机构的具体规则如图表3所示：

（2）各审核机构间的选择也遵循内部优先原则，地方人民政府部门制定的规范性文件遇到按规定需要由本级人民政府审核机构（人员）审核的状况，也应先由或优先选择该部门内部的审核机构审核，比如县级以上人民政府部门经本级政府批准起草、引发的规范性文件，在由本级人民政府审核机构审

---

〔1〕参见"国务院公报2019年第12号"，载中国政府网：http://www.gov.cn/gongbao/2019/issue_7606.htm，访问时间：2019年7月6日。

〔2〕参见淮北市信息公开网：http://hbxxgk.huaibei.gov.cn/public/column/15? type=4&catId=3825715&action=list，访问时间：2019年7月6日。

〔3〕参见濉溪县人民政府信息公开网：http://sxxxgk.huaibei.gov.cn/public/column/31? type=4&catId=1638&action=list，访问时间：2019年7月6日。

〔4〕参见"司法部答发言人就《关于全面推行行政规范性文件合法性审核机制的指导意见》答记者问"，载中华人民共和国公务员新闻办公室网站：http://www.scio.gov.cn/32344/32345/37799/39499/zy39503/Document/1643983/1643983，访问时间：2019年7月6日。

核之前应先由该部门审核机构审核；再如县级人民政府部门制定的行政规范性文件，应由其内部机构审核，在确实未能确定审核机构（人员）的情况下，才由县级人民政府确定的审核机构（人员）审核。

表3 合法性审核的审核机构

	起草制定主体	发布主体	批准主体	审核主体
1		县级以上人民政府（含其办公机构）		同级人民政府审核机构
2	县级以上人民政府部门	县级以上人民政府部门	本级人民政府	同级人民政府审核机构（起草部门审核机构已确定，由其先进行审核）
3	国务院部门			本部门审核机构
4	省、市（设区）级人民政府部门			本部门审核机构（依需要可由本级人民政府审核机构审核）
5	县级人民政府部门（含乡镇政府、街道办）			本单位审核机构（人员）（未确定统一由县级人民政府审核机构审核）
6			出现直接报送机关办公机构的情况	转送审核机构（办公机构先审核完备性、规范性）

3. 审核程序衔接

行政规范性文件的合法性审核机制着重强调了审核程序与其他程序的衔接，即合法性审核程序向前衔接规范性文件的起草程序，经由提交审核、报送材料等程序启动，向后衔接规范性文件的草案修改、补充材料、说明情况、提交集体审议等程序。合法性审核之程序衔接尤其需要强调：第一，审核程序是提交集体审议的前置程序，行政规范性文件草案未经审核或审核不合法，不得进入集体审议程序，即无批准生效施行的可能；第二，审核程序主要是对制定机构所提交材料的完整性、规范性、合法性等内容进行审查，故而应对制定机构所提交的材料内容及形式进行严格规定："起草单位报送的审核材料，应当包括文件送审稿及其说明，制定文件所依据的法律、法规、规章和国家政策规定，征求意见及意见采纳情况，本单位的合法性审核意见，以及针对不同审核内容需要的其他材料等。"[1]提交材料之标准一方面应证明规范性文件送审稿的内容实质符合合法性审核要求；另一方面亦证明规范性文件制定过程履行相关程序，符合程序正义之原则。该规定与《立法法》第68条、《规章制定程序条例》第18条确定的行政法规、规章制定程序中的审查要求类似甚至更为详细、全面。

4. 审核时限

依照行政机关工作的时限规定传统，以工作日为标准规定审核时限更为科学、合理，《关于全面推行行政规范性文件合法性审核机制的指导意见》第二节第5点明确："除为了预防、应对和处置突发事件，或者执行上级机关的紧急命令和决定需要立即制定实施规范性文件等外，合法性审核时间一般不少于5个工作日，最长不超过15个工作日。"该规定中的例外情况体现了对行政过程面临复杂局面的考量，合理地立足实际并赋予了紧急行政适当的裁量空间；其15个工作日的上限规定，敦促审核机构高效审核，避免因为审核制度的存在影响行政创制行为的效率，继而影响行政权的良性运行；其5个工作日的下限规定，明确了审核最低的时间付出，敦促审核机构审慎审核，切实履行认真审核之义务，保障规范性文件审核程序控制发挥实效；5个~15个工作日时间段的规定，既为审核机构留有相对充分的时间予以审核，审核机构亦得根据实际情况合理行使审核权力。需要注意的是，较早出现的行政法规、规章的事前制定审查与备案审查制度皆未明确具体的审查时限，合法性审核机制之时限规定，可以视作规范性文件审查审核制度设计的一大进步，应予借鉴。

5. 审核方式

行政规范性文件合法性审核以书面审查为主要的工作方式。该规定与备案审查等要求类似，书面审查方式的确定主要基于：①合法性审核一般由行政机关（机构）内部确定的审核机关审核，其对于规范性文件所涉及的行政

---

[1] 参见国务院办公厅《关于全面推行行政规范性文件合法性审核机制的指导意见》第二节第5点。

领域和行政立法所需的专门知识比较熟悉。此外,由于审核程序还确定了严格的报送材料标准,制定机构所提交的材料一般可以反映规范性文件草案规范性、合法性、程序正当性等情况,故而审核提交材料的书面审查方式应当是行政规范性文件合法性审核机制最主要的工作方式。②由于审核所需的信息一般可以较为清晰地反映在规范性文件送审材料之中,5个~15个工作日的书面审核模式更能保证行政立法程序的流畅运行,符合行政效率原则。上文提到,与审核时限制规定考虑到行政过程可能出现特殊情况一致,《关于全面推行行政规范性文件合法性审核机制的指导意见》关于审核工作方式的规定也明确了特殊情形,即"影响面广、情况复杂、社会关注度高的规范性文件",若书面审核无法解决疑难法律问题,可以采用征求意见等工作方式,意见一般通过书面征求,也可以在前者的基础上召开座谈会、论证会等听取有关方面意见。除此之外,由政府法律顾问、公职律师和有关专家参与的协助审核机制也应发挥其作用。[1]

(二)合法性审核之实质内容

合法性审核机制之实质内容主要包含审核标准、效力责任等。

1. 审核标准

行政规范性文件的合法性审核机制当然地应以"合法性"作为审查标准。从字面意思理解,其合法性之审核应与上文区别于合宪性审查、适当性审查的合法性审查标准相一致,但上文亦曾简要提及,我国目前的审查制度体系存在标准混同不清的问题,由于法律往往与宪法相"捆绑"等原因[2],合法性审查的标准往往包含了合宪性审查的要求,是否违反上位法的含义往往应扩大理解为是否违反宪法及法律等上位法。《立法法》第72条在规定省级人大常委会批准市级地方性法规过程中进行合法性审查时,亦将不抵触宪法规定混同在合法性审查标准中,这种情况在合法性审核机制的构建中并没有改变。除去涉及合宪性审查的标准,规范性文件合法性审核标准主要体现在对上位法的"不抵触",或"不违反",虽然很多学者主张二者不是同一类型的情况[3],但在我国这种区分并没有很大的借鉴意义,应更深层次地明确

---

[1] 参见国务院办公厅《关于全面推行行政规范性文件合法性审核机制的指导意见》第三节第8点。

[2] 莫纪宏:"论法律的合宪性审查机制",载《法学评论》2018年第6期。

[3] 参见袁勇:"法的违反情形与抵触情形之界分",载《法制与社会发展》2017年第3期。

"不违反"上位法的具体情形。《关于全面推行行政规范性文件合法性审核机制的指导意见》将"不违反上位法"明确为下表（表4）的7种情况，基本与《立法法》《行政法规制定程序条例》《规章制定程序条例》《法规规章备案条例》对相关合法性审查标准之规定[1]重合，亦可与最高人民法院《关于审理行政案件适用法律规范问题的座谈会纪要》所列举的"与上位法抵触"的10种情形[2]、全国人民代表大会常委会法制工作委员会《中华人民共和国立法法释义》对"抵触"的5种情形描述[3]相照应。

表4　合法性审核审查情形

1. 制定主体是否合法
2. 是否超越制定机关法定职权
3. 内容是否符合宪法、法律、法规、规章和国家政策规定
4. 是否违法设立行政许可、行政处罚、行政强制、行政征收、行政收费等事项
5. 是否存在没有法律、法规依据作出减损公民、法人和其他组织合法权益或者增加其义务的情形

---

[1] 如《立法法》第96条第1项、第5项规定了超越权限与违背法定程序。《规章制定程序条例》第3条规定："（规范文件应当）符合宪法、法律、行政法规和其他上位法的规定……没有法律或者国务院的行政法规、决定、命令的依据，部门规章不得设定减损公民、法人和其他组织权利或者增加其义务的规范，不得增加本部门的权力或者减少本部门的法定职责。没有法律、行政法规、地方性法规的依据，地方政府规章不得设定减损公民、法人和其他组织权利或者增加其义务的规范。"结合《关于审理行政案件适用法律规范问题的座谈会纪要》所列第7、9、10点情形，基本对应行政规范性文件合法性审核所列之事项。

[2] 主要包括：①下位法缩小上位法规定的权利主体范围，或者违反上位法立法目的扩大上位法规定的权利主体范围；②下位法限制或者剥夺上位法规定的权利，或者违反上位法立法目的扩大上位法规定的权利范围；③下位法扩大行政主体或其职权范围；④下位法延长上位法规定的履行法定职责期限；⑤下位法以参照、准用等方式扩大或者限缩上位法规定的义务或者义务主体的范围、性质或者条件；⑥下位法增设或者限缩违反上位法规定的适用条件；⑦下位法扩大或者限缩上位法规定的给予行政处罚的行为、种类和幅度的范围；⑧下位法改变上位法已规定的违法行为的性质；⑨下位法超出上位法规定的强制措施的适用范围、种类和方式，以及增设或者限缩其适用条件；⑩法规、规章或者其他规范文件设定不符合行政许可法规定的行政许可，或者增设违反上位法的行政许可条件；⑪其他相抵触的情形。

[3] 主要包括：①上位法有明确规定，与上位法的规定相反的；②虽然不是与上位法的规定相反，但旨在抵消上位法的规定的，即上有政策下有对策的；③上位法没有明确规定，与上位法的立法目的和立法精神相反的；④违反了立法法关于立法权限的规定，越权立法的；⑤下位法超出上位法规定的处罚的种类和幅度的。

续表

| 6. 是否存在没有法律、法规依据作出增加本单位权力或者减少本单位法定职责的情形 |
| 7. 是否违反规范性文件制定程序 |

经过分析可以发现，上表所列情形之分类并非同一归纳层次的对应类型，如"内容是否符合宪法、法律、法规、规章和国家政策规定"之情形的概括程度更高，其涵盖内容亦可能包含"是否违法设立行政许可、行政处罚、行政强制、行政征收、行政收费等事项""是否违反规范性文件制定程序"等情形。可以认为，这种表述方式之目的在于兼顾对审核标准事项的概括总结和对审查标准重要事项穷尽式列举的尝试。其中，概括描述可以实现，穷尽列举的难度则比较大，基于行政过程所面对的复杂状况以及现代快节奏生活新事物的不断涌现，列举行政规范性文件创制可能存在的违反上位法的具体状况基本难以实现，故行政规范性文件合法性审核的审查标准应不止于上表所列情形。

对于我国规范性文件合法性审核标准宜通过形式与实质两个方面加以理解，在形式标准方面，审查的标准主要在于：①行政规范性文件的制定主体是否合法，是否超越制定机关法定职权；②是否违反规范性文件制定程序。

在实质标准方面，行政规范性文件对上位法的违反情形，宜以哈特"目的性"解释与德沃金"整体性法律""建设性"解释等视角分析。根据这种方法，我们可以认为规范性文件与上位法保持一致，"不在于'逻辑上的'一致性，而在于所谓的'目的兼容性'"[1]，包括规范性文件创制在内的立法活动追求整体性原则[2]，应尽可能基于权利、道德等价值保持目的追求的整体性[3]，应将回顾与展望的要素结合在一起；法律观念是建设性的，权利等目的价值原则应高于实践，"以通往更美好未来的最佳道路"[4]。即合法性审核之实质标准应立足于实现其上位法规定之目的及立法之精神原则，行政规范性文件之目的追求应与行政目标之实现相联系，结合行政立法所针对的

---

[1] [美]富勒：《法律的道德性》，郑戈译，商务印书馆2005年版，第264页。
[2] 参见张乃根：《西方法哲学史纲》，中国政法大学出版社2002年版，第505页。
[3] 参见沈宗灵：《现代西方法理学》，北京大学出版社1992年版，第137页。
[4] [美]德沃金：《法律帝国》，李常青译，中国大百科全书出版社1996年版，第367页。

行政过程应重点强调对相对人权利与义务、行政主体职责与权限的内涵与边界，故合法性审核之实质标准主要在于：①是否存在没有法律、法规依据作出减损公民、法人和其他组织合法权益或者增加其义务的情形；是否存在没有法律、法规依据作出增加本单位权力或者减少本单位法定职责的情形。②是否符合上位法立法之精神原则；是否有助于实现上位法相关规定之立法目的；是否有利于行政职能与行政目的之实现（亦即比例原则[1]）。

2. 审核效力与审核责任

（1）审核效力。不同于备案审查、事后撤销审查等类型，行政规范性文件合法性审核的效力作用于未通过、未生效的规范性文件草案。依托行政规范性文件合法性审核机制的程序衔接，审核完成后审核机构应提出合法、不合法、应当予以修改的书面审核结论。获得合法意见的文件草案得以提交集体审议进而决定是否通过、生效、施行；获得不合法、应予修改意见的文件草案可能会被予以立法中止、立法延后或退回制定机构补充、修改以再次进入审核审议程序。

（2）审核责任。强化审核责任是我国推进落实合法性审核机制的保证。审核责任主要分为两类：其一，制定、审核责任人的法律、纪律责任。"审核机构未严格履行审核职责导致规范性文件违法，造成严重后果的，依纪依法追究有关责任人员的责任；未经合法性审核或者不采纳合法性审核意见导致规范性文件违法，造成严重后果的，依纪依法追究有关责任人员的责任。"其二，政府绩效督察考核。《关于加强行政规范性文件制定和监督管理工作的通知》第三节第11段、《关于全面推行行政规范性文件合法性审核机制的指导意见》第三节第12段规定，"（应将）规范性文件合法性审核机制建设情况纳入法治政府建设督察内容，将规范性文件合法性审核工作纳入法治政府建设考评指标体系"。这意味着机制建设推进状况将与部门领导干部奖惩升迁直接相关，在我国的政治实践中，这种与"政治锦标"效应[2]相关联的责任制度更能推进合法性审核机制的建立与完善。

---

[1] 参见刘权："目的正当性与比例原则的重构"，载《中国法学》2014年第4期；蒋红珍："目的正当性审查在比例原则中的定位"，载《浙江工商大学学报》2019年第2期。

[2] 参见周黎安："中国地方官员的晋升锦标赛模式研究"，载《经济研究》2007年第7期。

三、合法性审核之价值

可以认为,作为广义规范性文件程序性控制的新增内容,合法性审核机制是基于规范性文件审查体系存在问题的一种制度设计。合法性审核的事前审核、内部审核、基层庞大数量规范文件审查覆盖的特性具备自身独特的价值,可以考虑以行政规范性文件的合法性审核机制为参照导向,着重发展我国规范性文件的事前内部审查制度,继而完善现有的规范性文件审查体系。

(一) 合法性审核机制之特性

1. 制度基础

事实上,合法性审核机制之建立并非空中楼阁,其基础是普遍存在于各类规范性文件制定过程中的审查审核活动,这种审查审核一般由制定机构内部的法制机构或专门机构进行,如国务院部门制定的文件草案,在提交审议前由该部门的法制机构审查合法性、规范性等内容;或者由其所属行政机关内专门的法制机构或专门机构审查,如省级人民政府部门制定的规范性文件,可以在初步起草完成进入下一程序之前由省级人民政府的法制机构先行审查。由于这种审查活动存在于文件初步起草完成之后,其结论与制度化的批准审查、事后撤销审查结论不同,一般无涉规范性文件草案正式的退回修改程序、制定中止程序、审议批准生效程序或规范性文件的撤销程序等。该审查审核活动的审查审核结论或意见一般亦无制度效力,可由制定机构自身结合具体情况参考采纳以决定修改与否、修改内容等。

这种不涉其他程序衔接、不涉外部审查评价的活动虽然长期存在,但由于制度化程度不高,影响其实际效果的偶然因素也比较多,在实践中具体的部门、人员的主观性及随意性都比较大,即审查范围、审查机构、审查标准、审查时限、审查结论是否产生作用、审查强度及时间、人力成本投入等缺乏制度约束。在规范层面上,当前也只有行政法规、规章的制定审查被《立法法》《行政法规制定程序条例》《规章制定程序条例》[1]制度确认。

2. 制度对比与机制特性

如上节所述,行政规范性文件的合法性审核机制是一种落实力度较大的新型制度,其机制特性体现在与现有规范性文件审查体系内主要审查制度的

---

[1] 行政法规制定程序中的审查程序参见《立法法》第68条、《行政法规制定程序条例》第四章等规定;规章制定程序中的审查程序参见《规章制定程序条例》第四章等规定。

对比之中。合法性审核机制之命名方式，首先体现出与合宪性、适当性审查在审查标准与审查事项上的不同，尽管在规范[1]与实践层面，合宪性之标准往往被合法性标准所吸收、混同，但三者之间的区别还是较为清晰的。故在此应主要对比合法性审核与先前规范性文件审查体系中制度化程度较高、法治建设工作部署重点较为偏重的合法性审查、备案审查，以分析合法性审核机制之特性。

三者相似之处在于机制被相关法律、行政法规及其他规范性文件所确认，制度皆较为明确；合法性审查与合法性审核皆注重对规范性文件合法性（可能含合宪性）品质之控制，备案审查之标准亦主要集中在合法性之考察，故而三者之审查标准存在很大程度的重合。而合法性审核之特性则主要体现在：

其一，审核对象。合法性审核对象覆盖了"所有"[2]行政规范性文件，即规章级别以下由国务院部门、县级以上地方各级人民政府及其部门制定、发布的具备普遍约束力的"公文"，包含决定、命令等形式的行政规则、行政规划、重大决策等。而合法性审查与备案审查之对象，在规范制度层面更专注于规章以上的规范性文件。

其二，审核内部性。合法性审核的内部审查性质决定于其制度基础，即规范性文件起草制定过程中内部审查核的活动，该活动一般不涉及机关外部的主体，主要在机关机构内部或机关组织体系之内完成，亦不直接产生外部效力，仅供内部制定机构参考参照。从其机制命名的方式即可看出：从行为性质上分析，"审核"本来与"审查"并无根本差别：据《康熙字典》，其义"（可指）综核，（如）《前汉·宣帝纪》（载）综核名实"[3]；考察《辞海》之含义，其可指"仔细地对照、考察"[4]，皆与"审查"之实质内涵类似。之所以如此命名，即为突出其"内部性"，我国制度设计的传统多有将内部或自身审查、判断、评价、再评价等行为命名为"审核""复核"的做法，如

---

[1] 主要见前对《立法法》第72条内容之分析。
[2] 见于《关于全面推行行政规范性文件合法性审核机制的指导意见》《法治政府建设实施纲要（2015~2020年）》等。
[3] 参见《康熙字典》"辰集中""木字部""核"条目。
[4] 参见《辞海》"核""审核"等条目。

《公务员法》第十五章"申诉控告"〔1〕规定的公务员针对自身的处理结果可向原处理机关提出"复核",由原机关对争议事实和自身做出处理结果进行"内部"审查和再评价。《刑事诉讼法》所规定的"死刑复核"〔2〕制度也是由法院自身系统对死刑等判决结论的内部再审查;另外针对人民检察院、法院不予批捕、不予起诉的决定,公安机关也可向原机关或上一级机关提请"复核",亦是由检察院、法院自身或同一体系内的上级机关对自身结论的内部再审查。〔3〕是而合法性审核机制的内部审核特性突出,同时,其从属并完善规范性文件的审查体系不存在逻辑障碍。

其三,审核事前性。以规范性文件批准或审议通过为界限,合法性审查与备案审查制度一般进行于规范性文件生效之后,其效力作用于规范性文件;进行于行政规范性文件草案起草、制定、修改过程中的合法性审核则属于事前审核,若其产生相应效果,则作用于规范性文件的草案而非已经生效实施的规范性文件。

(二)合法性审核之独特价值

合法性审核之特性主要见于审核对象、审核内部性、审核事前性三个方面,则其独特价值亦从此出发。

1. 扩大了规范性文件审核的对象范围

合法性审核机制首次将行政规范性文件明确类型化,先前规范性文件审查体系对于规章以下规审查覆盖的问题主要是:仅涉及部分行政规范性文件,未能以类型化完成统一覆盖,如《宪法》第 108 条等规定;或希望以"普遍约束力"为特点进行归纳并覆盖,但并未进行明确完备的制度构建,仅停留在工作部署意向与指示倡导的阶段,如《法规规章备案条例》第 21 条等规

---

〔1〕《公务员法》第 90 条规定:"公务员对涉及本人的下列人事处理不服,可以自知道该人事处理之日起三十日内向原处理机关申请复核;对复核结果不服的,可以自接到复核决定之日起十五日内,按照规定向同级公务员主管部门或者作出该人事处理的机关的上一级机关提出申诉;也可以不经复核,自知道该人事处理之日起三十日内直接提出申诉。"

〔2〕参见《刑事诉讼法》第四章。

〔3〕《刑事诉讼法》第 92 条规定:"公安机关对人民检察院不批准逮捕的决定,认为有错误的时候,可以要求复议,但是必须将被拘留的人立即释放。如果意见不被接受,可以向上一级人民检察院提请复核。上级人民检察院应当立即复核,作出是否变更的决定,通知下级人民检察院和公安机关执行。"第 179 条规定:"对于公安机关移送起诉的案件,人民检察院决定不起诉的,应当将不起诉决定书送达公安机关。公安机关认为不起诉的决定有错误的时候,可以要求复议,如果意见不被接受,可以向上一级人民检察院提请复核。"

定。众所周知,自宪法、法律、行政法规等类型向下,行政规范性文件在规范性文件体系中数量最为庞大〔1〕,越向基层,规范创制所要面对的行政问题、地方特定因素越复杂,将上位法规定结合具体情况加以细化用以实际执法的需求越强,则其创制行为违反上位法的风险系数越高,故合法性审核机制将最大数量的规范类型纳入审查范围意义重大。

2. 减小了行政规范性文件创制的错误成本,有利于行政立法目的的实现

基于事前审核与内部审核,行政规范性文件合法性审核机制将规范创制出现的大部分合宪性、合法性等问题纠正、解决在规范通过、生效之前,行政规范性文件在行政行为中的适用更直接、更迅速,事前审查有利于及时避免侵害公民权利等状况,保证行政权力的正确运行。

3. 有利于维护行政机关的公信力,节约行政规范性文件的审查成本

基于事前审核与内部审核,行政规范性文件的合法性等问题更少地通过事后纠正加以解决,尤其是上级或其他有撤销、改变权力的机关的纠正,这种自我前置审查审核的方式,除了监督行政立法的质量,亦能维护行政机关、行政立法机关的公信力;另一方面,事前审核与内部审核的制度设计使得审查审核工作由更熟悉相应行政领域与地域、机构状况的专业机构负责,审核机构可通过直接交流等更具效率的方式确保行政规范性文件的合法性品质与立法水平,这一机制依托规范制定的过程,分担了事后审查、备案审查的工作,大大节约了规范性文件审查的成本

以上价值很好地回应了本文第一节所指出的规范性文件审查体系存在的相关问题,也着眼于规范性文件审查共同的目标追求,即在行政规范性文件领域确保法制统一性,维护宪法法律权威,保障公民基本权利。

(三) 规范性文件审查体系之完善

1. 规范性文件审查体系之完善方向

其一,坚持既有发展合法性审查之部署。自党的十八届三中全会以来,坚持发展和完善规范性文件的合法性审查工作是法治建设工作的重要部署,此显见于《关于全面深化改革若干重大问题的决定》《法治政府建设实施纲要(2015—2020)》等纲领性文件,应予坚持。在我国合法性审查与合宪性审查

---

〔1〕 参见刘锐:"法律数量不足和质量不高:法治建设需要破除的两大掣肘",载《行政管理改革》2016年第6期。

标准存在混同的模式下,合法性标准是确保法制统一性、维护宪法法律权威最基本也是最重要的标准,立足于党和国家规范性文件审查全面覆盖的战略要求和规范性文件形式繁多与基数庞大的现实,相较于标准更为宽泛包容的适当性审查,合法性审查之标准更具备操作性,一方面可以达到规范审查之目的,另一方面也可以避免审查机制的过度泛滥,确保立法效率与立法公信力〔1〕。

其二,落实基层备案审查之工作倡导。基层普遍约束力文件备案审查的制度推进较早见于《法规规章备案条例》等规范,其落实状况虽存在各地实践不一致的状况,但仍应予以坚持。备案审查制度兼顾了确保立法效率与事后处理监督的作用,应着力推进其覆盖规章以下的规范文件类型,同合法性审核等机制一同保证基层规范之程序性控制。

其三,参考合法性审核机制,重点发展事前、内部审查机制。事前、内部审查的价值无需赘述,然而现实规范层面,类似机制还只能覆盖行政法规、规章以及行政规范性文件,更高位阶的规范性文件之创制还未实现程序性控制。尤其是法律,其往往作为宪法规定的直接体现,或在无宪法直接规定时作为下位法的参照依据,然其事后的合宪、合法性审查一直存在"法是宪法的具体化"、难以确定全国人大立法之审查主体等理论与制度阻碍〔2〕,在当前审查主体缺位的状况下只能将审查职责归于全国人大及其工作机构自身,故应考虑发展事前、内部的立法审查监督制度,将包含法律在内的规范性文件加以覆盖。

2. 未来规范性文件审查体系之描述

在此基础上,未来广义规范性文件的审查体系将解决对象覆盖不足等问题,并从偏重事后审查模式向偏重合法性审查与事前审查模式转向:

其一,事前内部审查全覆盖。作为立法的第一道程序性监督,未来审查体系中的事前内部审查色彩将更为浓重(事后审查仍存在且必不可少),有关规范性文件的合宪性、合法性、适当性争议更多地会在规范制定过程中被予以讨论、审查和处理。在党领导一切的政治原则下,我国不同于西方权力分立对抗、监督制衡的人民代表大会制度指导着各国家机关协作配合行使国家权力,这种审查模式下,由领导机关指导监督被领导机关、或由制定机关自

---

〔1〕 参见林来梵:"合宪性审查的宪法政策论思考",载《法律科学(西北政法大学学报)》2018年第2期。

〔2〕 莫纪宏:"论法律的合宪性审查机制",载《法学评论》2018年第6期。

身解决问题而不涉及后续法律规范实施领域，更能保证立法与审查效率，也更适应我国的国家体制。

其二，合法性审查成为主导模式。通过上述完善方向，合法性审查也将覆盖主要的规范性文件类型。遵循上位法是法制统一性的基础和保障，完善的规范性文件审查体系将坚持"合法性审核为主、合法性审核优先"的原则，继续沿用《立法法》第72条所体现的包含合宪性内容的合法性审查标准，通过对规范性文件的审查，切实维护宪法和法律权威。

未来规范性文件审查体系及偏重可参见下表（表5）：

表5 未来规范性文件审查体系及偏重

	事前审查	事后审查	备案审查
合宪性	1. 行政法规 2. （市级）地方法规 3. 自治条例、单行条例 4. 规章	1. 法律 2. 行政法规 3. 地方性法规 4. 自治条例、单行条例	1. 行政法规 2. 地方性法规 3. （自治州、县级）自治条例、单行条例
合法性	1. 行政法规 2. （市级）地方法规 3. 自治条例、单行条例 4. 规章	1. 行政法规 2. 地方性法规 3. 自治条例、单行条例 4. 规章	1. 行政法规 2. 地方性法规 3. （自治州、县级）自治条例、单行条例 4. 规章
适当性	1. 规章	1. 法律 2. 地方性法规 3. 行政法规 4. 规章	（尚不存在）

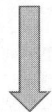

	事前审查	事后审查	备案审查
合宪性	1. 法律 2. 行政法规 3. （市级）地方法规 4. 自治条例、单行条例 5. 规章 6. 行政规范性文件	1. 法律 2. 行政法规 3. 地方性法规 4. 自治条例、单行条例	1. 行政法规 2. 地方性法规 3. （自治州、县级）自治条例、单行条例

续表

	事前审查	事后审查	备案审查
合法性	1. 行政法规[1] 2. （市级）地方法规 3. 自治条例、单行条例 4. 规章 5. 行政规范性文件	1. 行政法规 2. 地方性法规 3. 自治条例、单行条例 4. 规章 5. 行政规范性文件	1. 行政法规 2. 地方性法规 3. （自治州、县级）自治条例、单行条例 4. 规章 5. 行政规范性文件
适当性	1. 规章	1. 法律 2. 地方性法规 3. 行政法规 4. 规章	（尚不存在）

点评

　　理解合法性审核机制既要从其制度内部的主体、客体、程序、效力等处着眼，也要将目光拓展至我国法治建设大背景下对立法质量审核处理的制度改革背景之中。作为相对较低位阶行政立法的事前审查，合法性审核制度的设置与落实将很好地弥补现有法律审查机制的不足。其关键作用主要在于：一是事前审查，弥补当前我国偏重法律事后审查的状况，促进立法审慎，降低立法错误实施成本；二是行政立法审查，应对当前时代行政与行政立法职能爆炸的问题，重点关注与行政相对人合法权益最近距离的立法领域，同时保证了国家法制统一；三是进一步体现了我国制度自信，制度的设置与实施证明了一切国家体制包括法律审查并没有统一模式，不经由司法审查、外部审查，我国也可以发挥内部审查与事前审查的优势，推进法治国家与法治社会的建设。

（点评人：武汉大学法学院　江国华教授）

---

〔1〕持法律内部位阶观点，可认为未来法律的审查体系中存在合法性审查，即以基本法律作为其他法律的审核标准。